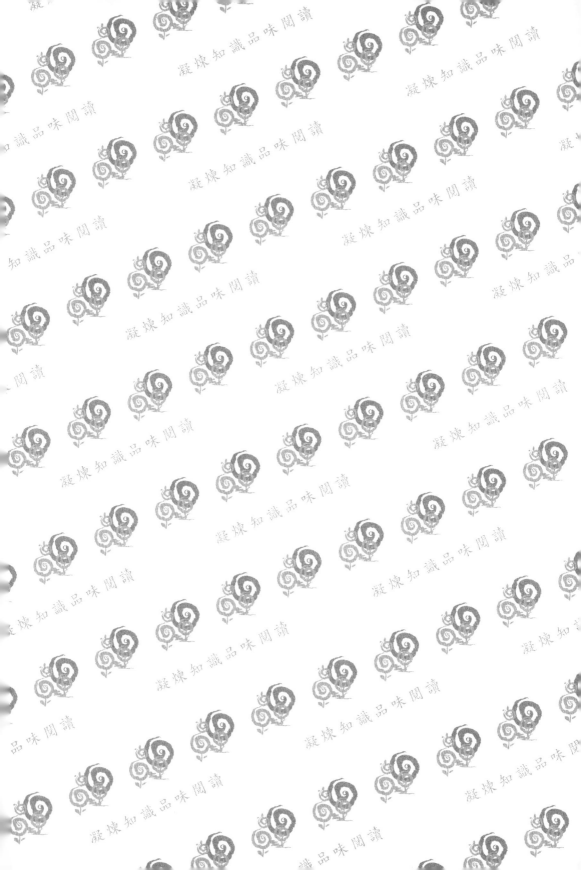

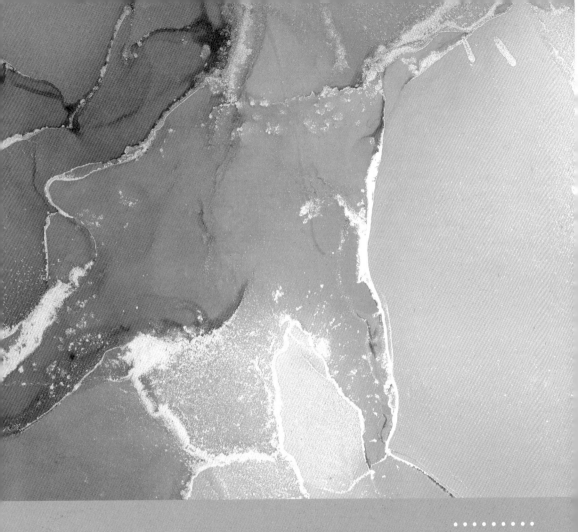

中國近代史綱 |第二版|

黃大受————著

五南圖書出版公司 印行

前言

　　中華民國三十二年，筆者於四川省成都市東方文化月刊，刊有「論國史之編纂」一文，力主分工合作，彙編「國史長編」，並為適應不同人士，另編數種節本簡編。

　　三十餘年來，筆者在中華民國復興基地——臺灣，擔任大學教授，講授中國通史、中國近代史、中國現代史等課程，達三百數十遍，曾對中國史、中國近代史、中國現代史三書，擬編撰分量較多各數百萬言者，以供教師參考或學子研究之用。二十七、八年前，已完成中國近代史三冊，一百八十萬言。惟當時參考資料不足，有待改進之處不少，擬他日重加編撰。中國史、中國現代史，已搜集資料甚多，尚未編撰完成。

　　至節本簡編，則有多種問世，其以供大學生為教本者，有中國史綱五、六十萬言（即將完成），中國近代史綱二十餘萬言，中國現代史綱三十餘萬言。以供大專學生為教本者，有中國史要略、中國近代史要略、中國現代史要略，各二十萬言上下。以供專科學生為教本者，有中國史綱要、中國近代史綱要、中國現代史綱要，各十二萬言上下。以供高中、高職學生升學考試或普考丙種特考者，有中國史大綱、中國近代史大綱、世界史大綱，各約九萬言上下。各書程度有深淺，內容有繁簡，使教者學者均可量力適時而選用。

　　另有以評論要事為主者曰論綱，以說故事方式透徹敘述要事為主者曰講話或史話，亦各有三書，以供專家研究或一般閱覽之用。

　　筆者所以不憚心力，從事上項各類方式，以編撰三種中國史籍，旨在推廣國史教育，冀能發揚民族精神，認識中華文化，重振中華雄風。

　　本書為中國近代史綱，可供大學教本之用，自明末迄於晚清，究其本源，搜其細微，取材務求廣博，行文務求簡約，俾得綱舉目張，收精確簡明之效。既可供為教學，亦可用於閱覽。書前附「明、清兩代紀年略

表」，書末附「中國近代重要條約表及中國近代大事表」，以便查考。

　　筆者所參考書籍，詳見臺北市大中國圖書公司出版之拙編中國近代史下冊之「參考及引用書目」。時賢諸書，亦用以比勘。謹於此向原編著者致謝。

　　本書於民國四十九年完成，曾印行問世。近復加以修訂，以應各方需要。內容如有不周之處，敬希　學人君子，指正是幸。

黃大受

中華民國六十八年十月十六日於臺北市

明、清兩代紀年略表

民國紀元前	朝代	皇帝年數	年號年次	西曆紀元	民國紀元前	朝代	皇帝年數	年號年次	西曆紀元
544	明（276年，民元前544至267年，西元1366至1643年）。	太祖31	洪武元年	1368	300	清（268年，民元前268至前1年，西元1644至1911年。）	神宗47	40年	1612
513		惠帝4	建文元年	1399	292		光宗1	泰昌元年	1620
512			2年	1400	291		熹宗7	天啟元年	1621
509		成祖22	永樂元年	1403	284		思宗16	崇禎元年	1628
500			10年	1412	268		世祖18	順治元年	1644
487		仁宗1	洪熙元年	1425	250		聖祖61	康熙3年	1662
486		宣宗10	宣德元年	1426	212			39年	1700
476		英宗14	正統元年	1436	200			51年	1712
462		代宗7	景泰元年	1450	189		世宗13	雍正元年	1723
455		英宗復辟8	天順元年	1457	176		高宗60	乾隆元年	1736
447		憲宗23	成化元年	1465	116		仁宗25	嘉慶元年	1796
424		孝宗18	弘治元年	1488	112			5年	1800
412			13年	1500	100			17年	1812
406		武宗16	正德元年	1506	91		宣宗30	道光元年	1821
400			7年	1512	61		文宗11	咸豐元年	1851
390		世宗45	嘉靖元年	1522	50		穆宗13	同治元年	1862
345		穆宗6	隆慶元年	1567	37		德宗34	光緒元年	1875
339		神宗47	萬曆元年	1573	12			26年	1900
312			28年	1600	3		宣統帝3	宣統元年	1909

西元首歲在陰曆歲末，相差少則二十餘日，多則五十餘日，查對月日，另有專書。本表僅備檢查年曆之用。本書所用時日，民元前概以陰曆為主。加註陽曆。民元後則全為陽曆。

CONTENTS
目錄

第一章

引言

　　中國歷史的分期　歷史的事蹟，本來是一貫的；抽刀斷水，並不能把水劃出一個界限，歷史也是如此。但是史家爲了明瞭變遷大勢，常就歷史上的特殊現象，區分段落。例如有的史書，把中國歷史劃成五期：從遠古到秦的統一（西元前 221 年），爲上古期；從秦到宋的統一（西元前 221 年到西元 960 年），爲中古期；宋元明（西元 960 年到 1644 年），爲近古期；清代（西元 1644 年到 1911 年），爲近代期；民國爲現代期。有的史書，把中古期和近古期合而爲中古期，便變成四期了。

　　近代史的範圍　研究中國近代史，照理說，應該抽取中國歷史裡的近代部分來研究。不過現在的史家，研究近代史時，常常把現代部分包括在內。只有少數的近代史專著，其範圍限於近代部分，而不涉及現代部分。把近代史和現代史分開研究。就是大專學校所開的中國近代史課程，也是以講述近代史和現代史爲其內容的。筆者編述這一類書，是把近代史和現代史兩部分分開寫的。若將這本中國近代史綱和另一本中國現代史綱合起來，便成爲一本中國近代現代史了。

　　近代史的起點　現代史講述民國史實爲範圍，以國父領導革命史實爲起點，這已成爲公論。不過近代史的起點，卻有幾種不同的意見，有的人認爲清代正在民國以前，清代史就是近代史，而把清代以前看成近古，有的人把近代史的起點，推到明代晚期，因爲在那時候，西方學術思想，曾經大規模的傳到中國，中國很有轉變近代化的可能。有的人把近代史的起點，推到明初，因爲明代對內開始絕對的君主專制，對外鼓勵海上交通，促進中外來往的頻繁。較多的一種說法，是以清代道光朝的鴉片戰爭爲起點，那是中國第一次受到西方國家武力壓迫，訂了城下之盟。中國被迫而和外國發生密切關係。從那時起，近一百多年來的中國，真是風雲變幻，層出不窮。正如李鴻章所說：是三千餘年之一大

變局。這一段史實，可說是近代史的重點所在。歸納以上幾種意見，可以得到一個結論，就是近代史的起點，著眼點在個「變」字，所不同者，就是這「變」，始於何時而已。分析起來，凡事有因必有果，鴉片戰爭並不是突然而至，鴉片戰爭以前的中外關係，正是其因。所以我們把近代史的起點，推溯到明代晚期，是更有助於我們對近代史澈底了解的。

研究近代史的目的　其目的在探討這一「變」的過程，使我們能知道中國今日現狀之所由來。近代之何以走上「變」的道路？如何「變」法？其結果如何？與現代的關係如何？這都是我們所要研究的。另外有不少史家，認為鑑往知來，是研究歷史的目的；研究近代史，也是如此。「我們要注意帝國主義如何壓迫我們，我們要仔細研究每一個時期內的抵抗方案，我們尤其要分析每一個方案成敗的程度和原因。」我們如果能找出我國近代史的教訓，我們對於復國建國的大業，當更能有所貢獻。據此而論，近代史的研究，確實太重要了。這一本中國近代史綱，就是將中國近代史實，作詳確而簡明的敘述，使讀者獲得鮮明的印象，而有利於研究。

第二章

中西接觸與中國近代化的遲誤

第一節　近代史的序幕

馬可波羅東遊　近代的中西關係，開始於西人發現新航路以後。西人的紛紛找尋新航路，卻多少受了馬可波羅（Marco Polo）東遊記的影響。馬可波羅是義大利威尼斯人；威尼斯是中古歐洲一大城市，各國商人，都到那裡貿易。馬可波羅出身商業世家，在元代至元十二年（西元 1275 年），隨父親和伯父，一同到了上都（北京）。他動身的時候，纔十七歲，長途旅行中，看到許多從未見過的事物。到了上都，謁見元世祖。學會華語、和蒙古、回鶻、西夏、西藏等文字。他常把各處看見的奇怪事物，說給世祖聽，很得世祖歡心。世祖派他在中國各地做官。一共有十七年。伯父和父親，做生意也賺了錢。他們多次的請求回家，都沒有獲准。最後趁護送公主下嫁波斯王的機會，順便返國。他們在至元二十七年末或二十八年初（1291 年初）從泉州動身，兩年後到達波斯。成宗元貞元年（1295 年），回到家鄉，離家已二十三年了。

馬可波羅東遊記　適逢威尼斯和熱那亞打仗，馬可波羅當海軍司令官，戰敗被俘，坐牢三年。在獄裡認識小說家比薩人羅斯底加諾（Rustioano），馬可波羅大談東方奇怪事物，小說家筆記，就完成了馬可波羅東遊記。在東遊記裡的中國，那時是太平而安定，比歐洲好得多。中國許多的好東西，歐洲都沒有。他看見中國有用紙印刷的鈔票，有很寬的街道，街道兩旁有陰溝和下水道，晚上有巡捕守夜，街上有公共馬車，有可以過大帆船的大橋，大路每一邊種兩行高大的綠樹；還有石頭砌的驛道，此地面高得多。這一切情形，顯然比歐洲進步多了。好新奇的歐洲人，為了貿易，為了旅行，怎能不到東方來呢？

鄭和西航　馬可波羅東遊返國後一百多年，當十五世紀初期，西歐各國人士正開始找尋通東方新航路的時候；中國的明成祖，一為追蹤

傳說逃亡海外的惠帝，二為顯示中國的富強，曾經派遣許多官員，分途到南洋和西方去，形成了大規模的海上航行。各外使中，以鄭和的西航最有成績。從明成祖永樂三年（1405 年）起到宣宗宣德八年（1433 年）止，前後二十八年中，他曾出使七次，另有舊港之役一次。他們乘坐的船，大的長四十四丈四尺，闊十八丈；中船長三十七丈，闊十五丈；不過當時的尺度，比現在略小。據明史所記，鄭和第一次西航，率領有二萬七千八百多人，乘大船六十二艘。這船的容積，也就不小了。

鄭和西航的成績　鄭和所到的地方，從中南半島、蘇門答臘、爪哇、婆羅洲、印度、阿拉伯半島、波斯灣，直到非洲東岸，十九都成為明代的朝貢國。當時和他同航的人，有阿拉伯人和中國福建、廣東等省人，中國人多留居南洋諸島，有的人自立為王。此後，移往南洋的中國人，日多一日，南洋群島，竟成為華僑的天下。直到民國時代，他們仍從事工商業，掌握了南洋各處經濟權。鄭和的西航，有很大的收穫：政治方面，是宣揚國威，發揚武功，並幫助小國平定內亂，抵禦外侮。經濟方面，促進了中國和南洋印度洋各地貨物的交流，使中國人和西方人，都得到了許多新奇而實用的東西。

迪亞士的東航　鄭和西航時，西歐的葡萄牙人，正在努力地找尋東方新航路。十五世紀初年，因為有亨利親王的獎勵，葡萄牙人的航海事業，大有進步。探險家沿著非洲南部前進，希望可以得到一條直通印度的航路。明憲宗成化二十二年（1486 年），迪亞士（Diaz）竟環航到非洲南端的好望角。

哥倫布的西航　另一方面，西班牙人也在找尋新航路。原來當中古時代，有智識的歐洲人，已經相信地球的形狀是圓的。不過他們計算出的地球，比現在所計算的數字要小六分之一。加以馬可波羅誇張他的

東遊路程，故意說得很遠，當時的歐洲人，又不知道有美洲存在，以爲從西方直航到東方，路程一定不遠。到明弘治五年（1492年），義大利熱那亞城的哥倫布，得西班牙王贊助，開始西航。他率領八十八人，乘坐三船，於八月出發，十月十二日，到達西印度群島。根據哥倫布給友人的信札，他這次想到的地方，雖然說是印度，實際是指中國，因爲信裡說到的情形，和中國實際情形符合，可爲證明。他以後又在大西洋上航行三次，直到去世以前，還不知道自己發現的地方，不是亞洲。

　　達伽馬的東航　孝宗弘治十一年（1498年），奧斯達伽馬（Vasco da Gama）因受哥倫布發見美洲的影響，竟向南環繞好望角，再向北以達贊櫻巴（Zanzibar），續由阿拉伯的領港，引導他橫渡印度洋，而到印度西南岸的卡利克特（Calicut）。

　　麥哲倫的繞行世界　明武宗正德十四年（1519年），葡萄牙人麥哲倫西渡大西洋，繞過南美洲南瑞，進入太平洋。十六年春天，航行到菲律賓群島，和土人作戰而死。他的船隻，仍在次年秋天，回到西班牙。從比，歐洲人對各處新地的情形，逐漸了解。到東方的新航路，日益暢通。

　　葡人的東進　近代史上，最早從海道到中國的歐洲人，是葡萄牙人。當葡人到了印度，和印度各酋長締結通商條約，還在明武宗正德五年（1510年），於臥亞（Goa）等地，建設商站。七年，葡人再東進到爪哇和麻六甲等地，建築礮臺。麻六甲原是中國的朝貢國，竟被葡國占領。當時南洋群島的中國商人，已經很多，逐漸和葡人發生交易。因比，葡人更向東北前進。九年，葡國商人曾搭乘到麻六甲的中國沙船，到達廣東海上的屯門港，銷售了帶來的貨品，獲利很多。十年，仍然有葡人，前來中國。

中葡的交涉　明武宗正德十二年（1517 年），葡國麻六甲總督，派了藥劑師比留斯（Thomas Pirez）以葡國大使名義，通聘中國，到達廣州。護送比留斯前來的葡商做完生意，逕自回去。比留斯因爲要求兩國正式通商，等待入覲武宗，但未得允許。遷延到十五年，雖然設法見到武宗，適逢麻六甲乞援使者到達中國，奏稱葡萄牙侵入國土，國王出亡，於是不准葡使朝貢。第二年，世宗繼位，即將比留斯發往廣東監禁。廣東地方官吏，屢次將世宗令葡國返還麻六甲的詔書，告訴比留斯，要他轉告葡王，比留斯原非正式大使，表示無能爲力。終於世宗嘉靖三年（1524 年），病死獄中。

第二節　基督教的東來

耶穌會派東來傳教　葡萄牙麻六甲總督的通使雖然失敗，但來華通商的葡人依然不絕。世宗嘉靖三十三年（1554 年），葡人開始在澳門居住，澳門漸漸成爲對華的貿易根據地。從此到中國的西方人，多半先到澳門。緊接著到東方的商人後面，又來了具有宗教熱忱的傳教士。這群傳教士，屬於基督教的舊教。原來在十六世紀前半期，歐洲發生宗教改革運動，新舊兩教競爭很烈。舊教爲了擴充勢力，向美洲和亞洲發展。到亞洲最早而又最努力的，則爲舊教中的耶穌會派。從那時起，中國稱舊教爲天主教。

利瑪竇的來華　最先對中國有貢獻的傳教士，是耶穌會派的利瑪竇（Matthaeus Ricci）。在利瑪竇以前，曾經有幾個傳教士，到過中國大陸，有人並深入浙江廣西等省。但他們不曾留居中國，沒有發生什麼影響。利瑪竇是義大利人，明神宗萬曆十年（1582 年）到澳門，第二年到廣東肇慶，繼到韶州設立天主堂。後又往來中國南方各地多年。直到萬曆二十八年十二月（1601 年 1 月），纔偕同另一教士龐迪

我（Didacus de Pantoja），到達北京，向神宗貢獻方物，和基督教聖母圖像。神宗特准在北京建立天主教堂。

利瑪竇的成就　利氏少年時在羅馬學習法律，並精心研究算學、宇宙學、天文學。到中國後，學習中國語言；生活習俗，完全模仿中國人，和中國人交遊。他和他的同伴，深知宗教教理，不易得中國人的信仰，所以先介紹西方科學，更設立醫院為人治病，得到一般人的信任，纔漸漸談到教理。他們傳教，也願尊重中國習俗，所以信徒日增。利氏到北京後，幾年之內，就有了二百多個信徒，大臣如徐光啟、李之藻、楊廷筠等，都服習天主教旨，隨他學習西方科學。當時朝野人士，頗欽慕他們的學術品德，因而敬重西教。

基督教的受挫　利瑪竇傳教時已有人攻擊西教，明神宗並未理會。萬曆三十八年（1610 年），利氏病死。中國士大夫「反邪教」運動大起，神宗為浮言所動，四十四年（1616 年），下令禁止傳教，將教士逐回澳門，並封禁天主教堂。

基督教的再起　不久，因為後金汗國崛起，需要製造銃礮，熹宗天啟二年（1622 年），遣使臣到澳門，召回教士羅如望（Joennes de Rocha）、陽瑪諾（Emmanud Diaz）、龍華民（Nicolaus Longobardi）等人，製造銃礮，教禁無形解除。以後，旅居澳門的西人，也相率前來。這群教士，都受過科學教育，他們以學藝維持其勢力，本利瑪竇的態度傳教，所以信徒加到數千人之多。崇禎初年，思宗即信奉基督教。其後南明的桂王永曆帝，和大臣瞿式耜、丁魁楚等，都是教徒，太后、皇后和太子，都受了洗禮，並取有教名。太后還派遣波蘭人教士卜彌格（Michael Boym），擔任使臣，致函教皇，有請求幫助之意。

基督教的盛行　明崇禎時，教士湯若望（Joannes Adam Schall Von Bell）等受徐光啟的推薦，負責修曆；曆成，未及施行。清世祖入關後，湯氏上書說明新曆，清廷頒行，命名為時憲曆。並任湯氏為欽天監監正，很得世祖信任，基督教再度盛行。

基督教的再挫　世祖死後，聖祖幼年即位，輔政大臣鰲拜不喜西教，守舊曆法家楊光先攻擊新曆法，誣告各省教士圖謀不軌，湯氏和教士多人被囚處罪，教堂也遭破壞。任楊光先為欽天監監正，復行舊曆。反對新曆法的守舊派，以迷信攻擊科學，表面上雖勝利，事實上是失敗的。

聖祖喜愛西學　但聖祖留心曆象，康熙七年（1668年），光先以推閏錯誤革職處罪，改以教士南懷仁（Ferdinandus Verbiest）掌欽天監。從此欽天監監正職務，一直由外人擔任。到道光十八年（1838年）以後，纔沒有外人任職。聖祖為人開明，深知西方科學長處，命教士輪流進講西學。尼布楚訂約時，且派教士擔任通譯。西學大行，西教亦昌：北京和山東、山西、河南、江南、浙江、福建、廣東、廣西、四川、陝西等省，都設有教堂。

基督教的內訌　耶穌會派遵守利瑪竇的遺規，容許信徒拜天地、拜祖宗、拜孔子，教務特別發達。別派教士，斥為崇拜異端，屢向羅馬教皇申訴。康熙四十三年（1704年），教皇訂了禁約七條，派多羅（Tiuinon）主教到中國來執行。多羅覲見聖祖，發生爭辯，捱到四十六年，方用自己名義，將禁約摘要公布。聖祖大怒，把多羅發交澳門監禁。

基督教的被禁　惟教皇仍然堅持己見，嚴申禁約：五十九年（1720 年），聖祖遂斷然下令，禁止西洋人在中國傳教。世宗即位，因教士參加宮廷鬥爭，深惡教士。雍正元年（1723 年），准閩浙總督滿保奏請，教士除在京效力者外，一概送往澳門，各省教堂，一律改為公廨。高宗時，刑部對於私入傳教份子，處刑極嚴。在京西人，安置西洋堂內，形同禁閉。從此以後，直到中法訂立黃埔條約（1844 年），教禁始告解除。

第三節　中國近代化的遲誤

西學的輸入　從明萬曆到清乾隆二百年間，來華教士，屬於耶穌會派的，近五百人，對於學術上有貢獻的約八十多人。他們生在文藝復興以後，受過科學洗禮，都能介紹西方科學，尤以利瑪竇來華後，到清康熙末的一百四十年，成績更為顯著。

西學輸入的成績　銃礮的製造，曆法的改革，前已說過，此外很有關係的，則為明末利瑪竇獻萬國圖誌，南懷仁製坤輿全圖，使中國人有了世界觀念。清聖祖時，派教士到各省實測，歷時十一年，繪成皇輿全覽圖。中國地圖中，記有經緯線的，以此圖為最早。物理學方面，有湯若望的遠鏡說，陝西人王徵和鄧玉函（Joannes Terrenz）的遠西奇器圖說。李之藻翻譯泰西水法，詳述蓄水方法和其器械。數學方面，利瑪竇和徐光啟合譯歐幾里得幾何學，艾儒略（Julius Aleni）有幾何法要和三角測量等書。清代治天文曆算的學者，兼通西法的很多。生理學則有鄧玉函的人身說概，音樂則有徐日昇（Thomas Perdira）的律呂正義續編。形而上學，所輸入的大多數是神學。不過亞里斯多德的論理學，李之藻和傅汎際（Franciscus Furtado），譯為名理探書。至於繪畫、建築、醫藥、採礦等學問，經耶穌會教士之手傳入的，亦復不少。

　　中學的西傳　　來華的教士，大多學習中國語文，攻讀經籍。利瑪竇即曾譯四書爲拉丁文，寄回本國。其他教士所譯中國經籍亦多。中國的文學和美術，也經教士和商人，傳往西方。西元十七、十八世紀，中國文化，在歐洲大陸發生極大影響。

　　中學西傳的成績　　當時的大思想家如德人萊布尼茲（Leibnitz），極崇拜中國實踐哲學。法人服爾德（Voltaire），佩服中國文化，繪孔子像朝夕膜拜。德人叔本華（Schopenhauer）講哲學，受朱子影響很深。大文學家德人哥德（Goethe），讀過很多中國小說和遊記的譯本，且深受易經影響。大經濟學家法人堵哥（Turgot）和法人魁斯奈（Quesnay），提倡重農學說，即受中國思想影響。美術方面，出現了羅科科（Rococo）運動。喜歡將中國風趣，點綴到庭園和日用器物上去。中國絲綢、瓷器、漆器、和牆壁上的花紙，爲歐洲人歡迎或仿造。但到十八世紀末期，這一熱愛中國文化的運動，竟逐漸消失了。

　　中國近代化的機會　　從上看來，中西文化這一次大規模的接觸，中國思想，受了很大刺激，頗有徹底轉變的可能。利瑪竇等人雖然是宗教家而非科學家，但是他們所輸入的科學智識，卻是哥倫布和哥白尼發現新天地以後的智識，在西方也算是新學。近代的西方文化，便是以科學精神來做骨幹。也是近代歐洲精神和物質文明的根本。當時一部分中國人士，對他們所講的科學，喜其新奇，很能接受。睿智而有眼光的士大夫，如明徐光啟、李之藻、楊廷筠等，開明通達的君主如清聖祖，對西學都能信服，並加提倡。如果這種風氣繼續發展下去，近代的西方文化，必能在中國發生極大影響。中國的科學，即使不能與歐洲並駕齊驅，也不至於像現在的事事落後。這是中國近代化的最好機會，但不幸因種種的原因，竟遲誤了。

保守的耶穌會士　檢討中國近代化遲誤的原因，中西雙方都有責任。西方傳播科學的是耶穌會士，他們比較保守，違背教義的科學，不便談到。他們的主要目的，是在傳教，輸入科學，只是爲了便利傳教；教士們恐怕人文科學，打動不了中國人的耳目，故盡力傳播自然科學，對於哲學、政治、社會等學科，則十不及一。因此未能引起中國人對西方文化的全面注意。

自大的中國人　更不幸的，那時中國無論在物質、知識和文化方面，都抱著自大的心理。多數的中國人士，對初來的西方人，不但不設法了解他們的文化，反視同數千年所看不起的蠻夷，以掩護自己不求新的惰性。由於中國人的識見未眞，對近代西方文化的根本精神，無從領會；除了極少數人士以外，接受西方科學的人士，只是得到西方文化的皮毛而已。反對派更是故步自封，堅持名教觀念，擁護孔子或佛教，以排斥天主或耶教。如楊光先之流，「寧可使中國無好曆法，不可使中國有西洋人。」國際上和民族間的猜忌之心，一時不易泯滅，竟成了文化交流的最大障礙。

中國近代化的遲誤　清初雖然有聖祖的提倡科學，然而教士們的內訌，和教皇對中國國情的缺乏認識，以及教士參加宮廷鬥爭，使得聖祖禁止傳教於前，世宗嚴禁於後。西學本隨西教而來，西教被禁，西學亦斷。明清之間的一股研究風氣，遂告根絕。中國近代化的開始，竟遲誤了二個半世紀之久，誠屬中國的極大不幸。

猛進中的西方　從康熙晚年禁止傳教到五口通商以前，經過了雍正、乾隆、嘉慶、道光四朝，正當西方的十八世紀和十九世紀前期。這一百二十多年，是歐洲進步最速、變化最大的時期。思想方面，發生了啟明運動和自由主義，興起了許多新的理論，對人類近代思想，影響極

大。政治方面，有美國的獨立，法國的革命，英國的改革，立下了近代民主政治的規模。經濟方面，動力和機器的發明，改良了生產方式和交通工具，使人類物質生活進入了新的階段。

　　停滯中的中國　　反觀中國，卻因爲清廷禁止西教，也沒有誰去研究伴隨西教而來的西學，事實上西學也無法再行傳入；加上文字獄的興起，文人學者，只得向一千多年前的舊紙堆去窮究。西學遂更與知識份子絕緣。相互的了解既無從實現，中國只有閉關自守，以求獨保安瀾。然而從十七世紀起，歐洲各國即向海外開拓，配合了近代物質上的突飛猛進，更非向東方找市場找殖民地不可。中國卻要把這向海外發展的文化，擯諸門外，雙方的衝突，自無法避免了！

第三章

明的衰亡與清的興起

第一節　晚明的政治與流寇

明的中衰　明太祖百戰之後，統一中國，所定制度，頗爲詳備。邊防規模，也很宏遠。有盛世重開的氣象。成祖繼起，內勤政務，外拓疆土，國內同樂昇平，聲威廣被四夷。仁宗宣宗兩朝，政治清明，倉庫充實，民眾安居樂業，稱爲治世。可惜好景不常，從英宗起，歷朝都有宦官干政；如英宗信任宦官王振，掌握大權，挑動蒙古也先入寇，王振勸帝親征，結果做了俘虜。憲宗時信任汪直，殺害忠良。武宗時，劉瑾弄權，矯詔將三百多官員關入牢獄。政治日見腐敗，社會經濟困窘。對外則北有蒙古，南有倭寇，鬧個不停，沒有根本解決的辦法。

張居正的法治　武宗以後爲世宗，中年迷信神仙，百事不問。幸得名將輩出，掃平倭寇。世宗死後。穆宗繼位，張居正、高拱相繼爲相，北邊蒙古的勢力也被阻抑，從此不再犯邊。穆宗在位六年而死，神宗幼年即位，張居正輔政。張居正有綜覈之才。史書上說他當國政的時候，一紙文書，「雖萬里之外，無敢不奉行維謹」的。當時吏治敗壞，又承累朝的奢侈，國計民生，都感困難。他裁減用度，刷新庶政，整飭兵備，剿撫兼施，在相位十年，大有中興氣象。惟作風嚴厲，結怨很多。死後竟遭奪官籍沒。實屬不幸。

明神宗的荒怠　張居正死，後繼無人，政治更加混亂，加上明代的君主，視朝本不甚勤。世宗有二十多年不視朝。神宗親政以後，愛好酒色，綱紀廢弛。用軟弱者爲相。不視朝達三十年之久，百官出缺不補，無人處理政務。皇帝既不管事，群臣就結黨相攻。當時顧憲成講學無錫東林書院，常常批評時政和人物，朝士也有相附的。忌之者稱他們東林黨，相敵對的朝臣，便稱做非東林黨。互相攻擊，黨爭激烈。同時，日本侵略朝鮮，明朝出兵救援，和日本兵打了七年，費餉不少，朝

野交困。神宗晚年，女眞人又崛起東北，只有加兵應付。爲了應付外患，派宦官主持開礦，加鹽茶稅，增加收入。那知宦官借端敲詐，流毒天下。

　　明熹宗的腐敗　　神宗死後，光宗做了短期的皇帝，便死去了。熹宗繼立，東林黨當政，排除非東林黨。熹宗年幼糊塗，乳媽客氏和宦官魏忠賢狼狽爲奸，盜權弄勢。非東林黨人，便勾結魏忠賢，殺死或排除東林黨人，朝廷裡的正人君子，一掃而空。內外官員，盡是忠賢黨羽，國本動搖，民心瓦解。東北方面，新興的後金汗國，不斷攻明。立功的邊將，不是遭黨派的牽制，但是遭魏忠賢的排擠。熊廷弼防守有功，反遭冤殺，陝西、山西發生旱災，還是催徵稅收不已。思宗即位，放逐魏忠賢，死於途中。其黨羽亦分六等清除。可是思宗爲人多疑，不能用人，大局遂無法挽救。

　　流寇大起　　政治日見腐敗，賦稅不斷加重，對東北的戰爭，逐漸擴大。弄得民不聊生，沒法生存。思宗崇禎元年（1628 年），陝西大旱，饑民吃草根樹皮和白土，陝西駐軍欠餉，固原州兵士搶劫州庫。社會秩序沒法維持，群盜大起。安塞馬賊高迎祥，聚眾作亂號稱闖王。米脂人李自成，也率眾參加，號稱闖將。延安人張獻忠占據十八寨，號八大王。各盜到處搶劫。崇禎二年，山西、陝西、甘肅等處官兵，先後譁變，和群盜合流，共有二十多萬人。四處流竄。那時，明廷裁撤驛卒，失業的驛卒，也加入盜群。當時地方官吏意見不一，時剿時撫，流寇勢力日大。幾年間竄遍山西、河北、河南、安徽、湖北、四川等省，崇禎九年，高迎祥被捉處死，李自成繼爲闖王，進擾甘肅。張獻忠走湖北。崇禎十一年，張獻忠兵敗，投降。李自成也被困陝西、河南邊界，流寇很有平定的希望。

流寇瘋狂搶殺　流寇和東北的清軍，互相配合。當明軍努力清剿流寇時，清兵一再攻進長城，明軍被迫調往北方，保衛北京。崇禎十二年（1639年），張獻忠在湖北叛變，李自成也死灰復燃。第二年，李自成攻進河南，適逢河南大鬧饑荒，難民群起加入流寇。舉人李信和牛金星是李自成的謀士，勸他收取民心，造出「迎闖王，不納糧」的謠歌。連陷洛陽、開封。同時，張獻忠也攻破武昌、長沙；再進四川，打下重慶、成都，占據全川。於崇禎十七年，在成都自稱大西國王。這兩群流寇所到地方，無不瘋狂槍殺，成了恐怖世界。張獻忠尤以殺人爲樂事，想出種種酷刑，濫殺無罪民眾。四川全省，幾被殺盡滅絕。

李自成殺進北京　李自成在黃河南北，搶殺不停。思宗崇禎十六年，攻陷襄陽，改名襄京，自稱奉天倡義大元帥。不久攻破潼關，進據西安，沿途毫無阻攔。崇禎十七年（1644年），李自成在西安設立政府，建號「大順」，有步兵四十萬，騎兵六十萬。李自成率眾渡河，東陷太原，分兵攻真定。自領大兵攻下大同，進陷宣府。親自攻擊居庸關。沿途監視太監和守將紛紛迎降。京營潰散，太監開北京城門投降，思宗出走不能，只得回宮命皇后自殺，遣走王子，登煤山自縊殉國。李自成遂進入皇宮，縱兵大事搶劫。明臣死難的有四十多人。投降求榮的百官，爲數更多，居然要朝賀李自成，李自成不見，賊眾侮辱他們，卻不敢動。真是自作自受。可鄙可恥！

第二節　後金汗國的建立

清人的源流　清人的先世是女真人，本屬東胡族的一支，生活在中國東北地方。周秦時稱爲肅慎。隋時有靺鞨族。唐時，其中一支粟末靺鞨曾建立渤海王國，模仿唐代制度，盛極一時。五代時，契丹占渤海地方，另一支黑水靺鞨亦歸屬契丹；其在南部的歸籍契丹，號熟女真，

在北部的不歸契丹籍，號生女眞。生女眞住在混同江東北，其首領受遼
官職。到十二世紀初年，宋徽宗政和年間，首領阿骨打叛遼稱帝，國號
大金，滅遼與北宋。以後金爲蒙古所滅。元朝分爲五萬戶府，設官治
理，在三姓附近，以漁獵爲主。明太祖崛起，蒙古人退回沙漠，女眞人
原想乘機建國，因明太祖用兵迅速，遼東遼西全爲明有，只得於明成祖
初年，向明朝歸順。

建州女眞的分裂　明成祖時，女眞人分爲三部分，在松花江下
游，設建州衛，授他們的頭人爲指揮。在松花江上游，設有海西衛；在
黑龍江下游，還有野人女眞。後來建州女眞，向南遷到現在的安東附
近，明廷也在建州衛以外，又分建了建州左衛和右衛，這三衛都離興京
不遠，接近明邊，靠明朝的糧食接濟；向明朝進貢些人參貂皮，換取布
帛農具。

左衛首領被殺　左衛的首領覺昌安，明人稱爲叫場，清朝後來尊
爲景祖，和兒子塔克世，明人稱爲他失，清朝後來尊爲顯祖，都附屬明
遼東總兵李成梁。建州右衛首領王杲，恃強攻明邊地，被李成梁打敗。
覺昌安父子逼王杲逃到海西女眞的哈達部，被捉送明軍殺了。王杲的兒
子阿臺，住在古埒城（吉林城西南五百五十里），爲報父仇，出兵攻哈
達部。當時蘇克素護河部圖倫城主尼堪外蘭，做李成梁嚮導，進攻阿
臺。阿臺是覺昌安的孫婿，覺昌安父子前往古埒城解救，並進城勸阿臺
投降。尼堪外蘭卻假言招撫，阿臺部下開始投降，明兵進城殺阿臺，覺
昌安和塔克世，也被明亂兵殺死。塔克世的兒子努爾哈赤，年少英俊，
指責明邊吏，明邊吏把他父祖的屍體還給他。授給官職。

部族林立　根據清實錄記載，當時在東北的女眞部族，分爲四大
部，建州女眞地方有滿洲、長白山兩部，滿洲部又分蘇克素護河、渾

河、棟鄂、哲陳、完顏五部；長白山部又分訥殷、鴨綠江、珠舍哩三部。海西女眞地方有扈倫部，又分葉赫、哈達、輝發、烏拉四部，野人女眞地方有東海部，又分瓦爾喀、庫爾哈二部。東海部管得最遠，直到現在俄占沿海州地方。其餘三部都在東北境內，扈倫部裡面的哈達、葉赫兩部。分列南北，和明邊地的開原，鐵嶺鄰接，明廷稱做南關、北關，倚靠他們保衛邊地。

努爾哈赤復仇　努爾哈赤少年的時候，常常出入李成梁家裡。又在撫順做過生意，很清楚明邊情形。喜歡讀三國演義和水滸傳，懂得作戰。父祖被殺，即立志報復，因爲勢力弱小，不敢對明兵動手。明神宗萬曆十一年（1583 年），年紀二十五歲，只有遺甲十三副，部眾五六百人，竟敢進攻尼堪外蘭，尼堪外蘭不敵，逃到鄂勒琿，努爾哈赤就先征服附近的部落。再進攻鄂勒琿，尼堪外蘭逃到明邊，明邊吏卻捉送努爾哈赤，尼堪外蘭就被殺了。

努爾哈赤的崛起　明邊吏懦弱怕事，每年送努爾哈赤些銀兩和蟒緞，還開放撫順、清河，寬甸、靉陽四地，許他們做生意。從此勢力更強。滿洲五部漸漸被征服了。又收服長白山的鴨綠江部。萬曆二十一年，扈倫四部、長白山二部和蒙古的科爾沁、錫伯、卦勒察三部，聯合九部三萬軍隊進攻，被努爾哈赤率領部眾打敗。滅了長白山二部。其餘七部求和，以後的十多年，努爾哈赤命人創制文字，又先後滅了扈倫三部，只剩葉赫一部，靠明朝支持。可是哈達是明的南關，南關失去，明的邊境也不安寧。這時努爾哈赤對明廷還表示恭順，明廷仍授給官職。

後金汗國的建立　當時明神宗在位，軍政是極端的腐敗，邊事不整，對努爾哈赤不加重視，眼見他勢力日大。努爾哈赤逐漸吞併了各部，占據了松花江、鴨綠江、圖們江地方。有六萬軍隊，分成八旗，由

子姪率領。就在明神宗萬曆四十四年（1616 年），正式稱汗，國號後金，建元天命，定都興京（安東新賓）；後追尊爲清太祖。儼然有開國規模。在建國以前，努爾哈赤常受明的封號。建國以後，便準備公開叛明。

第三節　明朝覆亡與清室入主

薩爾滸之戰　萬曆四十六年（1618 年），努爾哈赤在興京以七大恨祭告天地，發兵二萬攻明。這七大恨多半與葉赫部有關，事實上可輕可重，只是作叛明的藉口而已。後金兵圍攻撫順，攻下清河，守將不死即降。明廷派曾在朝鮮打敗仗的楊鎬爲遼東經略，拖延了幾個月，發兵九萬，號稱四十七萬，出關進攻後金。這隻大軍，器械不靈，操練不熟，接濟不夠。第二年，分成四路進攻。地勢不清，敵情不明。後金汗國集中五、六萬兵力，在五天之內，先在撫順關外薩爾滸地方，消滅明軍西路主力，轉頭攻破北路，再打敗東路，南路只得不戰而退。努爾哈赤乘勝滅葉赫部，並占領開原，鐵嶺。

遼陽之戰　楊鎬兵敗以後，明軍退守遼陽、瀋陽一帶。明廷改派有壯志長才的熊廷弼爲經略；他爲人持重，守禦得法，努爾哈赤有一年多不能進攻。可是廷議紛紜，指責他不出戰，不久罷職。派沒有才幹的袁應泰繼任。熹宗天啟元年（1621 年），努爾哈赤二次西侵，連破遼陽、瀋陽，袁應泰兵敗自殺。遼河以東七十多城，全告失守。

廣寧之戰　遼瀋失陷，明廷再起用熊廷弼，駐山海關，籌劃戰守，定三方面布置計劃。並派廣寧巡撫王化貞輔佐。王與熊不和，事權不能統一，熊只有經略虛名。天啟二年，努爾哈赤三次西侵，王虛驕自用，出兵被擊潰敗，遼西城堡望風投降。北京城門都關閉了，熊、王都

被處死。熊廷弼善於戰守，長才未展，反遭死刑，天下人都認爲冤殺可惜。

寧遠之戰　當時，明廷想放棄山海關以東地方。兵部尙書孫承宗出任經略，親自督師。用兵部主事袁崇煥建議，堅守關外寧遠城（遼寧興城），訓練軍隊，還收復遼西失地，很有成績。熹宗天啓五年三月，後金遷都瀋陽，改名盛京。十月，孫承宗被太監排擠去職，改派不懂軍事的高第繼任，他撤除守軍進關，袁崇煥仍獨守寧遠。天啓六年（1626年），努爾哈赤領十多萬大軍來攻，袁崇煥堅守，命閩卒開放紅夷大礮，大敗後金兵，努爾哈赤受傷，憤恨而死。明人稱爲寧遠大捷。

皇太極的進攻　努爾哈赤死，八子皇太極立，改元天聰。後追尊爲清太宗。因爲朝鮮幫助明軍，爲解除後方威脅，先進攻朝鮮，朝鮮求和。再發兵攻打寧遠，被袁崇煥打敗，進攻錦州，又傷亡不少。明人稱爲寧錦之捷（1627年）。他知道正面難攻，便設法繞道進擾關內。先是，蒙古的雄主林丹汗，統領漠南地方，和努爾哈赤對抗。明思宗崇禎元年（1628年），皇太極打敗林丹汗，占領熱河北部。第二年，突破長城，圍攻北京。袁崇煥從寧遠趕急來救，年少而多疑的思宗，誤信皇太極的反間計，竟將袁崇煥下獄處死。事實上後金兵無力久留，只是大搶財物人口而去。可是袁崇煥一死，明廷便沒有能戰守的人了。

後金擴充土地　以後的幾年間，皇太極仍然間斷的進攻長城和遼西；又收降海上的明將孔有德、耿仲明、尙可喜，還向東北平定東海各部，兵威直到庫頁島和日本海沿岸。蒙古的林丹汗，也被皇太極擊敗，林丹汗走死，收服了漠南蒙古各部，得到元代帶到沙漠去的傳國玉璽。

後金改國號　明思宗崇禎九年（1636 年），皇太極藉口天命所歸，正式稱皇帝，改元崇德，改後金國號爲大清。清的國姓爲愛新覺羅，愛新是金的意思，覺羅爲部族。清人又自稱爲滿洲，因爲皇太極既建立清朝，與明朝成爲敵體。過去是替明朝看邊的屬夷，自然不願提起往事：不但諱言女眞，而且諱言建州。所以造出滿洲的名稱，說他們不是女眞人，而是滿洲人，國號不稱金，而稱滿洲。其實滿洲二字，是女眞酋長「滿住」兩字的轉音，也有人說是曼殊二字的轉音。不特非國名，而且不是部族的名字。事實上清人進關以後，隨著二百多年來的統治，和關內同胞，全合成中華民族了。

清兵東西得勝　明思宗崇禎十年（1637 年），清太宗起兵十萬，親征朝鮮，進逼國都。國王李倧求和稱臣，朝鮮成爲清的藩屬。以後兩年，一面猛攻寧遠、錦州等地，一面分兩路進攻長城，連陷直隸、山東六十多城、竟攻達濟南，明督師盧象昇戰死，清兵大事屠殺搶掠而去。

錦州松山之戰　崇禎十三年，清兵圍攻錦州，守將祖大壽不降。第二年，明廷派薊遼總督洪承疇爲經略，調吳三桂八大將兵十三萬，救援錦州，屯兵城外松山。清太宗親率大軍，截斷糧道，和吳三桂等將大戰，攻沒明兵五萬多，築長壕包圍松山。崇禎十五年，松山圍久缺糧，巡撫邱民仰死，洪承疇被俘降清。祖大壽只得投降。關外重鎮，只剩寧遠一城，可是明重兵仍駐守山海關，清兵還不敢深入。這年冬，清軍又攻破長城，南下薊州，一直進到山東兗州，攻下八十八城。到第二年四月，仍然退走。

明清的對立　明廷當時在山海關內外設二總督，昌平保定又設二總督，關內外還有六巡撫，八總兵，處處設防，可是事權不統一，反而不能取勝。思宗崇禎十六年（1643 年），清太宗死，子世祖繼立，改

元順治，年紀只有六歲，由叔叔多爾袞爲攝政王。多爾袞想聯絡流寇，
進占中原，還沒有接洽好，流寇李自成已攻進北京。駐山海關總兵吳三
桂，正領兵入衛，在路中決定接受李自成的招降。可是聽到愛妾陳圓圓
被李自成搶去後，急急回山海關，向清軍借兵，攻擊李自成。

　　清室入主　當時多爾袞領著大軍，正在關外。待機而動。得信立
即進關，讓吳三桂打頭陣，清兵占有北京。李自成潰敗西逃。吳三桂和
孔有德，會合清兵追討。清世祖順治二年（1645年），李自成死在湖
北。清兵攻下南京後，再西攻四川，順治三年，張獻忠敗死四川。這一
群流寇，擾亂了十多年，徒然給外敵製造機會。因爲清兵進入北京，馬
上議定遷都，迎世祖到北京（1644年），清廷開始入主中國。

第四章

民族革命的抗清運動

第一節　南明諸王與三藩的抗清

清兵的南下　清廷的能夠入關，並非全靠自己的兵力。占據北京，已出意外；並沒有吞滅全中國的計劃。所以世祖進關以後，清廷給南方的檄文裡說：「明朝嫡胤無遺，勢難孤立，用移大清，宅此北土：……非以富天下為心，實以拯救中國為計。……其不忘明室，輔立賢藩，戮力同心，共保江左，理亦宜然，予不汝禁。」等到南方不能自立，清廷自然南下。「人必自侮，而後人侮之。」以明朝之大，豈能被東北一個小部落吞併？金朝的兵力，不能算不強，然而始終滅不了南宋，便可為證。然則清的滅明，也可說是明朝人自己滅亡的。

福王的繼立　北方雖然淪陷，江淮以南，仍是明朝天下，南京原是陪都，也設有六部，兵部尚書史可法，正督師勤王，屯駐浦口，聽到北京陷落，天下無主，議立新君。當時福王由崧，潞王常淓，都避難到淮安。論次序，是由崧當立。然而潞王為人明惠，可以任事，有賢聲，諸臣多想立他。可是鳳陽總督馬士英，以為由崧昏庸將來好利用，故聯絡許多將領，挾著兵力，把福王送到儀徵，寫信給史可法，請立福王，諸臣怕他，只得立福王為帝，明年改元弘光（清世祖順治二年，1645年）。馬士英因擁立有功，掌握大權，引魏忠賢餘黨阮大鋮入閣；專門排擠正人君子。公忠的史可法，本想號召天下志士，以收民心。也被排擠出去，督師揚州。四鎮兵馬分駐江北，互相殺掠，史可法盡力調解，也不濟事。弘光帝又常迷聲色，一任馬、阮弄權，南京事便不可為了。

清兵攻入南京　清豫親王多鐸，領兵由山陝南下。並由攝政王多爾袞，寫信給史可法，說是清廷的得到北京，「乃得之於闖賊，非取於明朝。」勸弘光帝稱藩投降。史可法婉詞拒絕，當時擁兵武昌的左良玉，和馬士英不合，以清君側為名，舉兵東下。馬士英大恐，急檄三鎮

兵入援，對江北的防務置之不理。左良玉過九江死去，兒子左夢庚領兵，到采石爲明將黃得功打敗，遂投降清廷。史可法原到南京督師，再趕回揚州，清兵已到，檄調各鎮來援，沒一個前來。史可法苦守七日，城陷身死。清兵渡江而南，弘光帝逃蕪湖，清兵追擊。黃得功拒戰，中箭而死，弘光帝被俘（1645 年），後來死在北方。清兵直攻到杭州纔停。

　　魯王監國和義兵大起　南京既陷，福王被俘，張國維等奉立魯王以海，在紹興監國。黃道周、鄭芝龍等又奉立唐王聿鍵，在福州稱帝，年號隆武，浙、閩同時並立，叔侄二人，勢成水火，終不能合力抗清，失去相依之勢。那時，清兵派洪承疇招撫江南，再下薙髮令。要民眾改成清的髮式。於是江南民眾，紛紛起兵抗拒，然既無組織，又無訓練，多數是旬月即敗。不過江陰、嘉定兩地民眾，抵抗最爲壯烈，清軍在這兩地，也屠殺最慘。

　　魯王抗清失敗　清兵在世祖順治三年（1646 年），先後攻下浙江許多要地。魯王從台州下海，後輾轉到舟山，和內地匡復義軍相呼應，先後略取福建、浙東，而且進攻吳淞；浙東遺民，也多起兵響應，聲勢一振。到順治八年（1651 年），清軍攻破舟山，魯王走廈門，依鄭成功，後來死在金門。

　　唐王的繼立　唐王隆武帝爲人很有才學，布衣禁酒，辭氣慷慨，鄭成功便受他感動而效忠明廷；他比福王好得多，但軍勢遠不及福王時代，姪子魯王，和他分庭抗禮。東南財賦地區，沒一個眞能統攝的人。民兵數十百起起義，都被清軍消滅，擁立唐王的鄭芝龍，早有貳心，唐王被他所制，不能有爲；其他的大臣，都是有心無力。

唐王抗清失敗　當時明將何騰蛟招降李自成餘眾，守湖南，和武昌清軍對峙。楊廷麟起兵江西，恢復吉安，打敗南昌清軍。兩人都擁護唐王。唐王想到江西，被鄭芝龍攔阻。黃道周到江西募兵，抗清被俘而死。鄭芝龍祕密降清，撤去仙霞嶺守軍，清兵長驅直入。唐王正向西行。領著宮眷騎著馬，帶了十幾簏書，走得很慢，在汀州被清兵假冒明騎追到。帝后都死福州（1646年）。贛州也被清軍攻下，楊廷麟等戰死。

新唐王的爭位　唐王聿鍵在福州為帝，以四弟聿鐭為唐王主唐祀。福建抗清失敗。新唐王渡海到廣州，當時兩廣總督丁魁楚、廣西巡撫瞿式耜等，奉桂王由榔在肇慶（廣東高要）監國。大學士蘇觀生，本奉隆武帝命到南安招兵；寫信給丁魁楚，勸共同擁立桂王為帝，丁魁楚拒絕。蘇觀生從南安到廣州，和舊臣何吾騶等，擁立新唐王為帝，年號紹武。封拜擁立諸臣，全朝沒有三品以下官員，宮室衣服儀仗，趕辦不及，全城奔走，夜間如白晝，甚至向優伶借冠服，可笑得很。

新唐王的死難　桂王永曆帝派人勸阻新唐王為帝，蘇觀生派兵相抗。廣州總兵林察招募海盜幾萬，編成軍隊，居然打敗桂王永曆帝軍隊，可是對清兵沒有防備。正當百官會集，有人報告清兵來到，蘇觀生不信，斬殺報告人。清兵進城，唐王被俘，不食而死，蘇觀生自縊。官員只有數人死難，餘皆投降，從稱帝到破城，只四十天。是順治三年（1646年）十一、二月間的事。

桂王的繼立　桂王初起時本為監國。丁魁楚等看到新唐王在廣州稱帝，於是擁他在肇慶為帝，仍稱隆武二年（1646年），改明年為永曆元年。廣州陷清，逃往梧州。清世祖順治四年，清兵攻取肇慶，丁魁楚降清被殺，瞿式耜奉帝逃桂林。不久，清將金聲桓、李成棟降明，何

騰蛟恢復湖南，川南、川東也來歸附，明桂王永曆帝領有兩廣、雲、貴、江西、湖南、四川七省地方。福建、浙江沿海，又有鄭成功、張名振等軍，聲勢大振。

桂王內部的不和　然而桂王永曆帝的內部，軍帥有李自成餘黨，互相爭權，不能統一。清廷派洪承疇鎮南京，吳三桂取四川，耿仲明、尚可喜攻江西，孔有德攻湖南。金聲桓、李成棟、何騰蛟等敗死。清順治七年（1650 年），耿繼茂、尚可喜再攻下廣東，孔有德攻下桂林，瞿式耜等死節，南明無忠正大臣了。吳三桂進四川。桂王只好在廣西土司境內，隨處流亡。

桂王的殉國　張獻忠的餘黨孫可望、李定國、劉文秀、白文選，在四川、雲、貴出沒。這時歸附桂王永曆帝。不過他們只知爭權，毫不合作，孫可望更是驕狂，待帝不如平民，惟有李定國心存忠義，一意擁護。清世祖順治九年（1652 年），李定國攻克桂林，在衡州得勝。劉文秀取得四川，聲勢稍為恢復。後來情況變壞。桂王也從貴州逃往雲南昆明。孫可望降清。清廷派洪承疇經略西南，順治十五年吳三桂攻貴州，進犯雲南，李定國、白文選戰敗。第二年，桂王逃往緬甸。順治十八年，即永曆十五年（1661 年），吳三桂以大軍逼迫緬人，交出桂王，被吳三桂殺害，李定國也憂病而死。

三藩的來由　清廷從皇太極起，招徠漢人，幫助攻明。進關以後，多爾袞的軍政措施，多由范文程、洪承疇等人的策劃，平定南方，大部分靠明的降將。對漢奸們不得不裂土封王，封孔有德為定南王，早死無嗣。吳三桂為平西王，鎮雲南；尚可喜為平南王，鎮廣東；耿繼茂為靖南王，鎮福建。是為三藩。三藩都握有軍事財政用人大權，形成半獨立狀態。尤以吳三桂功勞最大，兵力財源也最多。雲、貴、川、湘、

陝五省的軍政大員，不少是他的心腹，直屬兵力約有十萬，尚耿兩王也各有二萬多人。全年要花費二千多萬銀兩，占用全國收入一半多；三王驕狂專權，清廷頗爲不安。

　　吳三桂首先反清　清世祖因爲天下未定，對三藩只得包容。世祖死，聖祖立，改元康熙，很不滿三藩的囂張。康熙十二年（1673 年），聖祖二十歲，年少英俊；三藩先後自請撤藩，聖祖斷然允許。吳三桂本是試探清廷態度，不料弄假成眞，只好舉兵反清。雲、貴、川、湘、桂和閩耿精忠（繼茂子）六省全聽號召。臺灣鄭經出兵相助，陝西和廣東尚之信（可喜子），也繼之而起，戰線西起陝西、甘肅，中到湖南、湖北，東到贛中、浙東，勢力達全國一半。

　　三藩的平定　聖祖籌劃周密，指揮若定。先在陝西、湖北，阻止吳軍前進，另以大軍進向江西，再攻湖南，截斷吳、耿的聯絡。採用分化政策，重用漢將，以傳教士南懷仁造的紅友大礮爲武器，實施各個擊破。康熙十五年，陝西王輔臣、福建耿精忠降；明年，廣東尚之信降。而吳三桂本爲賣國求榮之徒。無名義可以號召，三藩又不團結，且不敢乘時北進，錯失良機。到湖南稱帝更失人心。康熙十七年，吳三桂在衡州，稱周帝，不久病死，吳世璠立。康熙二十年（1681 年），清軍攻取四川、廣西、貴州、雲南，吳世璠自殺，三藩之亂平，尚、耿二人也被處死。

第二節　鄭氏的抗清

　　鄭成功與明室　鄭成功是歷史上的傑出人物，南明志士。當國破家亡以後，決心反清復明，號召同志，奉桂王永曆帝年號，在東南沿海和清軍力戰。最後驅逐侵占臺灣的荷蘭人，光復故土，開闢草萊，建設

臺灣，替明朝保持二十年的年號，對後世有極大的影響。

鄭成功的出身　談起他的出身，是儒生。父親鄭芝龍，是海盜出身而不忠於唐王的軍人，母親是日本女子，伯叔兄弟也是土豪劣紳式的人物。當鄭芝龍擁立唐王，派鄭成功侍衛唐王，暗中窺伺動靜。唐王見他年少英武，改其原名鄭森爲朱成功，世人因而稱他爲「國姓爺」。唐王令他統率禁旅，儀同駙馬都尉。成功見唐王憂悶，不滿其父，對唐王表示：「臣世受國恩，義無反顧，當以一死報陛下。」唐王後封他爲忠孝伯，掛招討大將軍印。

鄭成功的開始抗清　清世祖順治三年（隆武二年，1646 年）八月，清軍接近福建，鄭芝龍決心降清，成功屢諫不聽。芝龍且稱海盜來襲，將仙霞嶺防清軍隊，調向沿海撤退。清軍容易地走進仙霞嶺。芝龍亦被清軍擄而北去，母親受辱而死。成功痛心不已，決心殺敵，時年二十三歲，跑到孔廟，燒去所穿儒衣，拜哭著說：「昔爲孺子，今爲孤臣，向背去留，各行其是。謹謝儒服，惟先師昭鑑之。」遂聯合親友志士陳輝、張進、施琅、施顯、洪旭、陳霸，共九十多人，乘兩艘大船，到廣東南澳，募得數千人；自稱「忠孝伯招討大將軍罪臣國姓」，號召志士抗清。

鄭成功的攻勢　鄭成功占據有廈門、金門，招賢練兵，縱橫海上。經常控制漳州、泉州，進攻潮州。奉明永曆年號。和西南的李定國互相呼應。對北方聯絡魯王謀臣張名振、張煌言，進圖長江。他治軍嚴明，遠近都聽號令。並對外通商，增加收入。清廷壓迫鄭芝龍寫信招降，成功不肯接受，桂王初封他威遠侯，不久升漳國公。最後又封延平郡王，他辭謝不受，再封纔接受了。他設置六官理事，部下有七十二鎮，水陸兵十七萬。聲勢很大。

進攻南京 清世祖順治十五年（永曆十二年，1658 年），成功率領大軍，北征長江，打算牽制雲、貴清軍。進崇明島，過江陰，下鎮江，到焦山遙祭明帝陵墓，直達南京城下。張煌言軍也由蕪湖攻到安徽，東南大震。清世祖為之失色。可惜成功不聽甘輝建議，沒有取揚州，守鎮江，截斷清軍南北糧道。又誤信清兩江總督郎廷佐詐降。結果被清軍燒去五百多隻兵船，損折兵將不少。只得退出長江，回到廈門。當時成功的老師錢謙益，已經降清，備受壓迫，聽到成功進軍南京，大為高興，曾以杜甫秋興韻賦詩，其中一首說：「樓船蕩日三江湧，石馬嘶風九域陰。掃穴金陵還帝脈，埋胡紫塞慰天心！黑水遊魂啼草地，白山新鬼哭胡笳！十年老眼重洗磨，坐看江豚促浪花。」想見當時民心的興奮。可惜沒聽甘輝建議，一著之差，便全盤都輸了。

光復臺灣 北伐失敗以後，鄭成功知道，光復大陸，一時無望。金廈兩地，實在太小。要另行開闢根據地，長期抗清。那時東面海上的臺灣島，原是明末鄭芝龍的根據地，曾經招民移墾，很有基礎。荷蘭人侵入以後。明人屢有驅走荷人意見，都未成事實。當地居民反荷，又告失敗。成功從江南回軍，正巧來了一個南安人何斌，曾在臺灣任荷蘭人通事，了解臺灣情勢，痛恨荷人壓迫同胞，帶著臺灣沿海港路地圖，送給成功。成功知道是先人故土，召集文武官員商議，決定親自率領二萬五千人，冒險東征，經過九個月的進攻和包圍，荷蘭守軍不敵，只得請和，退出臺灣，這是世祖順治十八年十二月（永曆十五年 1662 年二月）的事。

開闢臺灣 鄭成功進據臺灣，稱為東寧，又號東都。改赤嵌城為承天府，設天興、萬年二縣。勵精圖治，不論何人犯法，概不寬免。遷文武眷屬來臺灣，並招徠流亡，撫慰番族，釐定制度，創設民兵，實行屯墾，氣象一新。金、廈也派重兵駐守，互相呼應。當時清廷無可奈

何，只有強制沿海居民，內遷三十里，並殺在北京的鄭芝龍和家人。成功萬分痛心。傳聞在那時，呂宋華人，痛恨西班牙人的統治，派人勸成功取呂宋，不幸事洩，呂宋華人被殺甚多。成功也有復仇之意。突得瘧疾逝世。治理臺灣只五個多月，享年三十九歲，壯志未伸，令人痛惜！

鄭經保境安民　鄭成功死後，長子鄭經從廈門來臺，繼承大業，清廷派人招撫，鄭經置之不理。他保境安民，設立學校，很有成績，仍奉明永曆年號。三藩反清，鄭經和耿精忠聯絡，取得閩南、粵東地方，可是與吳三桂政治立場不同。又和耿、尚利害衝突。失去新得地方。在清聖祖康熙十九年（1680年），退回臺灣，內心抑鬱，縱情花酒，身體日弱，第二年初，便病死了，年紀只有四十歲。

內部分裂　鄭經生前，文武分成兩派，各擁經子克𡒉克塽。克𡒉為人明達，鄭經外出應戰時，克𡒉任監國，很得人心。克𡒉娶陳永華女為妻，陳永華有才幹，為成功謀主，後助鄭經治臺，大有成績。為馮錫範、劉國軒等排擠，去職而死。鄭經死後，錫範和諸將怕克𡒉嚴厲，說克𡒉不是經子，收監國印，殺死克𡒉，其妻陳氏也自縊而死。錫範等人擁立十三歲的克塽，掌握大權。

施琅攻取臺灣　清世祖康熙二十二年（1683年），清福建總督姚啟聖，看到臺灣主幼國亂，認為機不可失，奏薦原為鄭氏降將福建水師提督施琅，領兵攻臺。施琅熟悉海道，領兵二萬多人，戰船二百多艘，一鼓攻下澎湖。守將劉國軒逃回臺灣。施琅進逼鹿耳門，乘勝深入，錫範和國軒，只得奉克塽投降。鄭氏在臺灣三世，歷二十二年。當時有人向清廷建議放棄臺灣，施琅以為不可，力主保留。康熙二十三年，清廷設臺灣府，隸屬福建省，內地民眾到臺灣去的更多。

第三節　抗清運動的不停

學者鼓舞抗清運動　晚明的學術界，不是迂闊，便是空疏，並且鬧著黨派的糾紛。忽然流寇把明朝鬧翻了，清人進關做了皇帝。於是志氣清明的學者，覺得眼前的境地，不宜空談學問，便奮然而起，領導著願為民族犧牲的多數民眾，對抗氣勢方張的新朝。他們以薙髮問題，鼓舞起江南一帶的民兵抗清。張名振、張煌言支持魯王，黃道周支持唐王，瞿式耜支持桂王，他們全憑一腔熱血，赤手空拳的要為民族爭光，艱苦奮鬥了幾十年，不幸都遭慘敗，給後人永遠的景仰。

明末遺民的不屈　學者抗清，奮鬥而死的很多，剩下來生存的學者，看到政治上完全絕望，只得另找出路。像方以智等人，出家當和尚。呂留良等人，行醫謀生。顏元、孫奇逢等人，從事農耕。黃宗羲浙東講學，修史著書。顧炎武到處墾田，研究經世致用之學。王夫之、李顒等人，卻隱居著書。李珠等人則做幕客。張楊園等人則教書授徒。他們這些人出家行醫務農經商苦隱，卻影響了學術文化的延續性，學問都是及身而絕。教授生徒，只能教八股文，做幕客也算仕宦，都不是他們所願意的。然而為了保持民族精神，也只有這幾條路可走。可是他們卻暗中傳佈民族思想，鼓吹革命。特別是黃顧王三人，被稱為三大儒，他們致力於經世之學，樹立新的學風，期收將來的效果。

反清士人的結合　明末的文人，喜歡集會結社，其中最有力量的是復社，目的是在復興古學。最初只是太倉七郡的七百多人參加，後來參加的有二○二五人，同志遍佈大江南北，黃河下游。並且有東林黨人參加，自然帶有政治色彩。另外還有許多以文會友的結社，卻沒有政治意識。可是清廷統一中國，這許多士人集團，卻變成了民族意識的結合體。好像東越諸社、三湖諸社、西湖八子、西湖七子、南湖九子、南湖五子等社和別的詩社，都借作文賦詩的機會，顯露出民族悲哀，喚起大

家國破家亡的沉痛回憶，所以清廷順治、康熙、雍正三朝，對士人結社，屢次下詔禁止。

民間的抗清運動　士大夫的抗清運動，雖然趨向消極潛伏階段。可是民間的抗清運動，卻祕密地逐漸發展起來。如清世祖順治五年（1648年），天津女子張氏，自稱明熹宗后，聚眾起事，以勢力孤單，即被平定。聖祖康熙十二年（1673年），吳三桂起兵反清，檄文中曾經提到朱三太子，說是「刺股為記，寄命託孤。」同年，北京便有楊起隆，用朱三太子名義，計劃起兵，改元廣德，被人告發失敗。楊起隆逃到山陝間，仍用朱三太子名義，在陝西起兵；康熙十九年（1680年），被捕身死。康熙四十五年（1706年），雲南李天極，奉朱文非起兵，號稱明桂王孫，改元永興，仍被清廷平定。同年，又有天地會的抗清運動發生。康熙四十九年（1710年），福建有陳五顯起兵抗清，數千人參加，也被清廷平定。

天地會的來源　天地會是清代初年發生的，可是它的起源，卻沒有定論。因為這是民間的祕密結社，內容不肯公開，真相難明。加以時間一久，材料更多，傳說自然不同，有的竟成神話，或言實有所指。普通的一說，是起源於少林寺，當吳三桂起兵反清時，明末義士，不少當了和尚。一部分到福建莆田九連山少林寺出家，有蔡德忠、方大洪、馬起興、胡德帝、李式開五人，組織天地會，稱為前五祖。另有湖廣義士吳天成、洪太歲、姚必達、李識第、林永超五人，後來也參加天地會，稱為後五祖。取「父為天母為地」之意，所以稱天地會。

鄭成功創立天地會　另一個說法，是鄭成功決定起兵抗清時，先和陳輝、張進、洪旭等九十多人，插血締盟。後來張禮、郭義、蔡綠等相繼加入，因為「以萬人合心」，改姓為萬。以後漸漸擴大成天地會。

陳永華創立天地會　再有一說，自明桂王被殺，鄭成功死去。有人感覺復興事業渺茫。陳永華遂就鄭氏起兵時，插血締盟方式，組織天地會，取父天母地的意思，來貫徹反清復明目的。讓鄭氏部下，來宣傳復仇。聯絡下層社會，江湖豪俠，做革命的基本力量。成立在清聖祖康熙十三年（1674 年）。最初在臺灣，福建發展，漸漸的傳到長江下游各省。

天地會杭清運動　清康熙四十五年（1706 年），天地會的首領張念一，也就是浙江大嵐山的一念和尚，奉朱三太子起義，改元天德。曾在嵊縣、慈谿、上虞等縣活動；前後二年，聲勢頗大。和尚參加的很多，但仍被清廷討平。

朱三太子之死　明思宗的朱三太子，據說已經逃出北京，所以起兵反清的舉動，常用朱三太子名義來號召。康熙四十七年（1708 年），朱三太子竟被捉到；當時他在山東蓬萊縣李家，改姓名為張用觀，字潛齊，裝作教書先生，已經七十五歲，是個白髮老翁。據他自供，在浙江改名為王士元。一念和尚被捕，二人對質，並不相識。一念和尚纔說出只是假名號召。可是聖祖仍不放心，竟以「雖無謀反之事，未嘗無謀反之心」為理由，把朱三太子和五子一孫，全家三十多人，一概殺了，其媳女也都自殺。

臺灣多動亂　因為鄭氏二十二年來的和清廷抗衡，遺風所被，臺灣的抗清運動，比大陸要激烈。革命志士，前仆後繼，從清領有臺灣到清末光緒二十一年止。大小抗清運動，約近四十次。實際或超過此數。高山族的叛亂，與民族革命無關，尚不算在內。而大部分的抗清運動，多起於諸羅縣，即乾隆年間改名的嘉義縣。分析臺灣多抗清運動的原因，除鄭氏影響以外，因來臺灣的閩粵人士，冒險渡海來臺，都有勇敢

開拓豪放的精神，但也難免衝動，粗野之處，易於倡義。二因看到大陸和鄭氏成王敗寇的變化，有時竟冒險一試。三因臺灣山林密茂，地廣人少，利於出入無常，來去自如。四因臺灣孤懸海外，天高皇帝遠，政治不良，容易激起民變。因而有「三年一小反，五年一大亂」的說法。

　　朱一貴的起義　康熙三十五年（1696 年），諸羅新港人吳球、朱祐龍起義反清，不成，吳死朱逃，他們可能是天地會會員。到康熙四十年（1701 年）冬天，諸羅人劉卻起義，被清兵攻殺同黨十多人。一年多後，又謀再起，被清兵查得戰死。這兩次規模都不大。到康熙六十年（1721 年），鳳山朱一貴，聲稱為朱明後人，集合一千多人起義，客家領袖杜君英響應：幾天之內，加到一萬多人。起初占領縣署，七天內占領全臺灣；清廷大小官員，非逃即降。朱一貴稱中興王，改元永和。恢復明代制度。有部眾三十萬人。可惜杜君英對朱一貴不合作，互相攻殺。清派福建水師提督施世驃、總兵藍廷珍，領官兵船夫一萬八千多人，大小船六百多隻東征，一個多月，全告平定：朱一貴、杜君英等人，都被押送北京處死。

　　林爽文的起義　朱一貴失敗以後，清世宗雍正十年（1732 年），鳳山有吳福生起義。同年，諸羅北部有奉朱四太子旗幟的。到高宗乾隆三年（1738 年），有許國珍、楊文鄰的起義。乾隆七年，彰化有「順天」的旗幟。乾隆三十五年，臺南黃教集徒起義。這些起義，多和天地會有關；有的根本沒有發動，都失敗了。到乾隆五十一年冬（1787 年初），彰化人林爽文，因為平常公開組織天地會，聚眾到一萬多人。痛恨諸羅知縣勒索天地會，被清兵剿捕，憤而反清，在彰化起義，被推為盟主，建號「順天」。同時莊大田在鳳山起義響應，波及全島。只有諸羅一城，因為總兵柴大紀死守，未能攻下。泉州人又固守鹿港。第二年清廷派福康安、海蘭察統領大軍，從鹿港登岸，得泉州人幫助，一年多

後，林爽文、莊大田都被捉處死。前後三年的起義、就消散了。然而以後的起義事件，仍不斷地發生。

西北回民的起義　清世祖順治五年（1648 年），河西回米剌印、丁國棟兩人，奉明故延長王朱識鋅起義，不久攻下甘州、涼州，渡過黃河，占據蘭岷臨洮，包圍鞏昌，號稱十萬之眾，聲勢很大。第二年，姜壤在山西大同響應，攻下蒲州。到順治六年十一月，卻被總督孟喬芳等人，逐漸的平定。

三合會　天地會某一後代教主鄭君達之妻郭秀英，和其妹鄭玉蘭，被清兵圍剿，在貴州三合縣遇害，後人遂稱其團體為三合會。

三點會　天地會成立以後，逐漸在江浙、湖廣等地，設立分部，恐天地會招人耳目，分部用水旁字，稱做江彪部，洪隱部，旁有三點，所以叫三點會。會眾自稱洪門。他們寫反清復明為「反泪復汩」。仍然旁有三點。從三點會會員，要記住的四句詩來看：「三點始藏革命宗，入我洪門莫通風，養成銳氣復仇日，誓滅清朝一掃空。」他們是不放鬆抗清運動的。

哥老會　到乾隆年間，有般聰明的志士，看到大陸上再沒有反清的根據地，便假託東海有個理想的地方，可以不食清糧，不居清地，不做清民。這地方便是哥老會的組織。這會也稱哥弟會，會員通稱洪家兄弟，祕密名冊稱海底，機關部叫碼頭，頭目叫掌舵或正龍頭，下有副龍頭，和其他職員，有志反清復明的中國人，不論窮富和各階級的人，都可拜師傅，當會員。不過剃頭匠、轎夫、戲子等人不得入會。共分仁義禮智信五級，稱為五門，初入會時為信級，逐漸升到仁級。會員最重義氣，服從龍頭，組織非常嚴密，後來有一部分人參加革命，很有成績。

第五章

清朝的盛極而衰

第一節　清朝對內部的統治

清太宗重用漢人　在清朝以前，以異族入主中原的，尚有遼金元三代，這三朝初起時，都不甚了解中國情形。不肯和漢人合作，重用漢人。清朝努爾哈赤建立興起時，討厭漢人，把捉到的漢人，都發給各部爲奴。尤其是讀書人，還被殺害。到皇太極時，知道要成大業，單靠本部族人，是不行的。他把所俘捉的漢人，都編成民戶，和旗人分居，另選漢官治理。對讀書人舉行考試，錄取的便減免差役，賞給布帛。對於明朝的降臣降將，尤加重用。清朝當時的創業，和一般投效的漢人，是大有關係的。以後清朝仍繼續採用這一政策。

清世祖的治績　清世祖幼年即位，親政以後，極留心民事和財政，切實清理田賦，整頓會計，使經手官吏，無法濫取和亂用。當時軍費浩大，入不敷出。他竭力裁汰冗官冗兵，節減大臣餉俸，並另行設法彌輔，卻不肯輕易加賦。使得清廷開國時的致治，很是安定。

清聖祖的治績　聖祖也是幼年即位，但他天資聰敏，性情豁達，樂於求學，勤於辦事，留心經世致用和科學實驗之學，很有成就。他自稱「一事不謹，即貽四海之憂；一時不謹，即貽千百世之患。」在位六十一年；親政以後，始終是勵精圖治的。他的治績，列舉六點來說：一、幼年時，大臣鰲拜專權不法，十六歲時，竟用計把鰲拜殺了。二、因爲黃河爲災，曾經六次南巡治河，直到江浙，還四次出巡塞外。三、極爲節省，三十六年宮廷開支，不及明宮廷一年的用度。四、廢除旗人圈地辦法，減免錢糧、舊欠和漕糧、附加等。老年又下令「盛世滋生人丁」：永不加賦。五、對結黨營私和科場舞弊的官員，從重處罰。六、聖祖有三十五子，太子胤礽行爲不當，斷然廢掉，後傳位給英明的世宗。

　　清世宗的治績　　世宗爲人嚴峻，英明過人，辦法高明，處事精嚴，賞罰公平，有法家的精神。聖祖晚年因精力衰退，爲政寬大，流爲因循。世宗嚴加整飭，政治清明。他的治績，列舉七點來說：一、剷除階級，把山西、陝西的教坊樂籍，浙江紹興的惰民丐籍，安徽徽州的伴當，寧國的世僕，江蘇昭文常熟二縣的丐籍，江、浙、閩的棚戶，廣東的蛋戶，一律改爲平民。二、取消皇族諸王兵權，禁止宗藩和外省官吏交結，並命令左右翼各設宗學，教育宗藩子弟。三、親作明黨論，告誡大臣，禁止結黨。對奏章親自批答，廣用偵探，暗察臣下行動；臣下小心謹慎，不敢爲非。四、封明裔朱之璉爲侯，加封孔子先世爲王爵。五、減浮糧，興水利，把丁銀攤入地畝；整理財政，把火耗化私爲公。嚴罰貪污舞弊官員，吏治修明。六、他知人善任，對擅權的國舅隆科多，和跋扈有功的年羹堯，加以殺戮，極有魄力。七、因爲看到立太子易生爭執，預先將擬立皇子名字，由皇帝親自寫好，放到「正大光明」匾額後，以備不虞。這儲位密建辦法，和前說的裁抑宗室，加上嚴禁宦官干政，是清初的三大改革。

　　清世宗的集權　　世宗因精明過人，更實行集權政治。因爲對西北用兵，爲保守軍機起見，在宮廷旁設軍機處，由親信臣僚辦事，後來權過內閣，成爲皇帝的幕僚機關。世宗爲便利群臣奏事起見，除通政司外，又在宮門內設奏事處，直接聽取臣下意見。至於六科給事中，明代是言路要職，可以封駁詔書，世宗將其改隸都察院，便失去封駁權力。

　　清高宗標榜中道　　高宗繼位，標榜中道治國，要寬嚴相濟。他早年很是勵精圖治，晚年志得意滿，信任和珅，弄得政治腐敗，官吏貪污。到了末年，內亂一發，就不可收拾了。他承先人餘蔭，流於奢侈。六次南巡，舉行千叟宴等事，加重民眾負擔不少。在位時開博學鴻詞科，召用山林隱逸之士，減免賦役，編纂群書，都得人好評。他自誇

「文開四庫，武功十全」大修四庫全書，和兩平準噶爾，一定回部，兩掃金川，一靖臺灣，一入緬甸，一降安南，兩勝廓爾喀，而號為「十全老人」。這些事情，場面確屬偉大，卻也功罪得失互見。

　　恐怖的高壓政策　清人因人數較少，文化較低，統治漢人，便要用不同的方法，時而高壓，時而安撫。在高壓政策方面：有一、嚴行薙髮令，以摧挫民族性。二、進關以後，籍沒明朝公侯伯駙馬皇親的田地；又圈占民田，以給旗人。三、凡抗拒清兵的地方，大加屠殺，如順治年間，揚州殺了十天，嘉定屠了三次；江陰十萬人抗清，幾乎全死。殺戮來歸明代藩王十二人，和不少降臣。四、各重要城市，派旗兵駐防，來監視漢人。五、摧殘士氣，嚴禁士民上書言事，集會結社。六、仇視士紳，不准士紳交結權勢，干與詞訟。江蘇吳縣諸生金人瑞等十八人，在文廟痛哭，指責知縣暴虐貪污，竟被巡撫朱國治處斬。朱國治又清理舊賦，造欠糧冊到戶部，列名抗糧的江南士紳有一萬三千五百十七人，都遭枷責，得保全的沒有幾人，欠一文錢的探花葉方靄，也遭黜革。尤其嚴重的，是大興文字獄。

　　康熙時文字獄　順治末年，浙江吳興人莊廷鑨，因為補編並刊刻明朱國禎的史稿（明史），內有指斥清室語言，奉明年號，在康熙二年（1663年），被革職知縣吳之榮告發，廷鑨戮屍，作序、校刊、刻字和買賣書等人，共殺二百二十一人，妻女發邊為奴。到康熙五十年（1711年），御史趙申喬參發，戴名世所編南山集裡，有桐城方孝標作滇黔紀聞二篇，懷念明朝。結果，株連三百多人，一說五百多人，名世處死，孝標剉屍，方戴兩族人和有關人，發往充軍，編入旗下。

　　雍正時文字獄　雍正三年（1625年），因汪景祺所作西征隨筆，不滿聖祖施政，認為大逆不道，被處死，妻子充軍為奴。五服以內族人

都遭斥革拘管。雍正四年，查嗣庭在江西主考，出「維民所止」試題，被人告發，說是把雍正二字去頭。因此入獄而死，結果戮屍殺子。又因汪、查是浙江人，停止浙江省鄉會試。雍正五年，謝濟世因注釋大學，毀謗程朱，罰充苦役。陸生柟著通鑑論十七篇，認為反對君主。軍前正法。浙江人呂留良著書排清，提倡華夷之別；湖南人曾靜極為贊成，派弟子呂熙到呂家訪求遺書傳佈，又派張熙說陝甘總督岳鍾琪反清。雍正七年（1729 年），被鍾琪告發。結果，留良戮屍，其子和生徒斬決，族人充軍。曾靜、張熙因中途改過免死，後被高宗殺掉。世宗親自撰大義覺迷錄，指責華夷之分的不對。

乾隆時文字獄　　大小有六十多次，較重要的，好像大臣鄂爾泰門生胡中藻，和鄂姪鄂昌，互相唱和，高宗認為挑撥侮辱清人，結果胡中藻凌遲處死，家屬斬首。鄂昌勒令自盡。浙江人齊赤若，因替呂留良案抗辯，後被磔死。江西人王錫侯撰字貫，刪改康熙字典，處斬。浙江人徐述夔做詩詠明末事，暗罵清廷，戮屍。子孫和校刻人處死。在籍大理寺卿直隸人尹嘉鍾，著書有狂悖處，立即絞死。

和緩的安撫政策　　在安撫政策方面：有一、清初重用明降臣降將。進關後大赦，替思宗帝后發喪。明臣特准原官留用，還召用山林隱逸之士。二、入關後免除明末三餉，康、雍、乾三朝，多次減免全國錢糧及舊欠。世宗免除蘇、松、嘉、湖浮糧。聖祖定滋生人丁永不加賦制度。世宗把丁銀攤入田賦，使無地的平民解除負擔。其他減輕負擔的惠政頗多。三、進關後馬上恢復科舉取士，並常常舉行特科，網羅明代遺民和積學人士，授以官職。四、聖祖和高宗提倡理學，利用君臣綱常道理，來維繫人心。五、聖祖和高宗，集合士子儒生多人，編纂巨籍三十多種，一以整理文化遺產，消磨學者精力；一以銷燬禁書，統制思想。康熙時完成一萬卷的古今圖書集成和乾隆時的四庫全書，更是巨籍。

六、世宗削除賤民階級，頗得人心。

偉大的四庫全書　乾隆三十八年（1773 年），高宗特開四庫全書館，乘國家富足的時候，網羅古今已刊未刊書籍，勒成一部。命紀昀為總纂官，參與校纂的，像戴震、王懷祖等，都是專家學士。九年後全書告成，凡三千四百五十七部，七萬九千零七十卷；存目六千七百六十六部，九萬三千五百五十六卷。前後繕寫七份，分藏宮中文淵閣，圓明園文源閣，熱河文津閣，瀋陽文溯閣，揚州文匯閣，鎮江文宗閣，杭州文瀾閣。後來文源閣被英法聯軍燒了，文匯閣文宗閣被太平軍戰火燬了，文瀾閣也遭太平軍戰火燬去一部分，經邑人抄補完全。其他三閣的書都保存到現在。這一部書，應該存書存目的留去，並不太恰當，緊要的書，也許沒有編入。不過對於書籍的搜集保存，總算很有成績。可惜在另一方面，高宗藉這搜書機會，又興起了不少文字獄，輕的更改，重的銷燬。先後燒書二十四次，五百三十八種，一萬三千八百六十二部。不知多少有價值的書籍，遭了焚燬。

第二節　清朝對邊疆的經營與海外的發展

蒙古的開拓　清廷在進關以前，太宗已經征服漠南蒙古（內蒙古）。漠北蒙古（外蒙古），也在太宗時入貢。當時分車臣汗、土謝圖汗、札薩克圖汗三部，總稱喀爾喀。聖祖康熙年間，天山北路準噶爾部噶爾丹勢力突強。於康熙二十七年（1688 年）東侵，外蒙古三部大敗，降清求救。聖祖命令噶爾丹歸返侵地，不聽，且深入內蒙古。聖祖曾數次親征，到康熙三十六年，噶爾丹敗死。三部纔歸返故地，成為中國藩部。世宗雍正時，又添設三音諾顏汗，成了四部。內外蒙古各分成若干盟，盟下分部，部下分旗；旗長叫札薩克，世代相傳，盟長由清廷任命，只有考核之責。聖祖知道要安定中國，必先安定外蒙。所以施行通

婚聯姻政策，公主嫁蒙古王公，后妃也多娶自蒙古，雙方親如一家。此外禮遇蒙古活佛，加建喇嘛寺，使蒙古傾誠清廷。後來在庫倫，還設了辦事大臣。不過這些辦法，比較保守，缺少積極性。

準部和回疆的開拓　漠西蒙古，又叫厄魯特蒙古，即明代瓦剌部，居天山北路。清初分為和碩特、杜爾伯特、土爾扈特、準噶爾四部。以準噶爾部噶爾丹最強，曾併有天山南路、西套蒙古、青海、科布多、唐努烏梁海等地。還進攻漠北蒙古和西藏。清廷經過康、雍、乾三朝六十多年的攻戰，到高宗乾隆二十二年（1757 年），始告平定。於是在北路設伊犁將軍，實行軍屯，商販也多前往，建城興學，和內地一樣。天山南路，信仰回教，稱為回疆，曾臣服準噶爾。清兵進伊犁後，移師南征。乾隆二十四年，加以平定，清廷在喀什噶爾設置參贊大臣，統領該地，地方行自治制，分設伯克，但不是世襲。於是天山南北，都歸入中國版圖。當時清廷將天山南北路，定名為新疆。

青海和西藏的開拓　蒙古和碩特部固始汗，占據青海後，即受清廷冊封。聖祖滅噶爾丹後，又封其酋為和碩親王。世宗雍正元年（1723 年），新酋羅卜藏丹津作亂，被年羹堯、岳鍾琪領兵討平。於是，在西寧設置辦事大臣，分立部、旗、士司，酌置道、府、廳、衛，以治青海。至於西藏，在聖祖康熙時，達賴五世死，發生真假達賴之事，歷三十多年未得解決。康熙五十六年（1717 年），準噶爾部的策妄，乘機侵入拉薩。聖祖兩次發兵征討，到五十九年擊敗策妄。迎立青海所擁立的達賴六世。世宗雍正五年（1727 年），並設置駐藏辦事大臣，正副各一人，分駐前後藏，還留兵駐守，西藏又入中國版圖。高宗乾隆晚年，乘降服廓爾喀（尼泊爾）之便，將西藏軍、財、政治、用人、對外等權，都收歸辦事大臣。並定「金奔巴（瓶）法」，如果達賴、班禪和各大活佛的繼承人，發生爭執時，用金瓶裝入靈童姓名籤條，以抽籤方

法來決定。

　　苗疆和金川的開拓　雲、貴、川、湘、鄂、桂等省邊境，苗、徭、蠻、夷很多，因為生活習慣和內地不同，宋、元、明以來，雖不斷經營，但多數仍由土司治理。雍正四年（1726年），世宗採取雲貴總督鄂爾泰建議，派遣流官，取代土司；稱為改土歸流。鄂爾泰恩威並施，四年之內，在雲貴二省，開郡縣，設學校，大有成績。乾隆時，張廣泗又繼續經營，貴州苗疆全告開闢。乾隆十一年（1746年），四川大小金川土司作亂，三年後為傳恆討平。三十六年，又聯合作亂；到四十一年，由阿桂討平，分設兩廳。至於改土歸流的地方，新設州縣，近六十個。行政教化，和內地一樣。兩湖大致沒有土司，其他四省，所剩不到一半。

　　東北的移民　東北和內地，本是一體，經過明末的戰爭，和清人入關，反形荒涼。清聖祖以東三省為清室發祥地方，又怕外人私掘人參，在康熙七年（1668年），實行封禁，不准關內移民前往。乾隆年間還重申禁令，只准商人前往。不過東三省北部，是發配罪犯地方，關內流民，在那裡定居的不少，對開發東北，推廣教化，很有功勞。由於華北地狹人密，常常發生災荒，山東人由遼東半島登岸，直隸人穿長城到遼西；進而分佈全東北地區，東北逐漸告開發。清朝末年，因為俄人東侵，纔正式開放，獎勵關內人民移往。

　　臺灣的經營　清初只准內地民眾，單身前往臺灣，可是來者不絕。到世宗雍正十年（1732年），纔准已經來臺灣的人，移眷前往。臺灣的開闢，遂突飛猛進。移民以福建、廣東兩省人為多。臺灣的經營，明鄭時代，偏重南部，後來逐漸移到中部北部東部。清收取臺灣時，僅在南部設一府三縣，漢人約五、六十萬。以後陸續添設府縣，臺灣

成爲海外樂土，乾隆時人口應達百萬。嘉慶朝以後，人口超過二百萬。

東方藩國的內屬　清廷進關以前，太宗曾擊敗朝鮮，朝鮮向清稱臣入貢，但不忘明廷舊德。清廷進關以後，仍有策應復明運動之舉，惟對清進貢不停。琉球在清順治十一年（1654年），遣使請求冊封給印。清廷在康熙元年（1662年），遣使前往冊封，第二年受封，並定下兩年一貢之制。

緬甸的內屬　緬甸在清初，與清廷沒有關係。乾隆十五年（1750年），入貢稱藩。不久，緬甸政變，常常侵擾滇邊。乾隆三十四年，清高宗任傅恆爲經略，大舉進攻。當時緬甸和暹羅交戰，遂向中國乞和入貢。乾隆五十五年（1790年），清廷冊封雍孟雲爲緬甸國王，定下十年一貢之制。

暹羅的內屬　暹羅和緬甸互相仇視：清乾隆三十二年（1767年），暹羅國都被緬甸攻陷，國王敗死，廣東華僑鄭昭乘機奮起，逐退緬兵，被推爲王，改都曼谷，並遣使入貢。鄭昭本名信，昭是當地對人的尊稱。後發生內亂，鄭昭遇害，大將卻克里篡位，號稱拉瑪一世，即今泰國王朝始祖。乾隆五十一年（1786年），他以鄭昭義子鄭華名義，遣使入貢，清廷並加以冊封。

安南的內屬　清康熙五年（1666年），領有安南北部的黎氏大越國內附，封爲安南國王。乾隆四十三年（1778年），南部新興的勢力阮文惠文岳兄弟起兵，先推翻南部的廣南王阮福映，又消滅大越國。黎氏向清求救，乾隆五十三年（1788年），清兩廣總督孫士毅收復東京，復立黎氏。阮文惠請降後，又襲敗清軍。文惠怕惹大禍，改名光平，向清廷自請歸降。五十五年，封爲安南國王。嘉慶初年，廣南王阮福映攻

滅新阮，統一安南。嘉慶七年十二月（1803 年 1 月），遣使稱臣，請改國名爲越南。嘉慶九年（1804 年），封阮福映爲越南國王，並定下二年一貢、四年一朝之制。

廓爾喀和中亞各國　尼泊爾國，在西藏西南，即明代的尼八剌。清乾隆三十四年（1769 年），被喀什米爾的廓爾喀族占據。五十三年，廓爾喀侵入西藏，清軍救援，廓爾喀稱臣進貢。三年後再度侵入後藏，五十七年（1792 年），遣福康安領兵打敗。廓爾喀人請和，定五年一貢之制。藏邊的哲孟雄和不丹，也先後內附。至於中亞地方，當天山南北路平定時，蔥嶺以西國家，好像哈薩克、布魯特、浩罕、布哈爾、乾竺特、博羅爾、巴達克山、愛烏罕（阿富汗），都派遣使臣進貢。

清代的疆域　清代盛時的疆域，東起鄂霍次克海，向南經朝鮮海峽，而琉球群島、臺灣，到菲律賓群島西南的蘇祿群島。北自外興安嶺，西經薩陽嶺，而到巴爾喀什湖。西越帕米爾高原，而鎮服鹹海以東的各小國。南自廓爾喀、哲孟雄、不丹，而到整個的中南半島。全收爲藩屬。版圖的廣大，過於漢、唐，僅次於元。對蒙古、新疆，康、藏及大小金川等邊疆地帶，並加以經營；治理的周密，且過於元代。

清代國人的向外移民　清初因防止鄭氏與內地互通聲氣，及明末逃亡海外義士，對大陸展開復明運動起見，故嚴防商民出海。後來因排斥西教。更禁止國人赴海外經商。然國人對海外的移民，並未因清廷的阻止而衰歇。最有成績的，有如下述。

中南半島和馬來半島　一、明桂王永曆帝時，撤退到緬甸的軍民不少，都定居未還。清乾隆初年，在緬甸開設銀廠的雲南人吳尚賢，領眾數萬，聲威極大。二、明時華人在暹羅很有勢力，福建人謝文彬官

至「坤岳」，等於學士。清乾隆時，鄭昭當了十四年的國王。三、福建人吳陽，在馬來半島宋卡建國，受過鄭昭封爵。四、臺灣鄭氏亡後，部將黃進在柬埔寨，擁船一百多艘。五、清康熙初年，廣東人鄭天賜，據安南南圻河仙，有開國規模，悉仿明制，號港口國王；安南授他總兵，封他侯爵。傳了約百年。六、明末華人到滿刺甲的不少，清初去的更多。同治光緒年間，華人經營吉隆坡，極有成績。七、新加坡在清嘉慶二十四年（1819 年），被英人占領，華人開始大量前往。

　　馬來群島　一、明初在蘇門答臘舊港，設置宣慰使司。爪哇有華人村。萬丹有華人數萬聚居。荷蘭人占爪哇，巴達維亞更是華人中心，管華人貿易的甲必丹，常是華人。明亡，華人來的更多，十年後巴達維亞一地，即有十萬人。清乾隆五年（1740 年），荷人壓迫華人遷往錫蘭，甲必丹連富率眾抗拒，在洪溪攻戰，華人死了九千，稱爲紅河之役，悲壯已極。二、婆羅洲在明時，即有福建人占地爲主。清乾隆三十七年（1772 年），廣東人天地會會員羅芳伯，在婆羅洲經營金礦，據坤田自主，組織蘭芳公司，自稱「大唐客長」，「蘭芳大統制」，很有開國規模，治下有十一萬人。以後各任客長都由公眾推選。到光緒十二年（1886 年），被荷蘭所滅。三、芳伯同鄉吳元盛，在西婆羅洲爲戴燕國王，傳國一百多年，被荷蘭所滅。四、廣東潮州人張傑諸，在安波那島爲王，光緒年間病死，財產爲荷人取去。

　　菲律賓群島　菲律賓最大的島，華人名叫呂宋，自被西班牙占據後，在明代常殺華人。每次數目，以萬人計。鄭成功光復臺灣時，又殺了上萬華人。清平臺灣，康熙二十五年（1686 年），又殺華人。乾隆二十七年（1762 年），英人攻占馬尼剌，西人又殺六千華人。然而華人仍遍佈群島。菲律賓南的蘇祿群島，華人也有勢力。

第三節　清代的制度與社會經濟

中央的官制　清廷進關以前，因地小人少，政府組織簡單；進關以後，為統治便利，中央和地方官制，大體上承襲明代。皇帝集天下大權，有無上權威。軍國重務，常由議政王大臣負責。並設內閣，設大學士四人，協辦大學士二人，滿、漢各半。吏、戶、禮、兵、工、刑六部各設尚書二人，左右侍郎四人，滿漢各半。尚書侍郎為敵體，稱六堂官。理藩院管理蒙古和外藩事務，專用滿、蒙人任尚書侍郎，翰林院掌編修國史，撰述文章，兼任侍講，設掌院學士。都察院掌監察，設左都御史及左副都御史，下有六科給事中和十五道監察御史。右都御史則為總督兼銜，右副都御史則為巡撫兼銜。大理寺掌刑罰，設卿及少卿，都察院，大理寺和刑部合稱三法司。其他不重要的大小機關尚多。大臣員額雖規定滿漢各半，但大權多在滿臣，不定額的機關，也多用滿臣。雍正時所設立的軍機處，選大學士、尚書、侍郎為軍機大臣，可承旨裁決軍國大事。大學士和六部的權力，為之大減。

地方的官制　地方則設十八行省，省數在光緒時，增加五行省。省下有道、府、縣三級，直隸州、廳和府平行，州、廳和縣平行、州、廳和縣平行。各省設巡撫一人，二、三省合設總督一人，直隸、四川省僅設總督不設巡撫，河南、山東、山西僅有巡撫。總督、巡撫，多由滿人出任，職權大致相同，惟總督地位較高。下面設有掌民政財政的布政使，掌刑名按劾的按察使。兩司之下有專管數府或某一專職的道員。府設知府，縣設知縣，是親民之官。縣佐人員，有縣丞、主簿、典史、巡檢、驛丞、閘官、稅課大使、河泊所官、儒學教諭及訓導。另有吏、戶、禮、兵、刑、工六個科房，和壯班、快班、皂班三個班房。全國有總督八人，巡撫十五人，省數增加後，也隨之增加。乾隆時，道成為省下的地方行政區劃，全國有八十二道。其下全國有百八十二府。嘉慶時

州則有六十七直隸州和一百四十七散州，廳則有十八直隸廳和七十八散廳。並有一千二百九十七縣。府廳州縣數目，後來都有增加。此外，首都附近地方設順天府尹：盛京（奉天）、吉林、黑龍江三省，各設將軍，綜理省政，制度和內地十八省不同；到光緒末年，始改成內地行省制度。另有內外蒙古、西藏、新疆、青海等藩部，設有辦事大臣或參贊大臣，協同地方首領施政。西南各省，並有自行管理地方的土司存在。

　　兵制　努爾哈赤建立八旗兵制，以顏色分旗別，兼以統民。太宗又將歸降的蒙人、漢人，編爲蒙古八旗、漢軍八旗。進關前八旗兵約十多萬，進關後最多到二十五萬。一半拱衛京城，一半駐防要地。駐防地就其大小和重要性，分設將軍，副都統、城守尉等職。進關以後，因爲八旗兵銳氣消失，專用漢兵，漢兵都用綠旗，稱爲綠營。總數共六十六萬多人。分別配屬在各省總督、巡撫、河道總督、漕運總督、提督、總兵之下。

　　刑法　清順治時頒佈大清律，乾隆時編制大清律例。都以明律爲本。自隋唐相傳的五刑，笞、杖、徒、流、死，仍然保持。元明的死刑甚厲害，有斬無絞，且有凌遲，可說很重。清代都沿襲了。其他的重刑尚有戮屍，家屬連坐，刺字的墨刑。現在看來，極不人道。到清光緒晚年，修訂新法律時，始加以除去。清代處刑，皇親國戚，除十惡大罪外，幾乎很少服刑。旗人漢人服刑，也輕重有別，並不平等。大臣稍有過失，便交外廷判罪，外廷阿諛帝意，判刑極重，君上有時略予減輕，以博仁君賢主的美名。

　　科舉制度　科舉制度，從隋代開始，到唐代更爲完備。清代仍沿明制，實行科舉，用制義八股取士，士子們養成了學而優則仕的心理，都專心於讀書做官，也無暇從事反清工作。科舉制度以鄉試、會試、殿

試爲三步驟，實際上只有兩階，三年大比。童生在本縣考得秀才，每逢子午卯酉之年，在各直省鄉試，考中的叫舉人。舉人每逢辰戌丑未之年，到北京禮部會試，考中的叫貢士。皇帝再在太和殿親自策試，叫做殿試。分一二三等；叫做三甲。一甲三人，俗稱狀元、榜眼、探花，賜進士及第；二甲賜進士出身，三甲賜同進士出身，名額都沒有限制。舉人可以候選內閣中書，各省教職，和大挑知縣。進士一甲一名授翰林院修撰，二三名授翰林院編修，二三甲再經朝考選用爲翰林院庶吉士；其餘的京官就做主事、中書、教習，外官就做知州、推官、知縣。經過三年考績，只要成績卓異，即可按步就班，升做大官。於是享盡人間榮華富貴，成爲社會上羨慕的對象，「萬般皆下品，惟有讀書高。」成爲社會上一般的思想。

基層社會制度　中國是農業國家，民眾安土重遷。以宗族聚爲鄉村，借宗法的關係實行鄉自治。城市只是政府設治的所在或工商業類集的地方；在政治組織以外，仍有自治性質。鄉的名稱，各處也不一致，名目總有二三十個，好像里、區、社、坊、鎮、集、墟、圩、村、莊、都、保、牌、堡、團、營、寨等等都是。大小範圍不定，可說是基層社會的自治單位。其首領不是當地的鄉紳，便是一族的長老，公選而出，照例由地方政府承認。要不然，隨便叫一個人出面應官；實際上另有主持人。名稱有的叫長，如鄉長、區長、社長；有的叫頭，如莊頭，牌頭；有的叫正，如里正，保正；有的叫主，如寨主；有的叫董，如區董，團董，有的叫總，如營總。

鄉治的組織原則　因習慣相沿，其組織的原則，大體如下：一、每村一長，或數村一長，或一村數長。二、村長多由族長兼任，有處決私事和爭訟之權。三、村少則數家，多則百餘家，以數十家爲多。四、村名常以本姓或大姓而得名。五、村與村可以聯合。鄉鎮比村莊大，堡

寨比鄉村大。清代還重視保甲，幾乎和鄉治合而爲一。遍及全國，始於順治，初爲總甲制，繼爲里甲制，都是十戶一甲，十甲一總，城中日坊，近城日廂，在鄉日里。康熙四十七年（1708年），又申令十戶立一牌頭，十牌立一甲頭，十甲立一保長，各戶給紙牌一張，造冊呈報，稽查戶口。保甲長成爲應官之人，身分不高，不能和鄉紳族長並列，所以鄉治的重點，是不在保甲的。

人口的增加　清康熙五十年（1711年），調查各省丁口，只二千四百十七萬人：大概是明末大亂，死亡太多，和逃避丁稅，以多報少所致。以後普查戶口，乾隆十四年（1749年），計有一萬七千七百四十九萬多人。四十六年（1781年），有二萬七千九百八十一萬多人。乾隆五十九年（1794年），又加到三萬一千三百萬人以上。人口激增原因，一因天下太平，生育日多。二因呈報確實，不再隱瞞。三因世宗解放賤民，編入戶口。人口增加如此的快，土地面積不能比例增加，生產方法又未改良，社會的困難，因而日增。

盛清的財政　清初國庫收入，以田賦最多，其次爲丁稅（人頭稅）。田賦仍照明一條鞭法徵收，清順治八、九年，歲入額賦銀一千四百八十多萬兩，歲出一千五百七十多萬兩，內各省兵餉一千三百多萬兩，各項經費不過二百多萬兩。以後漸漸統一，每年總數，加到二千多萬兩，康熙五十一年（1713年），規定人丁額數以康熙五十年爲準，以後增加人口，永不加賦，雍正時又將丁銀併入田租，名爲「地丁」。無田者免。地丁每年約在三千萬兩上下。其次收入爲關稅，有一定額，康熙年間，常不能足額。雍正時可收到一千多萬兩。再次爲鹽課，食鹽規定官督商銷，由商人到產地買鹽，到專賣地區行銷，鹽課每年可收七百多萬兩。還有出賣官職收入，由民眾出錢捐取候補官和虛銜，每年約三百萬兩。雍正時，又將火耗化私爲公。火耗原於明的耗

羨，因民眾徵收田賦時，多爲零星小銀，在正賦外，每兩加徵一到二三錢，以備鑄鎔時的損失。事實上損失有限，多由官吏攤分。這數目每年約有四百多萬兩。到雍正年間，國家歲入約有六千多萬兩，入多支少，庫存常有數千萬兩。乾隆年開，仍是如此。所以康、雍、乾三朝的一百三十四年，稱爲盛世。

盛清時代的貨幣　清代通用銀兩銅錢，銅錢尤爲普通。北京和各省，都分別設局鑄製，稱爲制錢。和前代形式相同。制錢七百文，兌換白銀一兩，後來漲到八九百文或一千多文。白銀十多兩二十兩，兌換黃金一兩。從明末起，墨西哥銀元由菲律賓傳到中國。清初外國銀元流入更多，每個七錢二分，使用便利，可值白銀八錢五分。

第四節　乾嘉的由盛而衰

盛極而衰的開始　清代到乾隆朝，文治、武功、國力，都達到極盛的時代，清高宗若能持盈保泰，注意治道，未始不可延長盛世數十年。但他晚年志得意滿，驕奢淫佚，信任奸邪，清廷遂開始走向下坡路，到了盛極而衰的階段。其原因有如下述七事。

貪污的風行　乾隆中年，官吏結黨營私，已大開官吏貪污之風，和珅以一侍衛，不久，升副都統，乾隆晚年又由侍郎，在軍機處上學習行走，而升到大學士兼吏部尙書。他秉性吝嗇，愛財若命。大小官員，爲了保持祿位，無不奉敬財物，於是上下貪污，愈來愈烈，平民遂處於困苦境地。後來清仁宗誅殺和珅，沒收他的家產，約值銀八萬萬兩，竟及他二十年執政時，全國收入的一半以上。

吏治的腐敗　和前述貪污的風行，互爲因果。大小官員，以賄賂

而得，焉能注意吏治？即使有存心爲公的州縣官，然而上面的督撫道府，只知違法弄權，又怎能有所作爲？所以有氣節才器之士，寧願做翰林院清貴之官，或是退而教書，隱居山林。吏治那能清明？官吏之間，也互相勾結，互相包庇，民眾對官吏既無可如何，事無大小，都自求解決，並不報官。除完糧納稅外，民眾與政府，可說毫無關係。所以變亂發生，民眾漠不關心。

　　士風的卑下　　士子既以做官爲出路，而做官必須鑽營。潔身自好之士，有所不爲，自然不入仕途。而想做官的士子，遂不惜低聲下氣，卑詞厚幣以求。一旦獲得官戰，無不敗壞吏治，貪污風行。

　　軍隊的退化　　八旗兵進關以後，養尊處優，戰鬥力減退。代之而起的綠營兵，久而久之，銳氣漸減；所以乾隆年間平定大小金川兩役，費錢最多，歷時最久。軍官們也養成奢侈怠惰之風，以扣尅軍餉爲能事，弄得兵額不足，士氣頹喪。

　　財政支絀　　清高宗因爲國家富足，大修書籍，十處用兵，遊歷江南塞外，舖張慶典，增加兵額；財政上的開支日增，原來年年有餘的情形，漸漸變成收支不足。這都是民眾的負擔，怎能不令人愁怨呢？

　　旗人生活的困難　　八旗兵的糧餉，原較優厚，在各省駐防時，還撥地耕種，但旗民不善生產，常常負債。清聖祖和世宗，曾發內帑銀，替他們還債。可是不久，仍然無法維持生活。高宗曾移旗民出關開墾，竟因生活不慣，仍然逃回內地。旗民的生活，成爲清廷不易解決的問題。

　　民眾的不滿　　清初順、康、雍三朝，對於調和滿漢感情，用過一番心思，滿人也有和漢人同化的趨勢。但清高宗乾隆朝，卻一反先帝政

策，嚴分滿漢，壓制漢人，又激起漢人的反感。至於邊疆地方，統治方法各異，嚴而不和。官員也非良才，處事不公，更易引起邊民的不滿。

　　變亂的紛起　　乾隆晚年，由於上述種種原因，加上人口激劇增加，生計困難。苦疾思痛，只要遇上野心家的挑撥，便變亂立起。如乾隆三十九年（1774年），山東人王倫，創立清水教，在臨清起兵作亂，數月後由舒赫德平定。四十六年（1781年），甘肅涼州河西一帶，因爲官吏袒護老回教徒，新回教首領馬明心起兵反抗，當年由阿桂平定。但新回教仍繼續興教，占據甘肅的石峰堡復仇，四十八年，仍爲阿桂討平。

　　貴州的苗亂　　清乾隆六十年（1795年）正月，貴州銅仁的苗族作亂，不到一個月，波及湖南、貴州、四川的苗疆，兩年間，集合兩廣、兩湖、雲、貴、川七省兵力，都沒有完全平定，後由於傅鼐訓練鄉勇，建築碉堡，到嘉慶十二年（1807年），苗亂方完全平定。

　　白蓮教的變亂　　清乾隆年間，安徽人劉松，爲白蓮教教主。乾隆四十六年（1781年），劉松被捕，發往甘肅充軍。其餘黨劉之協和宋之清，倡言清運當終，推同鄉王發生爲首，說是明室後人，號召起事。乾隆五十八年（1793年），事洩，發生被捕，之協逃走；清廷於是在河南、安徽等省搜拿，株連人數太多，終於在嘉慶元年（1796年），激起大規模的民變。白蓮教徒，分別在荊州、襄陽、川東、陝西等地起事。清廷稱爲「川、楚教匪之亂」。當時清軍八旗兵和綠營兵，都已失去戰鬥能力，雖然大舉討伐，不但不能消滅白蓮教亂，反而大遭損失。只得招募鄉勇補充。可是鄉勇打頭陣，得了功勞，卻被八旗綠營冒功，鄉勇也不願作戰了。

白蓮教的平定　等到高宗一死（1799年），仁宗處死和珅，民怨稍伸，纔專力對付教亂。清將中如明亮等，看到各處人民辦團練自衛，比官軍得力，因而倡議興辦團練，四川、湖北、河南、陝西、甘肅等省，都實行鄉勇和堅壁清野的政策，教亂乃漸漸減退。到嘉慶九年（1804年），完全肅清，軍費用去二萬萬兩。死傷無算，清廷元氣大傷。

嘉慶時的河患　從嘉慶六年到二十四年（1801年－1819年），黃河和北方的其他河道，發生七次大水災。這都是因為辦理河工的官吏，貪污中飽，河工馬虎，所造成的結果。清廷對修河費用，也不勝負擔。然而當時河工官員的奢侈荒淫，實為天下第一。

海盜的變亂　乾隆末年，安南王阮光平（文惠）招收亡命，聯絡中國海盜，搶劫浙、閩、粵三省沿海地方，以助國用。嘉慶七年（1702年），阮福映復國，不再通海盜。但海盜聲勢已大，擁船過千，朱濆、蔡牽兩股，繼續搶劫。經過李長庚、邱良功、王得祿等將領拼力追剿，到嘉慶十五年（1810年），終於完全消滅。

天理教的變亂　天理教是白蓮教的一支，以滑縣李文成、大興林清為首。徒黨分佈直隸、河南、山東、山西等省，宮廷太監，地方武弁書吏，都有聯絡。預定嘉慶十八年（1813年）九月，一舉攻奪北京。未到期事洩，李文成被捕下獄。林清仍按預定計劃行事，乘仁宗出巡木蘭，領二百人攻皇城，太監在內響應。但宮內先期得知，閉門抗拒，激戰兩天，失敗而死。當時李文成被教徒劫出，聚眾三萬，在滑縣起事。殺掉知縣，長垣、東明、曹縣、定陶、金鄉，都起來響應。三個月後，被楊遇春平定，徒眾死二萬多人。

　　湖南的猺亂　傜民散處湘、桂、粵的衡、永、柳、桂、全、連等州，自成村落，少與漢人來往。道光時天地會創立，逼迫傜民供應糧畜，會黨和官吏勾通，傜民有苦無處告訴，遂在道光十二年（1832年），相率反叛。首領爲湖南傜人趙金龍、趙福才，以紅巾裹頭爲號，聚集數萬人，蔓延到廣東。後爲兩廣總督盧坤平定。後來道光十六年（1836年），和道光二十七年（1847年），湖南和湘、桂邊界，又發生傜亂，立即平定。傜亂纔完全肅清。

　　新疆的回亂　新疆因官吏治理不良，失去民心。回民首領張格爾，在嘉慶二十五年（1820年），一度率眾攻擊喀什噶爾，被清軍擊退。道光六年（1826年），張格爾聯合浩罕和布魯特回民，攻占天山南路喀什噶爾、和闐等大城。第二年，清將長齡、楊遇春、楊芳率兵三萬往征，力戰討平，張格爾被捉送北京處死。道光十年（1830年），又起摩訶末玉素普之亂。道光二十七年（1847年），浩罕又煽動張格爾子弟七人作亂，稱爲七和卓木之亂。兩起亂事，都不久平定，未成大亂。

　　其他的小變亂　嘉慶十八年（1813年），陝西峽陽縣三才峽，有木箱工人作亂，第二年平定。嘉慶十九年，江西的胡秉耀、鍾體剛等，乘海寇叛亂，在江西奉新、進賢、安義、崇仁一帶，祕密傳播天地會詩句，奉朱毛里爲後明主。被江西巡撫阮元編查戶口時發覺，生擒凌遲而死。朱毛里逃走。嘉慶二十二年（1817年），雲南臨安邊外夷民高羅衣起兵，進攻邊郡。明年，高羅衣從子又稱王，都被地方官立即平定。道光年間，雲南有永北廳夷人唐老大等人作亂，河南有新蔡教匪朱麻子作亂，廣東有黎人韋色容作亂，山西有趙城教匪作亂，湖北有崇陽縣民鍾人杰作亂，湖南有耒陽縣民楊大鵬作亂，四川有果洛克番人和越巂、峨邊夷人桑樹格等作亂，臺灣有林永春、楊武斌、楊丙、黃文潤、陳辦、洪協先後多次作亂。也被地方官立即平定。乾隆以後叛亂之多，可見清廷的威權，已發生動搖了。

第六章

俄國東侵與清初的中外貿易

第一節 俄國東侵與《尼布楚條約》

清初外交的重要性 清初的外交，是幾千年以來對外關係的一個變局；因為交往的國家，和以前不同了。但是所遇的事情變，而眼光手段，即隨之而變，在人類尚無此能力。新事情來，總不免沿用舊方法對付。明裡暗處，中國也不知吃了多少虧。直到中英鴉片戰爭，外國人用兵艦大礮，更徹底打破中國閉關自守的政策。從此以後，中國經濟上、社會上、文化上變動之烈，為以前所未有。使中國的歷史，轉入了一個新的時代。

原屬中國的鮮卑利亞 清初外交上最重大的事件，即俄國不斷的東侵問題，俄國自十五世紀，脫離蒙古人統治後，即開始侵略鄰接的土地。明神宗萬曆七年（1579年），俄國強盜頭目哥薩克人耶馬克（Yermark），率領盜黨八百四十人，越過烏拉山，開始東侵鮮卑利亞（Sibiria），根究起鮮卑利亞，原是中國史上的肅慎、匈奴、烏孫、東胡、鮮卑、柔然、突厥、回紇、女真、蒙古各部族的生活地區。元代還是中國的直屬領土。明成祖永樂時，在鄂霍次克海濱地方，曾建立奴兒干都司，統治東北沿海土地。鮮卑利亞的貝加爾湖，就是漢代蘇武牧羊的北海。

俄國侵略鮮卑利亞 由於鮮卑利亞的居民，缺乏組織，抵抗力薄弱，加以北水洋三大河流的支流，多是從東向西，對侵略者的行動，更為便利。萬曆十一年（1583年），耶馬克占領了鄂比河上流的庫程汗國（Kuchum Khanate）的首都 Sibir, Sibiria 因而得名。此後俄國的侵略，不停的由西向東。明思宗崇禎十一年（1638年），俄國更進到鄂霍次克海旁邊，建立了鄂霍次克城。六十年內，俄國席捲了全鮮卑利亞，這面積有四百萬方英里，合三千三百六十萬方華里，比歐洲俄羅斯

還大一倍的土地，從此和中國斷絕了關係。

俄國南擾黑龍江　這時中國東北部的清朝已經興起，所管轄的地區，僅到大興安嶺東南和庫頁島為止。這比起元代和明初的中國領土範圍，已縮小了不少。不幸清初以為地屬邊徼，竟沒有派兵防守。而侵略成性的俄人，遂得以逐漸南侵。先是，俄人到了勒那河流域，不久就感覺糧食缺乏。他們聽土人說，精奇里河流域產糧很多。因此，駐在勒那河中流雅庫次克城的總督彼得鄂羅文（Peter Golovin），在明崇禎十六年（1643年），派遣探險隊到精奇里河調查真相。第二年（清世祖順治元年），並轉入黑龍江，糧庫雖未發現，但引起俄人南侵的野心。從清順治六年（1649年）起，經常有俄國探險隊侵入黑龍江流域，且東達烏蘇里江、黑龍江合流的伯力。

對俄人的反擊　由於俄國哥薩克人生性兇暴，加以武裝侵略，引起了黑龍江土人的痛恨，要求清廷保護。清廷認為中國東北正是龍興發祥之地，不容他人染指。順治九年初（1652年2月），俄人東侵黑龍江時。駐防寧古塔的章京海色：領兵攻擊，在烏扎拉村交戰，暫時阻遏了兇燄。以後在順治十二年（1655年），十四年，十七年，清廷曾三度出兵征討俄人，雖獲勝利：但因天時地理影響，沒有徹底的掃除俄人巢穴，俄人仍然不時出沒。

俄國的遣使　俄國武裝窺伺黑龍江地區以外，同時派使東來，企圖通商。明代俄國曾兩次遣使，因無貢品，未能達到修好通商目的。清世祖順治十三年（1656年），和順治十五年，又派遣兩次使臣來華，前者因覲見禮節關係，後者因表文過於自誇，均未獲覲見。聖祖康熙九年（1670年），俄皇竟密諭尼布楚總督阿爾沁斯基（Daniel Arshinsky），派使者到北京勸中國皇帝接受俄國大皇帝陛下的統治。

這一荒謬的舉動，清廷將使者監禁半月後放行，並了解俄國的狂妄。康熙十四年（1675年），俄國又派遣大使前來，第二年到達北京。因俄國要求太多，加以覲見禮節和國書尊號的爭執，清廷只得令其離京。

中俄雅克薩之戰　清順治十五年（1658年），邊地頭目根忒木爾，逃亡俄境，聖祖康熙初年，清廷曾數次向尼布楚守將索討，並敕諭約束部屬，禁擾中國邊境。俄使來華時，也向俄使交涉。但無結果。雄才大略的聖祖，對俄國的態度，難以忍受。康熙二十一年（1682年），三藩亂平。聖祖即決心大舉北伐。經過三年的籌劃，建木城，儲糧食，造船隻，設驛站，調軍隊。一切佈置好了。康熙二十四年（1685年）五月，都統彭春領大軍四千五百多人，抵雅克薩城下。先加招撫，俄人不聽；遂大舉猛攻，俄人投降，退往尼布楚。清軍則燬雅克薩城而退回璦琿，俄將途遇援兵，又捲土重來，築城防守。康熙二十五年六月，清軍再度圍攻，俄軍死守；十月，俄軍傷亡殆盡。適清聖祖停戰詔下，清軍解圍。

中俄議和　那時，俄皇大彼得初即位，內難未平。外面與波蘭、土耳其競爭，且與瑞典有作戰的可能，無力過問東方。加上中國以武力還擊，知道勞師遠征，不如修好通商有利；於是遣使東來，請先停戰。中國素抱以德服人態度。當即接受。俄方派果羅文（Feodor Alexenich Colovin 一譯費要多羅）為大使，率兵一千五百人。清廷派內大臣索額圖為使臣，率官兵夫役約八千人（一說近萬人）往會，康熙二十八年七月（1689年8月），相會於尼布楚。

尼布楚條約　在交涉時，中國首先表示退讓，然以俄國要求過大，無法取得協議。清軍遂斷然進兵雅克薩城下。果羅文纔接受中國已退讓不少的境界線。七月二十四日，條約簽字，兩國軍隊鳴礮誓天，願

永遠遵守。條約共八條，規定西以額爾古納河，東自格爾畢齊（一作額爾必齊）以東，以外興安嶺爲界。立碑於國界上。而鮮卑利亞這一大塊的中國舊壤，遂無形的讓與俄國。不過外興安嶺以南，東到海濱，南到黑龍江及烏蘇里江，這塊土地，仍比現在的東北九省大不少。由於尼布楚條約，訂定了明確的邊界。東北得到了一百五十多年的安寧。

第二節　俄國侵略範圍的擴大

俄國要求自由貿易　尼布楚條約，准許俄人如有路票（即護照），可以自由交易。然俄人不以此爲滿足。康熙三十一年（1692年），俄皇大彼得派商人伊德司（Isbrants Ides），擔任使臣來華，第二年到中國，要求自由貿易。雖發現其國書中俄皇尊號高於中國皇帝，聖祖仍寬大爲懷，經曉諭後，准俄國商隊不超過二百人，每三年來北京貿易一次。居留於北京的俄羅斯館，以八十日爲限，實行無稅貿易。

俄國不守貿易協定　然而從康熙三十七年（1698年）到五十七年之間，俄國政府商隊卻來北京貿易十次，每次多到三四百人。商隊以各部落得來的貢品換取中國金銀，還乘機調查中國國勢軍情，搜取情報。中國如此的寬大，俄國仍然貪心不足：康熙五十八年（1719年），俄皇大彼得又遣伊斯邁諾夫（Ismailoff）東來，要求增加商隊次數人數。俄國這次態度比較恭順，通商情形雖未能改變，但清廷准許俄國在北京設置領事，和劃地建築教堂。

劃界問題　尼布楚會議時，中國提議劃清蒙古方面的邊界。俄使以中國勢力未達外蒙古爲理由，不肯討論。其後外蒙戰事平定後，邊界時有貿易和逃人糾紛發生，清廷更急於劃界，俄國拖延。俄國駐北京領事，又和厄魯特蒙古頭目私自來往。康熙六十一年（1722年），清廷

逐驅逐俄領事回國，並驅逐在蒙俄商。

　　俄使薩瓦來華　世宗雍正三年（1725 年），俄女皇加太林一世即位，為解決邊界和貿易問題，以賀清世宗即位為名，派大使薩瓦（Sava Vladislavuich Razousinsky），率領隨員和地形調查地圖測量語言專家約百人，衛士一千四百人東來。所受訓令達七十項之多，多屬調查情報工作。雍正四年冬到北京。薩瓦在歐洲從事特務活動多年，善於利用時機，知道世宗兄弟不和，遂聯絡擁護八皇子允禩的左副都御史馬齊和耶穌會士巴多明，得知宮廷內情。一面賄賂要員，挑撥離間。雍正五年春，經過三十多次會議後，對於重開貿易，設立教堂，派遣學生，歸還逃人，緝捕盜賊等事，俄國都有了滿意的收穫。

　　恰克圖條約　世宗雍正五年夏秋之間，清廷派多羅郡王和碩額駙策凌，理藩院尚書伯四格，侍郎圖理琛，和俄使分別前往布拉河會議勘界及貿易問題，先訂布連斯奇條約，再訂巴哈依圖界約和色格界約。最後，於九月簽訂恰克圖條約十一款。以上四約，也統稱恰克圖條約。依照這一條約，中國失去貝加爾湖和色楞格交叉地區，以及額爾齊斯河上流薩彥嶺地方，約三十萬方里。約中規定，北京貿易，仍照舊例。俄蒙邊界，則以恰克圖和尼布楚為貿易地點。公文往來，查拿逃亡問題，也告解決。俄國在北京建教堂，由清廷出資。派教士四人，由清廷供養。並可派學生四人來華，由清廷負擔費用。雍正六年（1728 年），議准俄國學生來時，住俄羅斯館，派滿漢助教，各一人任教。學成遣歸。文宗咸豐九年（1859 年）止，俄國共派來學生十三回，造成了不少中國通，對俄國侵略工作，更為便利，實為中國失策之處。

　　清廷停止中俄貿易　清雍正乾隆兩朝，西北準噶爾部叛亂，清廷因準噶爾叛徒逃往俄境，多次向俄要求引渡，都被拒絕。清高宗不滿俄

國的包庇行為，加上俄國庇留蒙古逃人和恰克圖貿易糾紛，以俄方違背條約，於乾隆二十九年（1764年），下令停止恰克圖貿易。而俄人用賄賂勾結庫倫辦事大臣郡王桑齋多爾濟，丑達，貿易司官額爾經額，祕密貿易，清廷發覺，立將丑額二人正法，郡王革職查辦。清廷又悉俄軍有入侵消息，也派兵防備。適俄國對土耳其戰事爆發，不敢兩面作戰，改派大使苦洛巴得夫前來談判，清廷拒絕入京。乾隆三十三年（1768年），俄大使與新辦事大臣慶桂在恰克圖相見，表示今後願恭順誠切，遂修改恰克圖條約，當年重新開市。然引渡問題，仍未解決。乾隆三十六年（1771年），逃往俄境的土爾扈特酋長渥錫和舍稜等部眾，由俄來歸，清廷收容，俄國反而強詞抗議。適乾隆四十三年（1778年），恰克圖俄國佐官，發生妄自尊大，有傷和氣事件，庫倫辦事大臣次年關閉市易，一面奏報。四十五年，又因俄人懇求，再行開放。

　　恰克圖市約　乾隆四十九年（1784年），俄屬布里克特人到邊地行劫。清廷以俄人毫無信義，次年，理藩院奉旨檄告恰克圖、庫倫、西疆等邊地停市，並通令沿海各省，禁止大黃出口，俄人見事態嚴重，將伊爾庫次克總督革職，另派大員請求恢復通商，清廷不允。後在乾隆五十七年（1792年）。由伊爾庫次克總督親到買賣城具結協議五款，全照中國規定，始准開市。這一協議，世稱恰克圖市約。

　　嘉慶朝俄使來華　嘉慶十年（1805年），俄皇亞力山大一世，派果羅夫金（Golottkin）大使，帶著一批礦物、植物、醫學專家，來遠東考察。並訓令大使向中國要求全面通商，黑龍江通航，廣東泊船，俄商往各城市貿易；及在黑龍江、廣東等處設領事；北京設置外交官。如不能設外交官，即以在北京的教士為商務代表。大使於是年十一月到北京，因不肯下跪，未能覲見而去。但在同時，卻有兩隻俄船，強入廣州，託英商出賣從美洲帶來的虎皮，並以現款購茶葉而去。回國後，艦

隊指揮官建議俄廷，應定期到廣州貿易，以便輸入棉花、絹、瓷器、藥物、漆器、糖等物品。

清初對俄交涉的後果　清初對俄交涉，表面上看，並未失敗。然在放棄許多可爭回的土地與權利之後，留下來的土地，而不能守，反種下俄人得寸進尺的禍根。這是自古以來，不勤遠略，不飭守備，對於邊地，僅事羈縻的結果。至於無稅通商，後來竟成惡例。但當時並未想到關稅對財政有何關係。可是一經允許，挽回就很難了。所以中俄交涉的失策，可以說是幾千年以來，舊方法不能適用於新時代的結果。怨不得那一個人，也不限定在那一件事，要統觀前後因果，纔能了解真相。

第三節　外商紛紛來華

葡人建立貿易根據地　從隋唐以來，廣州就是對外的貿易要港。世宗嘉靖初年，因來華葡商，時有暴行。曾禁止葡商貿易。葡商遂設法北上，在浙江寧波和幅建漳州建有貿易根據地。嘉靖二十七、八年，兩地分別和當地人士發生衝突，為明廷驅逐。仍轉往廣東貿易，初在浪白港貿易，只是臨時搭棚居住，事完撤離。後又逐漸移居澳門（當時稱為濠鏡）。

葡人在澳門開埠　澳門在嘉靖十四年（1535年），即成為外洋商船停泊入口的地方。廣州也有代客買賣的牙行。明朝禁止葡商入廣州，只准商人載貨下澳門。從嘉靖三十三年（1554年）起，葡人向廣東海道，年納賄賂銀五百兩，到神宗萬曆元年（1573年），改為地租，收歸公庫。嘉靖三十六年，明廷准各國在澳門貿易。葡人來者更多，竟自行開埠設官，成為在華的根據地。萬曆元年，明疆吏在澳門附近築境壁為界，竟把澳門當做域外。葡人在澳門，雖然公選民政長官，但明廷

乃握有司法權和收稅權。

西人的繼起　明人稱菲律賓爲呂宋，閩、粵人前往者甚多。明世宗嘉靖晚年和穆宗隆慶年間，纔被西班牙人占據。萬曆三年（1575年），西國菲律賓總督，曾派兩僧侶到福建，獲准在廈門通商。墨西哥銀元，遂從這時起，經呂宋而入中國。由於葡人阻撓，西人貿易自難超過葡人。可是中國的商船，聚集於馬尼剌的很多。

荷人的東來　明萬曆二十三年（1595年），荷蘭商人，組織東印度公司，到東方通商。並得政府允許，代表荷蘭，向海外經營。先後占據蘇門答臘、爪哇、摩鹿加群島。在爪哇建立巴達維亞城，以爲東方貿易中樞。勢力竟超過葡西兩國。萬曆三十二年（1604年），曾占據澎湖四個多月，經閩官交涉後退去。熹宗天啟二年（1622年），荷人曾攻澳門，明軍幫助葡人擊退。荷人竟轉而再占據澎湖。天啟四年，爲福建巡撫南居益擊敗，荷人退占臺灣。

荷人強占臺灣　這時，從大陸移來臺灣的居民，已奠定了經濟文化基礎，他們從事農耕商販。而荷蘭人只是將臺灣出產多餘的糖和稻穀，運到南洋去，或從臺灣人吸收中國大陸上的物資，轉手運到歐洲去：從事經濟剝削的工作。荷人在臺灣，明末有人主張收回，可是明廷未曾實行。由於荷蘭人的橫暴，中國人很是痛恨。日本人及西班牙人，也表不滿。西班牙人且一度（1628年—1642年）占領臺灣北部，但終爲荷人擊退。清世祖順治十八年（1661年），鄭成功爲光復先人故土，派遣兵船四百，官兵二萬五千人，從澎湖直航鹿耳門，經九月的苦戰，到清聖祖康熙元年（1662年），荷人退出臺灣。荷人遂助清攻廈門。康熙元年。清廷准荷人兩年貿易一次爲酬。康熙五年後停止。

　　英人的東來　明萬曆二十七年（1599 年），英人組織東印度公司，和葡人爭取印度，葡人戰敗，准英人進出澳門。明光宗泰昌元年（1620 年），英船 Unicorn 號，由爪哇往日本，順道停泊澳門，船破，收買二華船後，始能成行。明思宗崇禎十年（1637 年），英將威代爾（Weddell）領兵艦到澳門，想和廣東當局聯絡。葡人卻在廣州官府說了英人壞話。致遭拒絕。英艦遂強入粵江，和虎門礮臺守兵開戰，中國只得允許英人通商，可是因為兩國內部都發生戰爭，通商沒有積極進行。不過鄭經在臺灣，允許英人到安平、廈門貿易，英船曾偶然前往廈門。這時，英國的東印度公司，已享有英國與遠東貿易專利權。到清聖祖康熙二十三年（1684 年），東印度公司經過官方許可，在廣州設了一個臨時商館。

　　其他商船到廣東貿易的國家　清康熙三十七年（1698 年），法船一艘到廣州貿易，此後法國經常派商務代表，駐在廣州或澳門。世宗雍正五年（1727 年），奧國屬地比利時的船到達廣東。雍正八年（1730 年），普國東印度公司商船來到。雍正九年，丹麥東印度公司商船來到。雍正十年，瑞典東印度公司船隻來到。還有義大利半島的突尼斯，在高宗乾隆四十七年（1782 年）來到，熱那亞在乾隆六十年（1795 年）來到，撒丁尼亞和美洲的墨西哥，也曾來廣東貿易。美國中國皇后號，在乾隆四十九年（1784 年）來廣東，此後來華船隻日多，貿易僅次於英國，而居第二位。

第四節　清初的中外貿易

　　清廷開放海禁　在鄭氏治理臺灣時，清廷嚴禁沿海貿易。聖祖康熙二十二年（1683 年），清將施琅攻下臺灣，放寬海禁。康熙二十四年，清廷因寵信教士，下令開放海禁，設粵海、閩海、浙海、江海四

關，於廣州、漳州、寧波、雲臺山（江蘇），准外商前來四口貿易。意在「嘉惠遠人」。惟貿易重心，仍在廣州一港。康熙二十年，特准荷人五年進貢一次，並在廣東、福建兩省貿易。

清廷改變通商政策　在四口通商時，廣州因地位便利，商務特盛。不過清廷所收關稅餃重，英人遂轉向浙江舟山、寧波貿易，關稅既輕，又因接近腹地，銷貨迅速。他國商人也紛紛前往，廣東貿易，反形衰落。清廷認為外商此舉，不僅影響關稅，而且外商分往各地，滋生事端，不勝其煩。於是加重浙海關稅則，以阻外商。高宗乾隆二十二年（1757年），為使外商集中一處，易於「駕馭」，頒諭封閉其他三口，僅留廣州。從此直到鴉片戰爭時止，除俄國外，中外通商地點，只有廣州一處。

粵海關收稅情形　外商對於限制通商口岸，深感不便。因為當時粵海關的稅則，已不算輕。而浮收反比正額，多到一至三四倍。名目達六十餘種之多。海關人員，為核定納稅數目，測定容量，常耗費兩星期時間。而且多方留難，故意橫徵。如果外商納了賄賂，貨物可以立時發放，關稅也可減輕。這種情形，深為外商不滿。

廣州貿易情形　鴉片戰爭以前的廣州貿易，中外商人，都沒有自由。在中國方面，有「公行」的創設，它享有對外貿易的專利權，價格也由公行決定。外商貨物，只能賣給公行，然後由公行賣給商賈。外商買進貨物，也是一樣，公行的負責人叫「洋商」，亦稱行商，是中國官吏和外商的居間，一方面代中國官府徵收稅課，一方面代外商先納關稅。外船進口，都由洋商擔保。如外商有不法行為，亦唯洋商是問。外商與中國官廳接洽事務，均有洋商轉達；即外國領事官吏，亦須假手洋商，投遞稟帖，始能通達中國官府。

外商所受的限制　此外，還有夷婦不得來省居位，夷商不准坐轎，夷商必須住在商館，不准雇用女僕，不許購買中文書籍；以及銷貨完竣，不准逗留的種種限制。可是外商仍然忍受這種待遇，因爲對中國貿易，利息優厚，和中國商人的作事爽快，感情融洽之故。

中國對通商的態度　中外通商，完全是西洋各國強加於中國，中國對之，並不熱心，因爲中國當時可以自給自足，「外來之物，不過以供玩好，可有可無。」而中國的產品，如絲茶大黃，則爲外國所競求。至於關稅。「天朝視之。」亦屬「無關毫末」，這是當時中國君臣的共同見解。何況中國人素來賤商，商人被稱爲市儈，和西人的重視商業，大爲相反。

中國對西方人的印象　在十六世紀初年，到中國來的葡萄牙人，行爲等於海盜，這是歐洲人最初給與中國人的印象。繼之而來的是西班牙人，西人占據呂宋後，在彼處和中國商人貿易。因爲中國商人在當地頗有勢力，西人在明末曾兩次，清初曾三次殘殺華人，每次均以萬計。爲中國人所痛恨。荷蘭因爲顧念商業厚利，使臣到北京時，不惜卑辭厚儀，遷就清廷意見，行了「三跪九叩首」的禮節。這樣的行爲，引起中國人的輕視。加以到中國的外人，多屬商人，他們萬里冒險，爲利而來。自不能得到中國人的尊敬。總之，初來的歐洲人，使中國人發生「面目可憎，言語奇特」之感。中國人因而名葡人爲「西洋夷」，名荷人爲「紅毛夷」，後來英、法、美等人來中國，也脫不了「夷」字的頭銜。

中國人自大心理的來由　第二章已經說過，中國人對初來的西方人，不但不設法了解他們，反輕輕地加上「蠻夷」兩字，以掩護自己不求新的惰性。這是中國一千多年來不進步的原因。從有史以來，中國

所接觸的各個民族國家，它們的文化水準都比較低，都欽佩和羨慕中國文化而且自動模仿。對中國文化，給與最大的諛揚。慢慢地養成了中國的誇大與自滿。因此，中國以天朝自居，天下之大，僅及於中國的邊疆，除此以外，都是蠻夷之邦，只能對中國稱臣朝貢，談不上平等交涉。想不到這種自大的心理，竟到了根深蒂固的程度。

外國對通商的態度　然而西方國家，卻極端重視通商。因為新航路新大陸發現以後，歐洲各國呈現了空前的繁榮，紛紛向海外通商。他們商人足跡所到的地方，便是他們國力所達之處。每逢商人在外國貿易不利的時候，政府總認為國家大計攸關，不惜全力支持。這種國家商人利害一致的情形，中國人從未想到過。自昔和中國通商的波斯、大食，也不曾有過，中國仍是用對待波斯、大食那種傳統的懷柔政策去對付，自然難為外國人所接受！

不可避免的東西衝突　從明末清初的中外接觸，可看出東西文化的不同。東方文化是好靜而保守，著重內心的修養，存著多一事不如少一事的觀念，以幾千年的道德風俗習慣為背景，仍然依照往昔的老辦法去應付。老實說，東方文化，因為缺乏變遷和進步，已呈衰老的現象。至於西方文化，是好動而進取，看重行為的表現，存著時刻不能安定的趨向。自從文藝復興和宗教革命以後，科學日見進步，種下了工業革命的芽苗，接著是對海外貿易的重視，向東方找新市場。英國在這時期，已形成一個近代國家。明神宗萬曆十六年（1588年），打敗了西班牙無敵艦隊，取得海上霸權，拚命地向海外發展，形成了空前的大帝國。可說是西方文化的代表者。而代表東方文化的中國，面對這向東方發展的西方文化，卻要把它擯諸門外，衝突自不能免。所以東西衝突，便由英國為主角的鴉片戰爭，寫下了第一次紀錄。

第七章

中英鴉片戰爭

第一節　英使與商務監督的來華

英商貿易最大　在廣州的中外貿易，以英商為最大，貿易額劇增不已。以船數而論，乾隆元年（1736 年），有外船八艘到廣州貿易，英船占四艘。乾隆四十二年（1777 年），到外船三十三艘，英船占十八艘。以貿易額數而論，嘉慶二十二年（1817 年），進口總值二三、四八八、四四〇元，英商占一三、六九四、六四〇元。所以當時中外交涉，英商自然處於外人的領袖地位。因此那時期的中外貿易，也可說是中英貿易。

東印度公司的專利權　東印度公司，向英國政府取得對華貿易專利權。在廣州設立辦事處，中國稱為商館。商館的負責人中國稱為大班，其實是東印度公司的駐華商務代表，或經理人而已。印度和中國間的商務，英印人民取得東印度公司執照後，始可經營，在廣東必須接受大班的管轄，故東印度公司的獨占中英貿易，實等於中國的公行。

英商要求改善貿易　英商對廣東貿易現況，最感不滿，先上書請求改良待遇，廣東大吏置之不理，東印度公司於乾隆二十年（1755 年）起，派員北上寧波、天津，企圖在寧波通商，亦未得准。遂轉請英國政府，遣使來華，以謀改善商務。乾隆五十七年（1792 年），英政府遣正使馬戛爾尼（Earl of Macarfney），副使斯當東（Staunton），率隨員衛隊多人，乘二船東來，禮品值一萬三千餘鎊，使團經費，由東印度公司負擔。

馬戛爾尼的來華　英國使團於第二年夏天到華。在使臣進京的船上，被中國樹上「英吉利貢使」的旗子。當時正是清朝極盛時期，為求誇揚「天朝」的隆盛，招待周到而鋪張。清高宗在熱河避暑山莊接見英

使，因英使不肯行三跪九叩首禮，爭執甚久，後來改行覲見英王之禮（即屈一膝而免去吻手），始得解決。清廷以英使係朝賀高宗八十萬壽而來，覲見後即令離去。對於英使所提派使駐京、減輕稅額等改善商務的事，以敕諭二道駁斥，另以敕諭嘉獎英王。

馬戛爾尼的觀感　馬戛爾尼在中國經過半年，回英後有日記發表。他看出中國官吏貪污，武力薄弱，科學落後，民間貧困，滿漢不和。他認為中國不是一個有實力的大國，不能和新興的大英帝國抗衡。中英如果發生戰爭，中國可能分裂，俄人或將乘機而入。也許還有對政府的機密建議，英國一時未能實行。不過在四十八年後，馬戛爾尼的觀察，竟實現了一部分。

阿美士德的來華　嘉慶二十一年（1816 年），英國再派英王侍從官阿美士德（William Pitt Lord Amherst）為正使來華，仁宗雖派大員接待，但禁止鋪張。招待大員和世泰等留他在通州演禮，阿美士德不肯跪拜。和世泰等四人挾持，連夜將他從通州乘車趕到北京，國書禮服未帶。預備強他下跪。第二天一早，仁宗登殿召見，正副使堅不肯入，招待大員，只得說是病了。仁宗疑心使臣傲慢，大怒，拒收貢物，勒令押回廣東。後來明瞭是和世泰等人的過失，遂酌收貢品，仍賜英王敕諭禮品了事。

英國派遣商務監督　中外貿易，美商因得直接自由通商而無壟斷機關作梗，其商務已越過他國而居於第二位。英商亦反對東印度公司獨占對華貿易。英國會終於通過取消東印度公司專利權。到道光十三年（1833 年），對華專利權屆滿。先期廣東大吏得此消息，深恐將來英商散漫無稽，難以管理。遂囑公行通知英商，轉請英國另派「曉事大班」前來，主持商務和管理商人。在廣東大吏之意，所需要者只是商人

頭目。但英國政府重視此事，竟派遣律勞卑爵士（Lord Napier）擔任駐華商務監督，並率有熟悉東方情形的隨員數人，以資佐助。

律勞卑與盧坤的衝突　道光十四年（1834年），律勞卑一行到澳門。他自以為英政府官吏，要與兩廣總督平行交往。前來廣州，逕函總督盧坤，請其約期相見。盧坤認律勞卑為夷目，不能與總督平行；信函亦無稟字，不肯約見，並令洋商囑其退回澳門。否則即將停止貿易，實行封艙。律勞卑亦不退讓，並建議英政府使用武力。盧坤遂下令封艙，撤退英館僕役，禁止食物運入商館。律勞卑令英艦兩隻，由虎門衝入，和守軍發生礮戰，終達黃埔。盧坤則派人加緊包圍英館，英商遂對律勞卑不滿；律亦氣憤，加以身體不適，只得退回澳門。兵艦亦離去。盧坤又下令開艙，恢復貿易。

後繼的商務監督　不久，律勞卑死於澳門，其後繼任監督德庇時（Davis）和羅賓生（Robinson），則採緘默政策，苟延英國在華商務，以等待政府新方針的決定。道光十六年（1836年）冬，歷任各監督屬員的義律（Charles Elliot），已三遷而升到商務監督，此人胸懷大志，對三年來中英交涉，頗有了解。向廣東大吏，自稱「遠職」，得准往廣州照料商務。後因英外相訓令應與中國官吏平行，只得退回奧門。

第二節　禁菸問題的發生

鴉片輸入中國　鴉片是罌粟的果汁，在唐朝由阿拉伯輸入；亦稱為阿芙蓉，這是 Afion 的音譯。當時只供藥用，明末始有人吸食。清初鑑於吸食鴉片有害，雍正七年（1729年），曾下令禁止。那年入口僅二百箱（每箱一百斤或一百十餘斤），並不算多。可是乾隆三十八年（1773年），東印度公司取得鴉片專賣權後，即加到每年一千二百箱

之多，乾隆五十四年（1789 年），輸入四千零五十四箱。

鴉片的輸入增加　道光初年，鴉片輸入，已近萬箱。道光十七年（1837 年），已過三萬餘箱，銷售即達二萬八千餘箱。吸食之多，流毒極大。因此乾隆嘉慶兩朝，重申禁令。一面裁撤稅額，禁止運輸。一面對進口外船，責成行商具結。可是禁令愈嚴，走私辦法愈密。中外菸商，在廣州灣裡的小島，私設躉船屯菸，以武裝快艇運輸，到處分設祕密菸店。賄賂沿海官吏，形成公開走私。鴉片輸入的數字，因而直線上升，以至驚人程度。

鴉片走私和英國　中英通商初期，英國因無合於中國人需要的物品，常以現銀買中國絲茶。十八世紀初期，居然發現可以在中國推銷鴉片。於是由東印度公司取得在印度產製鴉片的專利，努力經營，得到空前暴利。鴉片向中國走私愈兇，英國財富也增加愈多。英國在印度每年徵稅五千萬鎊，鴉片可收稅八百萬鎊。鴉片占印度全年出口額一半，而棉花只占出口額四分之一。英國在印度，大量生產鴉片，全部輸入中國，不但使中國人身體衰弱，而且換中國的白銀，買回中國絲、茶、瓷器、漆器等特產，運到西方出售，以博厚利。或是用來再生產鴉片，擴大對華貿易。

這種循環式的經濟搾取，使中國走向貧弱的下坡路，而英國卻走向富強的大道，鴉片在中國和英國，同為禁物，但英國卻要把鴉片走私到中國，這真是文明國家的恥辱，人類歷史的污點。

弛禁論的興起　最初，中國認為鴉片戕害人身，敗壞風俗人心，加以禁止。後來因鴉片輸入激增，銀兩大量外流，錢賤銀貴，平民日困。清廷雖多次下命禁止銀兩出口，亦無補於事。菸愈禁愈多，銀愈漏愈兇。遂有人主張弛禁鴉片，而太常寺少卿許乃濟，更於道光十六年

（1836 年），上奏主張弛禁。他覺得禁菸不易實行：認為閉關不可，徒法不行，應准鴉片入口，完稅通行。只准以貨易貨，以免漏銀；並且在內地自行種植鴉片，以資抵制。吸食者只限民人，文武員弁士子兵丁，即加禁止。宣宗將許疏發交兩廣總督鄧廷楨、廣東巡撫祁𡹴、粵海關監督文祥議奏；他們竟贊成這辦法。

嚴禁論的紛起　當時朝野人士，覺得鴉片漏卮如此之鉅，而且危害國民健康，貽毒子孫，違背祖制，紛紛提出反對意見，主張嚴禁。尤以道光十八年（1838 年），鴻臚寺卿黃爵滋一疏，最為痛切。他估計漏銀的數字，從道光三年到十八年，達三萬萬兩之多，「以中國有用之財，填海外無窮之壑，易此害人之物，漸成病國之憂。日復一日，年復一年，臣不知伊於胡底！夫耗銀之多，由於販菸之盛；販菸之盛，由於吸食之眾。無吸食自無興販，無興販則外夷之菸自不來矣！」而過去的辦法，都不能徹底禁菸，因此他提出以死刑來禁止吸菸，而以一年為戒菸期限。疏上，宣宗發交各省督撫議奏，二十多件覆奏，一致贊成禁菸，並有四人同意以死刑處罰犯者。

宣宗決心禁菸　湖廣總督林則徐，在任內辦理禁菸已有成效，所奏辦法，切實可行。他痛陳對禁菸一事，「若猶泄泄視之，是使數十年後，中原幾無可以禦敵之兵，且無可以充餉之銀！」宣宗見眾論主禁，於是決心禁菸，因吸菸而治罪者不少。許乃濟降職休致。林則徐奉召進京，覲見十九次。以廣東為鴉片入口，道光十八年十一月，頒給林則徐欽差大臣關防，派他節制廣東水師，前往廣東，主持禁菸工作。

林則徐受命禁菸　林則徐是當時官吏中特出人物，他清廉負責，一絲不苟，鞠躬盡瘁。道光十九年（1839 年）正月，到達廣州，謝絕

應酬。立即厲行禁菸，一面調查情形，搜集資料。一面令外商具結，聲明嗣後永不夾帶鴉片，如再夾帶，查出人即正法，貨盡沒官。並令外商繳出鴉片。而一般英商，認爲中國的官吏都能動以金錢，存心觀望，在三天限期內，並未具結，僅繳出一千零三十七箱鴉片，以敷衍林則徐。林則徐下令捕捉著名毒販顚地（Lancelot Dent），義律由澳門進省，想帶顚地潛逃，林則徐不得已，遂封鎖商館，軟禁英人。

　　林則徐禁菸的徹底　林則徐隨即出示諭四條：一、論天理：以害人之鴉片，騙人銀錢，所得幾萬萬。爾則圖利而轉利，人則破產以戕生。天道好還，能無報應？二、論國法：爾國禁人吸食鴉片，食者處死。嗣後內地民人，不特買鴉片者要死，吸鴉片者要死。三、論人情：以爾國之貨，賺內地之財，且以內地之富，賺各國之財。斷了鴉片一物，而別項買賣正多。四、論事勢：以本不應賣之物，當此斷不許賣之時，爾等有何爲難？勸英商繳出鴉片，苦口婆心來說服這群菸毒走私販子，還給他們自新發財機會。照理，英商應該自動繳出鴉片，無話可說。但義律卻要以此事爲動兵的理由，把中國對付毒販的事，硬攬到大英帝國頭上。由他彙總繳出鴉片二〇、二八三箱，林則徐遂解除包圍，並允每箱鴉片補償茶葉五斤。繳清後一切照常。義律反率領英商毒販，撤往澳門。林則徐旋呈准清廷，將鴉片在虎門海灘，公開徹底銷燬。林則徐爲貫徹禁菸工作，願受調爲兩廣總督。當時有少數英商，自願具結進口，義律阻止，並自行停止貿易，意在挑釁，引起戰爭。

第三節　不名譽的戰爭

　　武裝衝突開始　具結問題正僵持時，五月二十七日，英國水手酒醉行兇，在九龍沙尖村打死村民林維喜。義律存心庇護，不肯交出兇手。雖自行加以審判，對最重的兇手，只處罰金二十鎊，六月徒刑。林

則徐與鄧廷楨以事關國體，遂令澳門政府驅逐英人。英商五十七家，改
居船上。七月下旬，英兵艦來到，攻擊九龍中國水師船，中國兵傷六死
二。九月，英國兵艦阻止具結英船進口，和中國水師，在穿鼻海面，發
生礮戰。局勢更形嚴重。

不名譽的出兵　義律請兵主戰報告連達倫敦。英政府等林維喜
案到後，始決定在印度組織一支遠征軍，約士兵四千人，由加治懿律
（George Elliot）為總統帥，並與義律同任全權談判使節。國會反對派
斥之為不名譽的戰爭，僅以九票多數通過。主戰派卻稱出兵只是報復行
動。道光二十年（1840年）五月，英艦隊到澳門，宣佈封鎖珠江後，
隨即北上交涉。

英軍北上天津　林則徐深知英人態度不好，對沿海武備加意整
頓；但他省卻毫無防備。六月，英軍攻陷定海，清廷震動，處分官吏，
諭令嚴防。七月，英艦到大沽口外，直隸總督琦善以本國之力，不足言
戰，即主和議。對懿律所提要求，應允由清廷派人到廣州查辦。懿律因
舟山群島英軍多患病，遂率艦南去，清廷調琦善為兩廣總督，負責對英
交涉。林則徐則為各方指責操切，宣宗亦表不滿。和鄧廷楨同遭撤職議
處的結果；但琦善奏留二人在廣東幫助交涉。

廣東的和與戰　道光二十年冬天，懿律稱病歸國，由義律與琦善
在廣州交涉，義律要求過多，琦善只得延衍磨難，義律不耐，遂砲擊
沙角礮臺，被迫允許割香港、賠款六百萬元、平等待遇、廣州開市等
條件；簽訂草約。英軍交還定海。道光二十一年（1841年）正月，宣
宗得悉英人無理要求，下詔宣戰，處分琦善和提督關天培，派奕山為靖
逆將軍，調兵萬人進攻，英軍遂攻陷虎門。四月，英艦攻廣州，奕山求
和，將軍隊撤出廣州，並在一週內繳出六百萬元，為廣州贖城費。英艦

退去。奕山另飾他詞上奏。

三元里事件　奕山向英人獻贖城費後，英軍數百人（一說千餘人）退出四方礮臺，企圖往佛山鎮，經過蕭關三元里時；發生輪姦老婦事件。廣州城西北十餘里村民聞訊憤慨，鳴鑼聚眾，豎立平英團大旗，攻擊英軍。附近一百零三鄉（亦稱九十六村，百十八村）男女民眾數千人（一說一萬到一萬五千人，或數萬人）群往參加，包圍英軍數重。民眾愈集愈多，英軍因天雨鎗彈失靈，被毆死傷二十多人。義律往救，亦被包圍。後經英人向廣州知府余保純求救。奕山命余保純彈壓，民眾散去。同時，三山村的民眾，和佛山鎮的民兵，也分別攻擊過少數英軍。停泊虎門英船，也被鄉民火燒一艘。民氣的激昂，無以復加。民眾自以為能制伏夷人，但苦於無表現的機會。

戰爭的再起　義律與琦善的草約，英政府並不滿意，撤義律職，改派濮鼎查（Henry Pottinger）為全權專使。而清廷方面，認為戰事已了，上諭沿海各省撤兵。七月，英艦隊再度北上，到八月止，連續攻陷廈門、定海、鎮海、寧波等地，主持防務的欽差大臣裕謙自殺。時近冬季，英軍遂按兵不動。清廷卻命揚威將軍奕經，以軍隊二萬多人，在道光二十二年（1842 年）二月初，反攻鎮海、慈谿，結果大敗。浙江巡撫劉韻珂見勢不佳，極力主和。

英軍兵臨南京　宣宗為劉疏所動，遂派新署杭州將軍耆英，為欽差大臣，和前兩江總督伊里布，羈縻英人。四、五月，英軍連陷乍浦、吳淞、上海。六月，英援軍來到，沿江而上，攻陷南糧北運的要地鎮江，清廷震動。上諭耆英便宜行事，決心議和。當時大小英艦七、八十隻，陸軍三千多人，已到南京。七千多武器不良的守軍，無力抵抗，惟有俯首聽命，接受城下之盟。

第四節　萬年和約及其影響

南京議和　議和代表，英方為濮鼎查，中方為耆英、伊里布，兩江總督牛鑑也參與其事。實際上由雙方隨員談判，伊里布的家人張喜先往交涉。僅將賠款由三千萬元減掉九百萬元，其他都接受英方要求。道光二十二年七月二十四日（1842 年 8 月 29 日），在英船高華麗號（Cornweallis）用印簽押，完成這號稱萬年和約的手續。這約因在南京簽約，通稱南京條約。

萬年和約要點　全約十三條，每一條款，英方都是針對二百年中英雙方接觸的結果而發，並非隨便開列。其要點如下：一、開廣州、廈門、福州、寧波、上海五口，許英人攜眷居住，英國派設領事。二、割讓香港。三、英商可自由與華商貿易。四、賠償所燬菸價六百萬元，商欠三百萬元，軍費一千二百萬元，分四年付清。五、進出口稅則，秉公議定。英商繳納規定進口稅後，得遍運中國各地，除照估價則例加收若干分外，所過稅關，不得加重稅則。六、兩國官方文書，用平行款式。惟商人仍應用稟。

中英商約　兩週後，又由隨員們訂立善後章程八條，其中第七條准許英國有領事裁判權。道光二十三年（1843 年），耆英在香港和英方議訂中英五口通商章程十五條。取消了外人商務上的一切不便，並明文規定英國有領事裁判權，英國兵艦可到五口停泊。此外，又訂通商附黏善後條款，西人稱為虎門條約，英國取得在五口「議定界址」的居住權，並規定中國「設有新恩施及各國，應准英人一體均沾。」這便是租界和片面最惠國條款的嚆矢。

中美商約　中英訂約以後，外商貿易便利；各國也紛向中國

請求訂約通商。道光二十四年（1844 年），美國專使顧盛（Caleb Cushing）抵達澳門，在澳門附近的望廈村，和耆英議訂中美五口貿易章程，除割地賠款外，英國所得好處，美國「一體均沾」，而且有幾件比英約精詳，還有一些是英約未有的。

中法商約　　法國雖不注重商務，也在道光二十四年，派遣使臣剌萼尼（De Lagrene）前來，中美訂約簽五十日到澳門，耆英在黃埔海面法艦上，與法國簽訂中法商約，法國除得到和美約相同的權利外，並在約中規定中國應保護教堂。後又要求明諭天主教弛禁，發還康熙朝沒收的教堂；用兵艦威脅，謠傳欲占舟山。清廷只得在道光二十六年（1846年），明諭弛禁。

其他國家的交涉　　其他國家，如葡萄牙、比利時也來交涉，准照新規定辦理。瑞典挪威則訂商約，荷蘭、西班牙、普魯士、丹麥使臣來時，則發給通商章程和稅則，准其前來貿易。

中英條約和其他商約的影響　　萬年和約，和此後所簽訂的商約，整個地改變了中外關係。對中國的影響，是非常鉅大。簡略地說：有一、動搖了自大的民族自信心。二、英國取得了侵華的根據地。三、外國商人可以自由在中國貿易，擴大了經濟侵略。四、鴉片未能禁止，流毒更甚。五、協定關稅，本國工商業，無法與外國競爭。六、租界的濫觴，造成國中有國的現象。七、領事裁判權的濫觴，外人在中國可以橫行無忌。八、片面最惠國條款的濫觴，使中國損失加倍擴大。九、軍艦可到沿海五口航行，爲內河航行權的濫觴。

鴉片戰爭的檢討　　鴉片戰爭，開外國侵略之端，後無已時。在鴉片戰爭以前，外國對中國尚有相當的敬畏，那時他們所要求的，只是合

理的政治關係和商業關係，但是中國既不願以平等相待，又不願修改商業限制。當外人了解中國的實際情形時，富有侵略野心的英國，遂決然以兵戎相見了！鴉片戰爭，暴露了中西的弱點，失敗是必然的。如果我們能從這次失敗的教訓，明瞭自己，力圖改革，中國的近代化，就可從道光朝開始。所可惜的，這次敗後，中國對於外國依然不聞不問，近代化的開始，又延遲了二十年。

第八章

英法聯軍

第一節　英法對中國的衝突

廣州民氣的激昂　鴉片戰爭的結果，中國被迫與英國訂了不平等條約。表面上看，兩國已解決了歷年糾紛，恢復了和平。然而中國政府和民眾的排外傾向，並不因而減退。意外的糾紛，層出不窮。且因積憤在心，廣州的民氣，更為激昂。五口之中，福州、廈門、寧波、上海四處，都依約先後開放，設置領事館。惟有廣州一處，民眾自組團練，堅決拒絕英國領事和外商入城。

中英感情的交惡　道光二十二年（1842 年）十一月，英兵在十三行買水果，因言語誤會，與市民發生衝突，英國、希臘、荷蘭的廠家多被火燒。英人死二名，華人死三名。二十三年十月，廣州先有人以明倫堂名義，刊貼告白，聲言英人罪狀。二十四年夏天，廣州又發生衝突，這次美國人捲入漩渦，華人死一名。冬天，廈門有被英人雇用的華人，因戰時出賣糧食與英人，遭受襲擊。二十五年春天在廣州，秋天在福州城，都有英人遭受襲擊。二十六年一年之內，先在廣州黃埔有英人被襲事件，後在廣州城，又發生二次。二十七年正月在佛山，英、美人同遭襲擊。

英人要求進廣州城　當時耆英任兩廣總督，幾乎沒有辦法平服民眾仇恨心裡，而阻止對外人的襲擊。佛山事件發生後，英國香港總督德庇時，領艦一隻，小船二十多隻，兵一千，於二月十八日，突入省河。沿岸礮臺亦被釘封，英艦直駛十三行河下，堅執要求准入廣州城，並說上海、福州都准入城，何以廣州例外？又指責洋行在兩園間架設天橋被阻，英人出外被毆，種種不平，大有洩憤之意。耆英知道如讓英人進城，立即引起糾紛，只得好語敷衍，接受所提七點要求，在二月二十一日（4 月 6 日），約定將英人入廣州城內經商的權利，延遲到兩年後實

行。他一面設法運動政府調往他處，以爲脫身之計。

耆英大失民心　但道光二十七年二月到九月，仍不時發生糾紛。
十月二十八日，廣州黃竹岐，又有六英人被鄉人所殺；英人憤欲起兵報
復。耆英恐英人出兵，當即處決六人，後又絞一決一，餘九人充軍拘
囚。因此大失民心。

剿夷派與撫夷派　從鴉片戰爭開始，中國的外交分成兩派，主張
剿夷的林則徐派和主張撫夷的琦善派，也就是主戰派與主和派。主戰的
多是漢人，如王鼎是支持林則徐的。主和的多是滿人，如穆彰阿、耆
英、伊里布等人，都是贊成琦善的。兩派的外交知識都差不多，但林琦
二人，對外人都有認識。林則徐後來在遣戍途中，曾寫信給友人說：
「彼之大礮遠及十里，若我礮不能及彼，彼礮已先及我，是器不良也。
彼放礮如內地之放排鎗，連聲不斷。我放一礮後，須輾轉移時，再放一
礮，是技不熟也。……況逆船朝南暮北，惟水師始能尾追，岸兵能頃刻
移動否？」他了解戰敗的原因。琦善知道英國兵艦「無風無潮，順水逆
水，皆能飛渡。」大礮「中具機軸，只須移轉磨盤，礮即隨其不同。」
至於我們所用山海關的礮，尚是「前明遺物，勉強蒸洗可用。」主持軍
事的，全是文臣，「筆下雖佳，武備未諳。」他了解中國不能對抗英
國，所以主和。

剿夷派的再起　等到鴉片戰爭結束，朝廷裡是不敢輕言剿夷的
人。撫夷派在廣州負責對英交涉，耆英和伊里布的辦法，是順夷情以免
禍。如前所述，耆英對英人要求進城，准許二年後實行。對冒犯英人
的案件，嚴重處罰。民眾固然不滿，清宣宗也深感痛恨。所以在道光
二十八年初，將主和的耆英內調，而陞徐廣縉署理兩廣總督和欽差大
臣，葉名琛爲廣東巡撫。命徐廣縉「以誠實結民情，以羈縻辦夷務。」

林則徐寫信給徐廣縉，說是「人心可用」，所以徐廣縉也是主戰派的人物，態度很是強硬。

　　仇外情形的嚴重　徐廣縉出任兩廣總督的那年，二月，上海青浦，有英人遭受襲擊。以後的八九個月，大小糾紛，仍不時在各處爆發。廣州人始終拒絕英人進廣州城。道光二十九年，英國香港總督文翰（S. B. Bonham），帶兵艦到虎門，要求履行兩年前允許入城的要求；徐廣縉因為民眾一致反對，親到虎門拒絕，廣州士紳也寫信給文翰，反對此事。葉名琛也是堅拒。官紳並號召鄉勇示威。實行抵制英貨。英人不願為意氣之爭和中國決裂，所以除聲明保存條約權利以外，沒有別的舉動。徐、葉和紳民都認為這是大勝利。事後他們奏報清廷，在廣州「挨戶註冊，不得在外雇募。公開籌備經費，製造器械，添設柵欄。共團勇十萬餘人。……眾志成城，堅逾金石，用能內戢土匪，外警猾夷。」宣宗大為高興，賞廣縉子爵，名琛男爵，並特旨嘉勉廣州民眾。廣州人士還立碑紀念。英國人聽到不能忍受，提出嚴重警告，中國方面不理。

　　文宗態度強硬　道光三十年正月，宣宗病死。二十歲的文宗即位。主張起用林則徐的意見不少。文宗也覺得對外態度，應該改變，即召林則徐來京，當年卻病死到廣西剿太平軍的路上。撫夷派的耆英、穆彰阿，都遭去職。剿夷派的人得以大用。文宗雖然決心強硬對付外人。可惜新的剿夷派，對外情一無所知；這種盲目的強硬，那裡會有好的結果？

　　三國修約問題　廣州進城的問題不能解決，仇視英人的情形仍然嚴重。英人更加注重修約問題，想藉以解決所遭遇的困難。咸豐二年（1852 年），文宗調徐廣縉去打太平軍，葉名琛陞兩廣總督，負責對

外交涉。他十分輕視外人，自然不肯退讓。咸豐四年，英國援照美、法十二年修約的規定，要求修訂通商條約，還邀美、法一同行動。屢向廣州、上海、天津等地長官交涉，都無結果。因為中國方面，認為和約是萬年和約，豈可隨意修改？剛愎自用的葉名琛，更是置之不理。兩年後，美使提出同樣要求，也告失敗。英國就動了出兵的主意。

亞羅船事件　咸豐初年，廣東變亂很多，有一部華人船隻在香港註冊，懸掛英旗，受英軍艦保護。亞羅號也曾在香港註冊。咸豐六年（1856 年）九月，亞羅號停泊廣州河上，廣州巡河水師千總上船搜捕盜匪，拘去水手十二人。兵士們並將英旗丟在甲板上。事後，英國廣州領事巴夏禮（Harvy S. ParKes）和香港總督包令（John Bowring）商量，提出強硬抗議。葉名琛因為船隻註冊有效期間，已過十天，加以拒絕。幾經交涉，始交出十二人。但是巴夏禮認為沒有道歉，不肯接受。名琛仍將十二人下獄，置之不理。

英軍攻廣州　巴夏禮提出最後通牒，葉名琛仍是不理，也不防備。英軍遂攻下黃埔的堡岩，接著，又攻下唐門、亞狼、大角頭等處堡岩。名琛派人質問巴夏禮，何以開礮？巴夏禮要求入城面議，或是名琛出城相見，仍遭拒絕。英兵遂用重礮，攻擊廣州。英兵不滿千人，但火器精良，官兵和團練雖然有幾萬人，也不能抵抗。好在英兵這次舉動，沒有奉政府命令，只不過是一種恐嚇手段，想借此能夠入城而已。所以攻下廣州，不久即自行退出。英軍退出不久，廣東民眾為了報復，在夜間火燒十三行的英國商館，連美、法等國的也遭波及。巴夏禮見事情鬧大，報告本國政府，請出兵一戰。

西林教案　適逢咸豐六年，廣西又發生殺害法國教士事件。依據條約，教士只能在五口傳教，但法國教士卻喜歡深入內地傳教，常被地

方官查出，送交就近口岸領事官。那時，廣西正逢民亂，法國教士馬賴（P. A Chapdelaine），在咸豐三年，到廣西西林縣傳教，據西人記載，馬賴神父在咸豐六年正月，被新任縣官下令拘捕，加上刑具入獄。詢問時受到刑罰逼供，最後被處死刑。二十五位教徒也下獄受刑。二人死去。在這事以前，西林的中國教徒，已遭受虐待，房屋被沒收。然而後來中國官府的查報，根本否認有馬賴教士的存在，只承認當時殺過大盜馬子農。法國公使布威（M. de Bourboulon）向葉名琛提出交涉，名琛就據查報答覆。

第二節　修約戰爭與天津條約

　　英國決定出兵　英國政府得知廣州事件，首相巴麥斯頓（Lord Palmerston）力主出兵，向議會報告，十五年來中國政府凌辱外人的事件二十八端，請求通過軍費。議會中有人以為亞羅號事件，中國並無錯誤。上院雖通過，下院卻被否決。首相即解散下院，並竭力宣傳中國的廣東行政長官野蠻無禮，侮辱國旗，不遵守條約，非用武力懲罰不可。新當選的議員，贊成首相的意見占多數，遂決議「先派公使要求中國改訂條約，賠償損害，不聽，然後用兵。」

　　四國合作　英國因為中國焚燒英、美、法等國商館，修約又為三國的共同要求，遂聯絡有關各國，一致行動。法國因路易拿破崙，方由總統而登帝位，喜歡用兵海外，加以近東克里米（Crimea）的對俄戰爭，英、法本為同盟，遂以西林教案為藉口，決定共同對中國出兵。美國則因參院主張慎重，認為中、美無開戰必要，僅允在外交上支持，俄國雖然和英、法相敵，為實現侵略中國野心，也不惜和英、法勾結，以便從中取利。於是四國形成合作局面。不過美、俄都沒有出兵。

英法聯軍攻廣州　咸豐七年（1857年），英國全權專使額爾金（Lord Elgin），法國全權專使葛羅（Baron Gros），先後領兵東來。英艦先到，封鎖廣州，交涉無結果。十一月，英、法兵艦駛入白鵝潭，兩國參戰的兵數爲五、六七九人。英法二使要求葉名琛賠償，名琛加以拒絕，也不准官員士紳前往交涉。相持半個月，聯軍遂攻陷廣州，占領礮臺。名琛因爲迷信扶乩，乩仙預告夷兵可以自退，所以毫無防備。名琛也被英兵俘去。專使商定，送往印度加爾各答。時人嘲笑他說：「不戰不和不守，不死不降不走，相臣度量，疆臣抱負，古之所無，今之罕有。」第三年春天，憂鬱而死。廣州城裡，表面上由中、英、法三國委員共管，事實上巡撫柏貴，只是英、法委員的傀儡。到咸豐十一年（1861年），和議成後，英、法官員始行撤退。當時民眾也沒有抵抗，竟有人把藩臺衙門的庫銀二十多萬兩，替英人抬上英船。

四使致送照會　咸豐八年（1858年）正月，英、法與美、俄使臣分別向清大學士裕誠致送照會，請派全權大臣到上海談判。清廷的回答是：這次廣東事變，是因爲葉總督辦理不善，已經革職，另派黃宗漢代理。所有英、美、法三國的事情，由兩廣總督辦理。俄國的事情，交給黑龍江將軍辦理。四國專使，都不滿意這一答覆，認爲聯軍有北上的必要。

大沽淪陷與天津談判　四使到達直隸大沽，直隸總督譚廷襄等人負責交涉，無法成議。英、法二使有意起釁，四月，攻陷大沽礮臺，四使直到天津。北京震動，清廷無可奈何，派大學士桂良、戶部尚書花沙納爲欽差大臣，到天津議和。繼派耆英爲全權，耆英以其過去在粵簽訂條約的身分，示好於外人。乃爲英翻譯官李國泰（H. N. Lay）以在粵署所得呈文，對其兩方討好行爲，加以指責，耆英羞愧退去，後爲文宗坐罪處死。主要的交涉對象是英國，爭執的問題是公使駐京，長江通

商。英使額爾金毫不放鬆。李國泰處處表示壓制口吻與威嚇手段。桂良等人，看到美、俄沒有出兵，希望美、俄相助，尤其希望口蜜腹劍的俄使出力；因此，先和俄使訂約，再和美使訂約。事實上俄、美兩使，對中英談判，並無幫助。在英人威脅之下，清廷也明白戰守都無把握，桂良等人終於接受英國的全部條款。五月中旬（六月下旬年），中英、中法條約分別簽字。英約五十六款，法約四十二款。

中英天津條約要點　四約中以英約最為重要，就英約而言，其中重要項目，有：一、互派使節，英國公使及眷屬駐京。兩國平等往來。二、中英間交涉及行文，均用平等禮節。三、保護傳教。四、准英人攜護照到內地遊歷。五、長江一帶准加開三口。（後開鎮江、九江、漢口三處）六、沿海加開牛莊、登州、臺灣（即臺南）、潮州、瓊州五口商埠。七、英國屬民一切案件，概由英官辦理。八、改訂稅則，以後十年修改一次。並規定子口稅每百兩征銀二兩五錢，以一次為限。九、以後各式公文，免書夷字。十、倘若他國今後別有潤及之處，英國無不同獲其美。十一、賠款另立專條。賠商虧及軍費各二百萬兩。十二、批准後一年內在北京換約。

其他三國天津條約　四國天津條約，大致相同，都具有前述第十點的最惠國待遇條款，一國取得的權利，他國均可同樣享受。但公使駐京，外人入內地遊歷傳教，開商埠，確立領事裁判權等事，則為主要規定。惟法約內所開口岸，無長江三口和牛莊，另加淡水、江寧二口。賠款法國為商虧軍費各一百萬兩。

修訂稅則談判　天津條約訂定後，英、美、法三使，到上海與桂良、花沙納及兩江總督何桂清，談判修改稅則問題。俄使因商務不大，未赴上海談判。文宗之批准天津條約，出於受逼，更不願公使駐京，長

江開埠和內地遊行，賠繳兵費。希望在稅則會議時挽回。必要時願以不收海關稅為代價。幸而桂良和何桂清等人知道利害，奏呈可慮者十事，加以反對。英人也不允變更。

通商稅則要點　十月，通商稅則善後條約成立。共十條，要點如下：一、進出口稅，一律值百抽五。二、子口稅一律值百抽二、五。免繳釐金和常關稅。三、復進口稅，一律值百抽二、五。四、鴉片以洋藥之名課稅，每百斤納稅三十兩。（平均值百分之七或八，到光緒三十二年菸禁廢弛時止。）

額爾金視察長江　額爾金於稅則簽訂後，曾上溯漢口視察，所乘船經過江寧、安徽等處，曾遭太平軍射擊，但都由太平軍聲明誤會了事。額爾金認為應開放漢口、九江、鎮江三處。漢口當即開放。九江、鎮江，等平定太平軍後再行開放。

英國訂約的用意　就中英所訂天津條約和通商稅則而論，可知英國用意，在對南京條約及中英商約中商業侵略的範圍與安全，加以擴大與確保。從道光二十二年到咸豐六年（1842 年－1856 年），英國在中國的進出品貿易，包括為法人經營的絲織物品在內，常占貿易總額三分之二。美國則占第二位。尤以道光三十年到咸豐六年間，英國貿易更有進展：英船自倫敦直航中國。其他各國貿易額，則微不足道。至於外商居留口岸，亦以英人占最多數，美人也占第二位。因此，中國朝野對南京條約的不滿，和拒絕修約的舉動，英人認為迫害了英國的利益。咸豐六年，英國議會終於通過對華出兵，也受到在華英商呼籲的影響。天津條約簽訂以後，英人認為除領事裁判權以外，其他條件，並不是重大的讓步，亦可由通商國家自動讓與而得之。可知英國人的觀念，和當時中國人的觀念，是有莫大的距離！

第三節　換約戰爭與北京條約

大沽口加強防務　天津議和時，文宗另派蒙古科爾沁親王僧格林沁到天津防堵。僧格林沁是一名勇將，所練馬隊精良。清廷知道英法聯軍輕易進入大沽口，由於防務不良。聯軍退去以後，命僧格林沁加強防務。在白河兩岸建立堡壘，修築礮臺，在河口樹立木椿，布置障礙物，調集馬隊嚴防。然而在大沽口以北，蘆臺附近的北塘海口，卻是毫無防備，從陸路可通津、京。

換約地點的爭執　英約本有明文規定，一年後在北京換約。但文宗萬分不願夷使來京。所以桂良、何桂清等在上海時，再三命令何桂清「總期能令該夷即在上海換約。」事實上英使不願更改地點，堅持進京換約。咸豐九年（1859 年）二月，桂良、何桂清等將英使堅持情形奏報。文宗仍令竭力補救。「倘該夷堅持不肯，務須剴切言明，議定由海口進京時，所帶人數不准過十名，不得攜帶軍械。到京後照外國進京之例，不得坐轎擺隊，換約之後，即行回帆，不許在京久駐。」文宗並派怡親王戴垣等到海口視察，指示剿撫機宜。僧格林沁認為「大沽海口布置均已周密，不特不可令其經由，且不可令其窺伺。」建議應由北塘登岸進京。

外使堅持進京　咸豐九年五月，桂良等人得知，英使聞天津已有準備，在廣東調兵。同時，各使對桂良照會，都表示進京換約，面見文宗，呈遞國書。桂良等派薛煥詢問李國泰，「果有欲見大皇帝只肯跪一骹之語，」當即告以「向例國書皆係派人接遞，不能允行。」桂良等人更不欲令外使進京。然而英使普魯斯（Frederick W. Bruce），法使布爾布隆（M. deBourboulon），去志甚堅。到上海後，亦不肯與桂良等人見面。即將領帶兵艦逕自北上。桂良只得知照英使，兵艦不可駛入攔

江沙等處，至美使華若翰（John E. Ward），卻與桂良等人見面，「人甚和平，亦通商量。」本願在上海換約，可是被英、法兩使勸走，只得一同北上。

　　大沽口之戰　護送公使艦隊，先到大沽口外，文宗令直隸總督恒福轉告，公使可由北塘登岸，從天津進京。外軍派人通知守軍，撤去防務，否則自行拔取。恒福通知外使到北塘會面，並送食物，外使也置之不理。五月二十五日，外軍先掃除河中障礙物，並攻擊礮臺，戰爭開始，登陸的英軍有六百多人，時值退潮，岸上泥濘陷胫。守軍設防周密，礮臺對目標射擊，異常準確，兵艦沉沒四艘，英軍官兵死傷四三四人，法軍十六人。兩公使只得領殘軍退回上海。守軍陣亡軍官六人，兵士三十二人。美使則遵中國指示，由北塘登陸，進京換約。因禮節關係，美使未見文宗。俄使則早已到北京，在三月間換約。

　　英法兩國的反應　兩使回到上海，將經過情形報告政府，英法兩國大爲震動。英政府訓令英使普魯斯，謂明春派兵來中國。法國正與薩丁尼亞聯合，對奧有事；同英國立場相反。最初沒有訓令。但後來法政府仍決定在東方和英國採取一致行動。咸豐十年二月、照會中國要求：一、對大沽事件道歉。二、兩使乘本國船隻赴津。三、天津條約完全有效。四、賠款仍應照付，並賠償此次損失。

　　清廷的反應　大沽口的勝利，清廷的態度，並未因而轉硬。英使提出要求以後，清廷指示何桂清，對英使表示，天津條約仍然有效。如若不帶兵船，減從北來，從北塘上岸，自可進京換約。對於大沽口的戰爭，也指出事前已通知來使從北塘上岸；而且該國既來換約，何以隨帶兵船？中國在大沽口，自有設防之權，亦非爲備防英國。這些理由都很正確動聽，因此英、法沒有堅持報復。不過英、法另外提出一些不關重

要的條約解釋與修改，卻被清廷拒絕。

　　江浙官紳的態度　咸豐九年的冬天到十年的春天，正是清軍和太平軍苦戰的時候。蘇州被太平軍包圍，危在旦夕。江、浙的官員和上海、蘇州的紳士，聽到北方將與英、法再行開戰，更為焦急。他們正與英使普魯斯交涉，請求助戰，擊退太平軍。並以延緩英軍的北進。四月，蘇州失陷以後，情勢更緊，普魯斯經商人力勸，曾表示「願意幫助。但伊國興師動眾，專為雪恥而來，若先為我剿賊，何以轉報國主？」官紳們更擔心太平乘機聯絡英、法軍，「勢必水陸分擾，南北皆危。」所以兩江總督何桂清和署浙江巡撫王有齡詳奏外人兵力之可畏和江南局勢之危急，陳語「亟為安撫夷人，堅其和議，俯如所請。……動其感激之心，絕其勾結之念，乘勢勸其助順剿賊，於南北軍務，或可稍挽危機。」主張換約，並接受兩使四條要求。但文宗認為江南局勢雖危，「現已調集援兵，自能力圖規復。若藉資夷力，更使該夷輕視中國，後患何可勝言？」「所請斷難允行。」於是雙方可以轉圜的機會，就此消失。

　　英法聯軍再出動　五月八日（6月26日），文宗諭令「斷難允行」的同一天，英法向西方各國宣布，對中國宣戰。英法聯軍，也早已組成。英國派格拉得（General Sir T. Hope Grant）任陸軍司令，何伯（Admiral Sir James Hope）任海軍司令，法國派蒙他板（General Montandan）任陸軍司令，沙納（Admiral Charner）任海軍司令。負責談判的人，仍為額爾金和噶羅兩特使。當年閏三月初一日，聯軍已占舟山。四月，英軍集大連，法軍集煙台。五月二十三日，英陸軍集大連的一一、三一七人，駐港、粵、舟山和上海的六、八九四人，可使用兵力一〇、五〇〇人，另有中國工人隊二、五〇〇人，英船停泊大連約有大汽船七艘，小汽船三十四艘，大礮三六一門，運輸艦一四三艘。法軍屯

煙台的七千人，可以開往北京的六、三〇〇人。這一次聯軍的兵力，比前次的大得多。

英法聯軍登陸　艦隊北上，先在大沽口游弋，北塘停泊。僧格林沁和恒福等人，雖用心防守，但仍希望與外使談判。六月十五日（8月1日），外使從北塘登岸，還以為是登陸換約，未加阻攔。十七日英軍出動攻擊，只得對抗。文宗得報，知道外軍大批到來，情勢嚴重。嚴令恒福先行給與照會，進行和議，「藉此轉圜，此機斷不可失。」文宗知道「一經開仗，則荼毒生靈，滋擾海口。儻仍不受撫，結怨愈深，後患終無了期，亦非萬全之策。」恒福遵命接洽。英使答覆必接受以前所提要求。並派全權大臣前來洽商。

聯軍占領天津　聯軍到北塘，先攻陷新河。六月二十八日（8月14日），進攻塘沽，和馬隊發生遭遇戰。七月初五日（八月二十一日），聯軍攻陷塘沽北岸礮臺，繼而南岸礮臺被迫投降。聯軍獲礮五百門，這一戰英軍死三百人，法軍死百三十人。初七日，艦隊毫無阻礙，進抵天津。初九日，聯軍完全占領天津。文宗得到天津礮臺失陷消息，不得已，派桂良為全權大臣，到天津議和。僧格林沁軍退守通州，被革去許多職銜。

兩次和議的不成　桂良和兩使的交涉，幾無爭論餘地，只得完全接受。但文宗對賠款和外使帶兵換約兩事，大為不滿。桂良處境甚難。簽字的時候，兩使發覺桂良不能提出合格的全權證書，疑心他的交涉只是緩兵之計，一怒而去。聯軍仍向北京推進，文宗只得改派怡親王戴垣為欽差大臣，在通州交涉。額爾金派威妥瑪（Thomas Wade）和巴夏禮等人為代表，在通州談好條件。巴夏禮在簽字前聲明英使到北京後，必須向文宗面遞國書。並要求撤退張家灣駐軍，和議又告破裂。戴垣命令

僧格林沁軍隊將前來交涉人員，英人二十六名，法人十三名，一齊捕捉，因而激怒外使，戰爭又起來了。

　　文宗決心議和　文宗原想「親統六師，直抵通州，以伸天討，而張撻伐。」被群臣諫止。可是戰爭再起，聯軍攻勢猛銳。他想離開北京。派弟弟恭親王奕訢為全權大臣。奕訢和聯軍接洽停戰，又無結果。文宗前往熱河，北京情形不安。奕訢派人勸巴夏禮寫信催促停戰。巴夏禮只肯用英文寫信。為了聯軍攻勢不停，文宗無奈，命令奕訢速開和議，釋放所俘人員。聯軍因為軍火與人馬不足，一度停戰。等到軍火與援軍來到，於八月二十一日（10月5日），立即猛攻北京。清軍無力抵抗。

　　火燒圓明園　八月二十二日晚，法軍進入圓明園。第二天，英軍亦到。英、法軍人紛紛搶走園內珍貴物品，無業遊民也乘機搶掠。二百多年來積聚的珍寶文物，為之一空。九月初五（10月18日）額爾金因為巴夏禮等人被禁，二十名英、法人被虐而死。下令焚燒圓明園洩憤，法使和英、法將領都不贊成。圓明園中，有不少是耶穌會士的精心傑作，西式建築。有四十處是中國工匠所建築的南方勝景。這一經營了二百多年的宮殿勝園，竟在額爾金衝動之下，一旦化為灰燼，實在令人惋惜。

　　奕訢決然簽約　奕訢這年只二十八歲。他過去沒有接觸過外人。咸豐八年，他反對長江通商。捕捉交涉代表，他是首先動議的人。他雖奉命議和，但是兩使進入北京，卻不敢出面。俄使自動趕來北京，乘機兩面討好，陪同出面與兩使交涉，先賠出卹金五十萬兩，作為對被俘三十九人的補償，再開談判。當時英、法兩國在歐洲處於對立地位，對中國問題，希望能早日解決。加上北方已到冬天，氣候寒冷，聯軍缺少

多天的裝備，無法久留。北京皮貨店的皮衣，都被聯軍拿去穿了。奕訢也看清楚情勢，對於兩使的要求，決然承認，就在九月十一日（10月24日），和英使換約，並簽訂中英續增條約九款。第二天，又與法使換約，簽訂條約十款。這就是中英、中法北京條約。條約簽字後，不待批准，即能行照辦。法軍一週後撤出北京，英軍一個半月後撤出北京。其他各地，也逐漸撤退。

　　北京條約要點　兩國北京條約大體相同。要點如下：一、天津條約仍然有效。二、添開天津爲通商口岸。三、割讓九龍司與英國。四、准招募華工出洋。五、兩國賠款各加到八百萬兩。法約中文本第六款規定，准許法國傳教士，在各省租買田地，建造房屋。是法文本所沒有，爲任翻譯的法國神父私自加上的。以後其他國家，也援例一律辦理。

　　北京條約的損失　天津、北京條約，對國家主權所生損失，比南京條約及商約，更爲加深。第一、協定關稅，並未明定於南京條約，只因中英五口通商章程，黏附進出口貨應完稅則，而開協定稅則的惡例。而中英天津條約第二十七款，更規定稅則十年修改一次，修改時必須先六個月知照英國，並且加了「永行弗替」字樣，協定關稅這讒有了明文規定。第二，領事裁判權，在以前只管刑事；天津條約簽訂以後，竟管及外人的民刑事。而且中外交涉事件，還由雙方會審。中國的司法權，又遭進一步的損害。第三、租界，在五口通商章程的規定，只是劃地由外人集中居住。然而在咸豐初年，因上海發生亂事，領事自行管理外人居留地事務，選舉職員，收取捐稅，不僅管理外人，而且管理來居的華人。英法聯軍結束以後，此類行政權亦未收回，等於默認外人在租界的行政權。第四、內河航行權，中英天津條約第十款規定，開放長江三口，英船可以航行內河。以後內河商埠越開越多。內河航行地區也越來越大。兵艦也在此約中規定，可以航行內河，全國河流所到地區，竟無

國防可言。第五、片面最惠國條款，重新規定。他國群起效尤。中國給與一國好處，同時也要給其他訂有此條款的國家。第六、商埠開放愈多，經濟侵略的範圍更廣，中國的工商業，不足抗衡。第七、外人可到內地遊行傳教，中國的政治經濟等情形，外人可以了解。而且加多糾紛。英、法兩國經過天津、北京條約以後，所有要求完全達到，可說是中國全部不平等條約的縮影。中國在國際法上應有的重要權利，差不多剝奪殆盡。

其他各國的訂約　以後其他各國，以前述不平等條約為藍本，而簽訂的條約，其要者如咸豐十一年（1861年）的中德條約，同治二年（1863年）的中舟條約，與中荷條約，同治三年的中日（西班牙）條約，同治四年的中比條約，同治五年的中義條約，同治八年的中奧（匈）條約，同治十三年的中秘（魯）條約，光緒七年（1881年）的中巴（西）條約，光緒十三年（1887年）的中葡條約。光緒二十二年（1896年）的中日通商行船條約，光緒二十四年的中剛（果）條約，光緒二十五年的中墨條約，光緒二十八年（1902年）的中葡增改條款，光緒三十四年（1908年）的中瑞（典）條約，無不有片面最惠國條款的規定：可見天津條約影響的深遠。

臺灣開放商埠　鴉片戰爭發生，道光二十一年八月，英軍進犯雞籠，觸礁擱淺，全部二百六、七十人，其中一百三十三人被俘，餘非死即逃。九月，英船又來進攻。二十二年正月，彰化、淡水交界的大安港外，又擊沉英船，俘獲五十餘人。所有俘虜，大部分正法。英國曾為此嚴重交涉。戰後，英國香港總督文翰，希望到臺灣通商。美國亦有人主張占領臺灣的一部分，另有人主張收買。天津條約，則明白明定開放臺灣、淡水為商埠，同治元年（1862年），淡水（滬尾）開市；同治二年，雞籠開關，同治三年，打狗（高雄）、安平開關。表面上是二口，實際上是四口。以後其他各國和中國訂約，也同樣享受在臺灣通商的權利。

第九章

俄國的侵略東北

第一節　俄國垂涎東北

尼布楚條約與俄國　尼布楚條約，在中國所注重的是劃界。在俄國表面上所注重的是通商，實際上是確定鮮卑利亞爲俄所有。鮮卑利亞那大塊地方，因爲有了尼布楚條約，等於中國變相承認屬於俄國。俄國好慢慢地開發鮮卑利亞，等到有了成績，再逐步南侵。而且俄國在歐洲遭遇了不少問題，一時也分不出更多的力量，來侵略遠東。

尼布楚條約與中國　尼布楚條約，中國表面上沒有吃虧，但暗中有損失的。不過總算明白地把現在的東北九省以及俄屬的阿穆爾省東海濱省，由中、俄雙方確認爲中國的領土。這整塊的東北區域，東面南面有海，西北面有外興安嶺做自然界線，內有大河，外有河口，是一個完整的國防要區。整個的掌握在中國手裡，中國的東北，纔有安寧。

中國對邊界的疏忽　在十八世起初年，俄國一面慢慢經營鮮卑利亞，一面改用和緩手段，注意外興安嶺以南的地方，找取機會。例如康熙年間，中國在邊境獨自所立的國界碑，經過俄國傳教士 Hyacinth 實地調查，在格爾畢齊（一作額爾必齊）河畔的碑文上，匠人竟把條約摘要的「興安嶺以北屬俄國」字樣，刊爲「以南屬俄國」，俄國人以爲是好的預兆。道光二十四年（1844 年），俄國國立科學會派了一位科學家米丁道夫（A. Th Von Middendorf）到遠東來調查。他發現中國所立的界碑，最北的不是在外興安嶺的山峰，而是在急流（Cilu）河與精奇里河合流之處；最東北的不是在外興安嶺和烏第河之間，而是在烏第河和土格爾（Tugur）之河，俄國又便宜拾到了二萬三千方英里的土地。

俄人垂涎東北　經過乾隆、嘉慶、道光三朝，黑龍江流域，有不少俄國獵夫、罪犯、軍官、和科學家違法越境，做種種有利於俄國侵略

的基礎工作。先是，俄人在十七世紀初到勒那河流域的時候，為了糧食困難，就派人進入黑龍江。到十八世紀，仍然進行。得到堪察加以後，從雅庫次克到堪察加的道路太遠，通行不便，俄國人又想從尼布楚經黑龍江而到海，以利運輸。史學家和探險家們，也紛紛撰文鼓吹，促成這事。但是乾隆二十二年（1757 年），清廷拒絕了俄人這違反條約的要求。

俄人主張武力侵略　當交涉未開始前，俄國駐色楞格的軍官雅哥備（Jacobi），認為中國沿江只有四千防軍，建議政府如中國不許俄國利用黑龍江，俄國可用武力占取。俄政府因為此舉費用太多，不願實行。所以戰禍未起。嘉慶八年（1803 年），俄國的遠東調查隊，建議占領庫頁島南部的安義瓦灣（Aniwa Bay），以便占領吉林省的海岸線。同時，俄國所派來華的公使，因要求黑龍江航行不准後，認為要達到這一目的，必須一軍的軍長方能濟事。伊爾庫次克的總督哥爾尼羅夫（Kornilof），也因公使碰壁，主張派艦隊進黑龍江，以資恫嚇，俄國政府未允所請。道光二十四年（1844 年），探險家米丁道夫，走遍了精奇里河和烏第河區域：當地的形勢，和中國在該處政治及軍事勢力的薄弱，都調查清楚了。他的報告，大大地引起俄國朝野的注意。

東北又不安寧　到了十九世紀中葉，東北的外患又趨嚴重。因為這時候，英、美、俄、法四大強國，正在爭奪太平洋的優勢。阿拉斯加握在俄國手裡；北太平洋的東岸，被俄、英、美三國所分占。加上汽船的應用，太平洋上的交通大為改進，列強在太平洋上的競爭，惟恐落後，俄國又想對中國的東北動手了。

中國的落伍　這時期的中國，可說是國運艱難。論物質文明，從十七世紀中、俄兩國交戰以後，俄國積極歐化，不但軍器完全改進，交

通也常用汽船。然而中國咸豐時代的武器，比之康熙時代，並無多大改變。而在國計民生上，反有退步。內亂相繼，最嚴重的太平軍事，方興未艾；道光朝起始的外患，又交相而至。中國的應付，似乎已到了手忙腳亂的狀態。

第二節　俄國再度東侵

好大喜功的尼古拉　道光五年（1825 年），尼古拉一世（Nicolas I）執政，他是一個好大喜功的人物。在位二十七年。俄國竟同時向近東、中央亞細亞和遠東三方面發展。道光二十七年（1847 年），他派了少壯軍人木里斐岳幅（一作木喇福岳福 Count Muraviev）任東部鮮卑利亞總督，是東部各地的最高軍政長官。

俄國在黑龍江建立基地　木氏到任以後，派遣軍官祕密越境調查黑龍江情形；又派海軍艦長沿堪察加調查黑龍江和庫頁島。道光三十年（1950 年）起，進入黑龍江，在下流建立基地，如尼古拉也夫斯基（Nikolaiesk）和馬隆斯克（Mariinsk），即我國舊籍的闊吞屯。

木氏注視黑龍江　木氏在第二年春回到俄京，要求政府索性占據黑龍江全部北岸。他以爲英國企圖稱霸太平洋東西兩岸，如俄國落後，黑龍江必爲英國所占。這年四月初七日（1851 年 5 月 7 日），俄國致送理藩院的公文，就可代表木氏的意思；那公文說：「敝國聞得有外國船隻屢次到黑龍江口岸，想此船來意必有別情。且此幫船內，尚有兵船。我們既係和好，有此緊要事件，即當行知貴國。設若有人將黑龍江口岸一帶地方搶劫，本國亦非所願，黑龍江與俄羅斯一水可通。」

尼古拉的主張　當時俄國外相尼索爾（Nasse Rode）因爲近東問

題緊張，不想在遠東開釁，力阻木氏計劃。尼古拉一世採取折中辦法，黑龍江北岸不必全占，但已建立的兩個基地也不放棄。俄國當時違約侵占黑龍江口，建立基地的事實，中國不但沒有提出抗議，而且還不知道有這事情。

俄國要求劃界　咸豐三年（1853 年），木里斐岳幅宣佈占領庫頁島。這年俄國致理藩院公文，要求中國派員和木氏協立界碑及劃分無界的近海一帶。公文裡明認「自額爾必齊河之東山後邊係俄羅斯地方，山之南邊係大清國地方。」當時理藩院和黑龍江將軍計議後，應允派員協同立碑劃界。想不到有其他的作用。

劃界問題擱淺　不巧就在這一年，俄國因近東問題，對土作戰。第二年（1854 年），又和英、法聯軍作戰（克里米戰爭）。俄國以為英、法如防止俄船出太平洋，擾亂商業，英、法必派船來攻堪察加的俄國海港，所以必須假道黑龍江來應急。木氏在伊爾庫次克和尼布楚積極準備軍需物資、船隻及軍隊。咸豐四年春，他的隊伍闖進了黑龍江。劃界的事情，自然無從談起。

木氏的花言巧語　當木氏在東海邊防緊急時，怕中國與之為難。他請北京俄國教堂的主教巴拉第（Palladius）上書理藩院，代為解釋說：「本大臣之往東海口岸也，……一切兵事應用之項，俱係自備，並無絲毫擾害中國。……本大臣此次用兵，不惟靖本國之界，亦實於中國有裨。……如將來中國有其為難之事，雖令本俄羅斯國幫助，亦無不可。」同時，木氏在未動身之前，曾函告庫倫辦事大臣德勒克多爾濟，聲稱有緊要公事送理藩院，辦事大臣因為與向例不合，加以拒絕。但辦事大臣奏報清廷說：「該夷……復又言及英夷惟利是圖，所有英國情形盡已訪聞。初意原不止構怨於俄國，並欲與中國人尋釁。且在廣東等處

幫助逆匪，協濟火藥，甚至欲間我兩國之好。」強調英國是中國的大敵，俄國是中國的好友。從咸豐以來，這是俄人對中國始終一貫的宣傳。清廷並未相信，但也無可如何。

東北的邊防　中國素以信義為本，自從尼布楚訂約後，認為可與俄國和平相處。原在璦琿駐紮的軍隊，移到齊齊哈爾；駐在寧古塔的軍隊，移到吉林。東三省的軍隊，在十八世紀前後，只有四萬上下的數目，如何談得上防邊？黑龍江西境的卡倫，離邊界很遠，兵少地長，怎能防俄人越界？每年定期的巡邊，並不到達極邊。也難有多大的作用。所以木氏的軍隊，可以放心的闖入黑龍江！木氏的隊伍在咸豐四年五月，到達璦琿，看到當地軍備，只有木船三十五隻，約一千兵丁，大半背上負著弓箭，少數帶著鳥槍或木矛，還有舊式大礮幾尊。俄國人認識了二百多年來中國毫無進步，更敢於大膽侵略。因而咸豐五年，俄國假道黑龍江的人馬，便比咸豐四年的要多三四倍！

對付俄軍假道的辦法　咸豐四年，俄軍假道時，吉林將軍景淳的上奏，盛京將軍英隆和黑龍江將軍奕格的會奏，卻是「好言道達」和「尾隨偵探」而已！上諭也是「惟當密為防範，……如果該國船隻經過地方，實無擾害要求情事，亦不值與之為難也。」理藩院給俄國的公文，則是「此次貴國帶領重兵，乘船欲赴東海，防堵英夷，係貴國應辦之事，自應由外海行走，似不可由我國黑龍江、吉林往來。」這樣軟弱的應付，自然沒有用處。所以咸豐五年，俄國除了大隊人馬以外，還帶來五百墾民，以及農具牲口，長期占據的用心，全顯露了。

俄國拒絕劃界　當時，中國在內憂外患的情況之下，是無法以兵力對抗俄國的。只有根據咸豐三年俄國約定劃界的來文，趁早立碑分界，以減糾紛。早在咸豐三年冬天，景淳已派協領富呢楊阿任交涉員。

咸豐四年五月，木里斐岳幅超過三姓以後，富呢楊阿就去追他。到達闊
吞屯附近，俄人說木氏到東海去打英國人。富呢楊阿看見該處軍備甚
盛，領路的赫哲人不敢前往，只得折回。吉林、黑龍江和庫倫的疆吏，
決定各派代表一人，等到咸豐五年春會齊前往，找木氏交涉，因為時間
地點沒有約好，三位代表在咸豐五年八月，纔在闊吞屯找到木氏。木氏
三天稱病不見。十三日，木氏要求將黑龍江左岸劃歸俄國。我國代表依
條約拒絕。交涉遂無結果。因為咸豐五年的東北情形，已不同於咸豐三
年。那年，俄國在黑龍江既無重兵，也不了解東北的虛實，俄國政府又
不願木氏放手行動。這年，一切全不同了。所以咸豐三年，還要求立碑
分界，而咸豐五年，卻要廢棄尼布楚條約。

　　俄國移民黑龍江　咸豐六年，克里米戰爭結束，俄國注意力集中
黑龍江，原先注重運兵和下流一帶，現在注重移民和中流一帶。呼嗎爾
河口、精奇里河口和松花江口都被占領，設有鎮市。木氏也在咸豐七年
冬天，回到俄京，要求政府給他全權和充分接濟，去強迫中國割地，俄
政府允許了。咸豐八年春天，木氏回到黑龍江，帶有大部隊，準備實施
狠吞的企圖。

第三節　璦琿條約

　　俄國危言聳聽　咸豐六年，英國軍艦一度攻擊廣州。英、美等國
且因修約問題和中國發生爭執，俄國又抓取了這機會。剛好海軍上將普
提雅廷（一譯布恬廷 Poutiatane）從日本締約完畢，咸豐七年春，俄政
府派為對華交涉全權專使，並要清廷接待「會商機密事件」。咨文裡恫
嚇中國：「英、法、美三國有侵略中國土地意思，並和貴國賊匪祕密勾
結；將來必為中國大患，不得不據實相告。中、俄邊界相連，應早解
決，彼此相安，以防不測。」還自稱「本國深知大義，非同貪利之國可

比也：但願貴國勿懷疑心。」

清廷拒絕俄使　文宗了解俄使詭計，上諭中指出「俄羅斯狡猾性成，所稱英夷糾約各國欲往天津，伊欲來京密商，無非藉端恐嚇，欲於黑龍江外占據地方。」拒絕接待。咸豐七年五月初，俄使在恰克圖被拒入境後，改從陸路到東海，換乘輪船到天津。五月底到達大沽口外，直隸總督，和庫倫大臣一樣，已由上諭識破奸計，派員攔阻，月餘還是無何結果。就在七月初六日，投下咨文給理藩院南去。說是此來一為幫助貴國平亂，二為幫助解決英犯廣州問題。貴國何以竟不接待？中、俄接界極長，又有界址未定，如與俄羅斯大鄰國不和，「至於為敵，則貴國諸多有礙。」露出了猙獰面目。俄國政府並宣佈停止派學生到中國來，因為當時北京俄羅斯館學生，正是應屆換班年份。俄國不惜破壞邦交，來達成其侵略東北的野心。

木氏要求土地　清廷雖然拒絕普提雅廷入京，但願積極進行劃界。咸豐七年，特派黑龍江將軍奕山為欽差大臣，飭令親往璦琿和俄員會商。十一月，英軍再度攻陷廣州。咸豐八年二月，木里裴岳幅經庫倫咨文理藩院，大言不慚地說普提雅廷的進京，是為了兩國的防範。現在英國果然侵占廣州，必須普提雅廷纔能撫馭。為了防堵英夷，請將海蘭泡空曠的土地給與俄國，自有好處。木氏狂妄地老實說出俄國的企圖；也準備以武力來劃界。

不愉快的談判　咸豐八年四月初五日（1858 年 5 月 17 日），奕山從齊齊哈爾到達璦琿。木氏的船早已停在江上。第二天，奕山派副都統吉拉明阿催促開議。木氏故意刁難，說他忙得無暇開議。再四的挽留，纔在初十日（22 日），帶了翻譯施沙木勒福（I. Shishomaref）和隨員進城開議。木氏完全否認尼布楚條約，只肯以黑龍江及烏蘇里江為

中、俄國界，並要取得航行權和自由貿易的權利。奕山答以界線應該照舊。至於通商，黑龍江地方貧寒，無何好處，而且容易引起糾紛。當天的交涉直到傍晚，無結果而散。

木氏大怒 十一日，木氏將自定的滿文及俄文約稿交給奕山，辯論後，留下約稿而去。奕山派人送還，木氏又送來，奕山再派人送回，聲明要刪去邊界一條。木氏卻「聲言以河爲界字樣，斷不能刪改！」過了兩天，木氏看見奕山沒有表示。十四日，又帶約稿進城，改逼奕山簽字，奕山拒絕，而且說烏蘇里河是吉林將軍管轄，他不能作主。木氏勃然大發脾氣，舉動猖狂，向翻譯高聲亂嚷，把約稿拿起，不辭而去？

武力威脅 當晚的情形，據奕山四月十四日的奏報說：「先是木酋未來之前，有夷船五隻，夷人數百名，軍械齊全，順流而下，行數十里停泊。木酋來時，隨有大船二隻，夷人二三百名，鎗礮軍械俱全，泊於江之東岸，尚屬安靜，自木酋忿怒回船後，夜間瞭望夷船，火光明亮，鎗礮聲音不斷。」木氏的談判劃界，與尼布楚條約時的俄使，不僅兵力加多，而且武器犀銳百倍。但奕山呢！軍隊的武器仍和索額圖那時差不多，人數反少得多！所以奕山在連夜鎗礮聲的威脅之下，只得屈服。

中俄璦琿條約 四月十六日（5 月 28 日），奕山和木氏簽訂條約，全文雖有三款，但第三款是簽字人員職銜。實只二款。

第一款是分界：疆界西面仍依額爾古納河，從額爾古納河入黑龍江之點起，直到黑龍江入海止，左岸全屬俄國，右岸則分兩段，自額爾古納河到烏蘇里江屬中國，烏蘇里江以東中、俄共管。黑龍江烏蘇里江由中、俄船隻行走。江左自精奇里江至霍勒木爾錦屯的舊居人民，仍令照常居住，歸大清國官員管轄。

第二款是通商，極簡略：兩國所屬之人，永相和好。烏蘇里江、黑龍江、松花江居住兩國之人，准其彼此貿易。兩岸商人，責成官員互相照管。

損失的重大　璦琿條約損失的嚴重，在中國外交史，是無可比擬的。外興安嶺以南，黑龍江以北的舊工，割給俄國。烏蘇里江以東，包括吉林全省的海岸線，以至海參威口，由中、俄共管，這是直接的損失。間接方面，俄國的勢力又南進了一步。引出了後兩年的北京條約，更種下了後來的東北問題。

文宗的態度　奕山訂約的報告，在五月初四日（六月十四日），送到北京，文宗未加斥責，上諭說：「奕山因恐起釁，並因與屯戶生計尚無妨礙，業已率行允許。自係從權辦理，限於時勢不得已也。」至於烏蘇里江以東地方，「即著景淳（吉林將軍年）迅為查明，如亦係空曠地方，自可與黑龍江一律辦理。」文宗之所以如此，是因為當時內有太平天國的軍事，外有英法聯軍和英法美俄四使的修約交涉，又不認識這地方的重要，所以有這樣「限於時勢不得已」的看法。而東北的大錯，也就鑄成了。

第四節　天津條約

俄國的陰謀　普提雅廷在天津碰壁以後，南下上海、香港。咸豐八年（1858年）二月，隨同英、法、美公使北上大沽口，四月，英、法聯軍進迫天津，普提雅廷乘機巧言挑撥，以求權利。向欽差大臣致送照會，要求：一、割黑龍江以北及烏蘇里江以東土地與俄國。二、許俄人在通商口岸有與他國同等的通商權利。照會裡還說：「以上兩條如不斥駁，大皇帝欽定，所有兩國爭競之事，皆可消弭。俄國所求俟得有消

息，竭力剿滅英、佛（法）兩國，以期中國有益。……現在先於空曠處所遣人駐紮，且海岸早經外夷窺伺，即應分定，係應兩國公定，不應外國夷人潛駐之意。倘海岸屬爲俄國，則外國之人不致闖入滿洲地方，俄國欲駐海岸，並非欺壓，必與貴國相宜，自有報答。再閱貴國兵法器械，均非外洋敵手，自應更張。俄國情願助給器械，並派善於兵法之員前往，代爲操練，庶可抵禦外國無故之擾。」這番話表面上很是動聽，而事實上俄國是要占據中國的空曠處所，要駐兵在中國的海岸，和控制中國的軍事。

中國願意簽約　俄國要中國接受軍器和協助練兵，但清廷深知並非好意，加以拒絕。不過京內外都以爲在目前情況之下，應使俄國不與英、法合作。或在旁挑撥。因此對於通商問題，願作讓步，由桂良等欽差大臣和俄使，在五月初三日（6 月 13 日），簽訂中、俄通商和好條約十二款。

中俄天津條約　條約要點有：一、中、俄公文，以後由俄國外交部逕行軍機大臣，或特派大學士，以示平等。二、除邊疆陸路通商以外，上海、寧波、福州、廈門、廣州、臺灣，瓊州等七處亦准通商，若別國再添口岸，一律照辦。並准設領事，派兵船保護商務。三、中、俄未經明定邊界，派大臣查戡，務將邊界清理，補入此次和約之內。

有了第三點，中國非立即劃界不可，這是桂良聯絡普提雅廷代價之一，桂良又抄送清廷承認璦琿條約的上諭，普提雅廷即要求決定烏蘇里江以東土地歸俄，桂良因爲「與黑龍江一律辦理」，便應允了，不過還要等條約的正式承認。

俄國陽示好感　俄國爲了示好中國，且可控制中國軍備利權，六天後，普提雅廷向桂良表示：「願送中國火鎗一萬桿，各項礮位五十

尊，送至大沽，以表感謝。」而且爲了幫助中國防外患，並「擬備文回國，令派修造礮臺，並教兵技藝及看視金銀礦苗各官，前來中國，代爲置備一切。」其用意在染指中國經濟。清廷加以謝絕。鎗礮則表示接受，看俄國是否眞意，但後來卻證明了這是一包毒餌。

清廷改變態度　　後來，英，法聯軍退出天津，清廷對於危急時被迫允准的璦琿和天津各條約。覺得損失重大，力圖設法補救。疆吏也有同感，清廷的態度，遂益加堅決。

疆吏的應付　　先是，璦琿條約定後，清廷原以爲吉林東邊空曠地方可照黑龍江左岸的辦法，命令吉林疆吏去調查地方實際情形。但木里斐岳幅早已帶領人員到烏蘇里江，咸豐八年七月初一日（1858 年 8 月 9 日），邊報到京，清廷的諭旨中，即決定黑龍江左岸不能挽回，亦不圖挽回，但烏蘇里江以東之地則決不割讓。但疆吏還不知道清廷的態度變了，七月初八日，黑龍江副都統吉拉明阿，咨文木里斐岳幅說：「烏蘇里河及海一帶地方，應俟查明再擬安設界碑。」想用查明的辦法來拖延時日。

俄國派使來華　　俄國爲了早日占取烏蘇里江以東土地，一面派人進京互換中、俄天津條約批准書，並作進一步的交涉。一面由木里斐岳幅派人去測量。疆吏既不敢違旨會同查勘，又無力阻止，只得任其測量。俄國派來北京的是公使丕業羅福斯奇（Pierre Perofski），清廷派戶部尙書兼理藩院事務肅順，及刑部尙書瑞常與之交涉。

軍機處只允暫准居住　　九年三月（1859 年 4 月），互換批准書後，丕氏提出八點要求，第一點即係劃界。但軍機處的答覆，指出黑龍江左岸，只是奕山「暫准」俄人居住，吉林東部更談不到。俄國

在四月，也撤回丕氏，改派以了解亞洲人的心理出名的伊格那提業幅（Ignatief）為公使，往北京交涉。

第五節　北京條約

俄國索要土地　伊氏在五月初十日（6月10日），從恰克圖起程，到北京時，正在五月二十五日大沽戰勝聯軍之後。六月初，他向軍機處提出草約六條，要求烏蘇里江的土地。照會裡強調英、法可能來占東北地方，如地屬俄國，則中國東界，可保平安。伊氏以造謠方法來欺詐中國人，但軍機處亦了解俄人的戲法。回文說：「中國與俄國定界，自康熙年間，鳴礮誓天，以興安嶺為界，凡山南一帶流入黑龍江之溪河，盡屬中國，山北溪河，盡屬俄國，所定甚為明晰。至黑龍江交界應由黑龍江將軍與貴使臣木里斐岳幅商辦。其吉林所屬之處，並不與俄國毗連，亦不必議及立界通商。」對俄國為「我國防守」的「美意」，加以婉謝，「然若別國占據，我國自有辦法，今已知貴國真心和好，無勞過慮！」

中俄交涉　從這次交換照會後，六月二十三日（7月22日），肅順、瑞常和伊氏當面交涉。二十八日，伊氏照會要求按照俄國新測地圖，在北京定約分界，「不然，焉能得免侵占？」七月初一日，肅順照復嚴詞拒絕。表示俄國如不講理，除停止互市外，「即已經許借與貴國之黑龍江左岸闊吞屯、奇吉等處，」亦將不借與！至於「綏芬、烏蘇里江等處，是斷不能借與之地，貴國不可縱人前往，亦不必言及立界。」從夏季談到秋季，毫無結果。十一月十六日（12月9日），軍機處照會伊氏，告以烏蘇里江以東歸俄，吉林居民也不願意，這樣又拖延幾個月。

俄使表示決裂　咸豐十年四月初一日（1860年5月21日），伊

氏致送最後通牒，限三天答覆。軍機處毫不退讓，照覆說：「至烏蘇里、綏芬地界，因該處軍民人等，斷不相讓，屢次遞呈，現已開墾，各謀生業，萬不能讓與他人。經該將軍等將此情節，據實奏明。因恐貴國之人去到，該處人等不容，必致反傷和好。中國向來辦事，皆以俯順民情爲要，是以礙難允准。」俄使收到這照會後，宣佈交涉決裂，於四月初八日憤然離京。

　　俄使煽惑英法二使　不幸正逢英、法聯軍準備復仇，伊氏南下上海、香港挑釁，他向英、法公使，指責清廷頑固和不守信義，慫恿英、法進兵。卻被暫署兩江總督江蘇巡撫薛煥探得，奏報清廷說：「查俄國使臣忽然驟至，未審意欲何爲，連日亦未請見。當飭華商楊坊等密探，旋據報稱，……今因俄酋到此，極力慫恿英、法打戰，並云在京日久，述及都門並津沽防堵各情形，言之鑿鑿。諄告普魯斯（Bruce）及布爾布隆（Bourboulon）不必誤聽人言，二三其見，竟赴天津打戰，必須毀去大沽礮臺。和議方能成就。而普酋、布酋爲其所惑，主戰之意益堅。」清廷得奏，自然注意提防。

　　俄使乘機取利　六月初，英、法聯軍到大沽口外，伊氏卻帶艦四隻先到。六月初四日（7月21日），清廷接到伊氏照會：「英、佛與中國有隙，願爲說合。」軍機處明知伊氏用心不良，含糊回答：「天朝並無失信於二國，又何勞貴國替中國從中調處？」伊氏見清廷不中計，遂指使法使葛羅由北塘進京的便利。七月十五日（8月30日），聯軍進天津，伊氏要求進京，軍機處回答他：「暫可不必，應俟英、佛二國換約事畢，再行進京可也。」八月二十三日（10月6日），聯軍進圓明園攻安定門時，伊氏又向恭親王奕訢要求，仍遭拒絕：「如果有意爲中國不平，亦必在外代爲調停；俟兩國之兵退後，即可照常來京。」但不幸八月二十九日（10月13日）聯軍攻陷北京，伊氏竟自動跟著進城。

俄使冒功　當時文宗逃往熱河，決定仍遵前約，以敦和好。伊氏卻告訴法使說是他力勸的結果。英、法兩國那時因義大利問題已弄得很緊張，加上天氣將冷，急需議和，速撤軍隊，以免夜長夢多，自願將賠款現銀由二百萬減到一百萬。因為我方不知其詳，伊氏又來冒功。

俄使索要報酬　英、法北京條約簽訂後，伊氏照會要求報酬。奕訢、桂良、文祥等人在九月十三日奏報，說出他們的看法：「臣等復思英、佛敢於如此猖獗者，未必非俄酋之慫恿。現雖和約已換，而夷兵未退，設或暗中挑釁，必致別生枝節。且該酋前次照覆，有兵端不難屢興之語。該夷地接蒙古，距北路較近，萬一釁啟邊隅，尤屬不易措手。」至於減銀的情形，他們也猜出可能是「預探此語，有意冒撞。而此次照會內頗有居功之意，心殊巨測。」他們耽心伊使挑撥，不得不委屈將就，後來英軍延遲幾天退兵，九月二十日（11 月 2 日）的奏疏，更顯得焦急：「英、佛兩夷之來，皆屬該使慫恿，儻或從中作祟，則俄夷之事一日不了，即恐英夷之兵一日不退，深為可慮。」於是忍痛犧牲，迅速解決。

中俄北京條約　九月二十三日，議妥中、俄北京條約。十月初二日（11 月 14 日）簽字，全文共十五款，與天津條約並行。條約最重要的是第一款，烏蘇里江以東地方割給俄國。另外還決定西北邊界原則，取得西北邊界地方。交界各處，准許無稅貿易。恰克圖、庫倫、張家口、喀什噶爾，與伊犁、塔爾巴哈台，均可行銷貨物，在喀什噶爾、庫倫設立領事官。璦琿條約和北京條約所損失地方之廣，面積達三百三十六萬七千六百七十九方里，或四十萬零九百十三方英里。比德、法兩國的本土只少六千五百三十一方英里！俄國不費一兵一彈之力，口口聲聲以中國的朋友自居，攫去了中國如此廣大的邊防要地。

第十章

太平天國與捻亂

第一節　大變亂的原因

大變亂的原因　嘉慶、道光兩朝的變亂，中國已呈現不安的狀態。可是到了咸豐、同治兩朝，太平天國和捻回的起事，以及各地如麻的小變亂，更使中國陷入全面大變亂的情勢。這一全面大變亂的原因，自然，在第五章第四節「乾嘉的盛極而衰」裡面，所指出的七事，如貪污的風行，吏治的腐敗，士風的卑下，軍隊的退化，財政的支絀，旗人生活的困難，民眾的不滿，當然是一部分的原因。除此以外，我們還可以找出更重要的三個原因：一是舊社會的循環套，二是軍政的惡化，三是外來的影響。

舊社會的循環套　從秦、漢以來，因為生產方法、和社會組織，從來沒有改變。所以一治一亂，循環相承。只要國家太平數十百年，人口增加，社會上一部分人的生活，慢慢地流於奢侈，一部人的生活，弄得貧無立錐之地，形成貧富不均的現象。這情形一天尖銳一天，直到釀成大亂為止。等到亂極思治，乘時而起的英雄或政治家，平定大亂，又復歸於安定。如此循環下去，所以我國有「三十年一小亂，一百年一大亂」的說法。

清朝治亂的過程　清朝初年，正當大亂以後，各地閭閻凋敝，域邑荒涼。可是人口忽然減少，謀生容易。順治、康熙、雍正三朝和乾隆前半期，清廷勵精圖治，政治很上軌道，生活很是安定，成為極盛時代。到了乾隆後半期，人口大為增加，土地分配不均，風氣日見奢華，前面所說七事，交相出現，弄得變亂疊起，這裡平了，那裡又起！所以乾隆五十九年，已加到三萬一千三百萬以上的人口，在嘉慶初年，反而減少了一千萬到四千多萬。到了道光元年（1821 年），又加到前所未有的數字，三萬五千五百五十四萬多。道光十四年，又破了四萬萬人

口大關，達到四萬零一百萬多。道光三十年（1850 年），洪秀全在金田村起義的一年，人口已加到四萬二千九百九十三萬多。這麼多人的生活，沒有適當的解決辦法，結果，引起了最嚴重的變亂。

軍政的惡化　軍隊的退化，吏治的腐敗，更進一步到惡化的程度。仁宗知道得很清楚，即位時上諭，曾加以指責：「內外文武，不能體上皇之柔懷，反通同為弊。出征之師，以負言勝，略一挫敵，則歷陳功績，冀膺上賞，其心已不可問。而況喪師辱國，罪豈尚可逭乎？久之內外蒙蔽，上下欺隱，匪亂屢作，殃及良民。武政之廢，將士驕惰，賴有上皇近臣，為之緩頰。日復一日，幾目朝廷法律，猶同兒戲。長此以往，國體何存？威信奚在？且查歷年兵部，軍糈一項，動輒鉅萬，究之事實，則皆執權者從而吞沒，輾轉盤剝，迨及士卒，只十分之一二，則國家坐耗巨餉，非養兵也，乃為權臣謀耳！」這是指權臣和珅而發的。可是和珅雖死，病根並未能清除。他又指責軍隊說：「我皇考臨御六十年，天威遠震，武功十全；凡出師征討，即荒徼部落，無不立奏蕩平。……從未有經歷數年之久，糜餉至數千萬兩之多，而尚未蕆功者。總由帶兵大臣及將領等，全不以軍務為事；惟思玩兵養寇，藉以冒功升賞，寡廉鮮恥，營私肥橐。……試思肥橐之資，皆婪索地方所得；而地方官吏，又必取之百姓。小民脂膏有幾，豈能供無厭之求？……伊等每次奏報打仗情形，小有斬獲，即舖敍戰功；縱有挫衄，亦皆粉飾其辭，並不據實陳奏。……軍營積弊，已非一日。」這樣的軍隊，稍有組織的叛亂，就難以平定。何況是震動全國的大變亂呢？

外來的影響　外國的貨物源源輸入，吸收中國資財；又輸入害人的鴉片，弱我種族，反而引起了鴉片戰爭，賠款割地，開放五口通商，銀兩大量外流，更使民窮財盡。接著又連續被迫締結不平等條約，清廷割讓土地，引起民眾普遍的不滿。基督教的深入內地傳佈，和舊有宗教

毫不相似，民眾視之，很有神秘之感。所以，洪秀全以來自西方的基督教相號召，用迷信的方式團結民眾，也從之如鶩了！

第二節　太平天國的興起

　　洪秀全的出身　太平天國天王洪秀全，是廣東花縣人，生在嘉慶十八年十二月初十日（1814 年 1 月 1 日），家庭世代務農。幼年向學，在縣城應童子試時，名次列在前面，但府考屢次不中。道光十六年（1836 年），第二次在廣州應考的時候，在街頭遇到基督傳教士梁發等人宣講，贈給他勸世良言等小冊子。第二年，他第三次應考失敗，精神受了很大打擊，回家病了四十多天，病中發生幻夢，昏迷中覺得上帝召到高天，授劍誅妖，又硃書：「天王大道君王全」，於是要當人王，改名秀全。開始宣傳基督教義，但都用自己的意思曲解。

　　拜上帝會　道光二十四年（1844 年），他和信徒馮雲山共三人，到廣西貴縣傳教，住了幾個月，收到信徒一百多人，轉回花縣。但馮雲山先已獨往桂平縣紫荊山，宣傳新教。到道光二十七年，竟得到信徒三千多人。組織拜上帝會，不拜他神。

　　廣西建立基地　道光二十七年到二十八年間，廣東、廣西地方大饑，流亡相屬，盜賊蠭起，大小有幾十股，官府難以平定。民眾自辦團練，官府也不過問，正給了拜上帝會發展的好機會。道光二十七年，洪秀全到廣西和馮雲山相會，擴大會務，燒炭工頭楊秀清，蕭朝貴，富豪石達開，監生韋昌輝，地主曾玉珍，鑛工秦日綱，都加入他們的組織，隱然奉洪秀全做領袖。當時廣西的官吏庸懦無能，不問地方治安，百姓們不安極了，加以饑民挨戶搶糧，紳商團練自衛，土人和客人的紛鬥；洪秀全等人就在道光三十年十二月初十日（1851 年 1 月 11 日），正值

秀全三十八歲生日，樹起太平天國大旗，秀全自稱天王，正式起事了。

占領南京　最初起事時只一萬多人，但不到一月，即加到三萬多人。清廷派向榮等軍進攻，都被太平軍打敗，勢力更盛。咸豐元年秋天，攻下永安州，制定朝儀；封洪秀全爲東王，蕭朝貴爲西王，馮雲山爲南王，韋昌輝爲北王，石達開爲翼王。清廷派賽尙阿督師，圍攻永安州。咸豐二年春天，太平軍突圍，進攻桂林，沒有攻下。夏天進攻湖南，馮雲山在蓑衣渡戰死。秋天，蕭朝貴在長沙陣亡。太平軍因爲圍攻長沙不下，清軍雲集，於是在冬天直攻湘江下流，在岳州得到吳三桂舊存的軍械，和五千多隻民船。十一月、十二月攻下武漢，但洪秀全未留官分守，補充實力後，咸豐三年正月，即行東下。沿路攻破九江、安慶、蕪湖，二月攻下南京，於是定都南京，改稱天京。歐、美各國在上海的使領官，紛紛報告本國政府，這是新興的革命運動。

太平軍發展的方法　太平軍起事時不過萬人，到南京時以百萬計了。由於他們對於一般民眾的宣傳，是宣述基督教義，解決生活。對於士大夫階級的宣傳，是鼓吹民族大義，報仇雪恥。所以有人參加。加上太平天國，對於軍民一律採用軍事組織，初期紀律嚴明，戰鬥勇敢，連得勝利，也使人勇於參加。他們又用強迫方法，裹脅群眾，再用軍事管理，所以人數增加得極快。

定都南京和出征　太平天國定都南京後，把總督署改建宮殿，故家大宅，改建各王的王府，大封官爵，當時欽差大臣向榮，一路從廣西追趕太平軍到了南京，就在城東駐紮，叫做江南大營。同時欽差大臣琦善，也從河南率領了直隸、陝西、黑龍江馬步等兵，進紮揚州，叫做江北大營。太平軍全不把他們放在眼裡。一方面派地官正丞相李開芳、天官副丞相林鳳祥北伐中原，出安徽，陷鳳陽，再從歸德攻開封，破懷

慶。西北入山西，又回到直隸。一方面又派春官正丞相胡以晃，夏官副丞相賴漢英，力爭上游，再陷安慶、九江、武昌、漢陽，接著又南下岳州和湘陰。

太平天國的制度　洪秀全不管舊制度的好壞，一概廢除，頒行新的制度。重要的有：一、頒行天條，略仿摩西十誡，禁止淫殺，民眾如犯天條，便要斬首。二、宣講道理，每七天一禮拜，讚美上帝，在各處設立講壇說法，官民都可入聽。三、實行新曆，一年三百六十六日，單月三十一日，雙月三十日，只有閏日，沒有閏月。四、設定官制，王分一二三四等，五等列侯，六等丞相，下有三十六檢點，七十二指揮，一百將軍。後來王封得太多，竟有列王一級。其他官員也濫加封賞，超過規定數目。五、設定兵制，每一軍一萬三千一百五十六人，內一萬二千五百人為兵卒，其餘為軍官。由軍帥統領，另有總制、監軍，負監察責任。下分五師帥，每一師轄五旅帥，每旅帥轄五卒長，每卒長轄四兩司馬，每兩司馬領伍長五人，伍卒二十人，共二十五人。六、男女平等，政府有女官，軍隊有女營。還規定男女有同等應試機會，曾經開男女科考試。七、除去陋習，禁鴉片，戒飲酒，廢止奴婢娼妓，不許蓄妾纏足。八、注意外交，請美教士羅孝全主持外務，擔任外務丞相，忠王李秀成也聯絡外人。九、公產制度，禁止財物私有，一切收入，都要繳入「聖庫」。上下都稱兄弟。十、創立天朝田畝制度，對於土地，計口授田，每年收入，除一歲的食糧外，多的全部歸公。但這一制度，並未實行。

制度的不合理　依照前述的次序，可以指出：太平天國的宗教，是和基督教不同的上帝教，只拜上帝，其他神佛孔孟廟宇，一概燒燬。曆法以立春為歲首，不中不西，不陰不陽，不合科學，無法實行。政治

則官階重疊，繁瑣而無效率。又假託上帝附體，造成一種荒誕的巫術統治。極端專制，動輒處死，民眾迫於淫威，日處恐怖狀態。軍隊組織嚴格，且有條理，以強迫裹脅之嚴刑峻法來維持。社會則嚴禁男女接近，拆散家庭。諸王又廣置姬妾，弱女亦做苦工。雖然實施男女平等，亦無補於婦女的不滿。對外妄自尊大，失去外人同情，反而為敵所用。經濟一切歸公，在使貧富都沒法自存，俯首貼耳，任憑控制。賦稅和以前比較，更多更重。對文字稱謂的忌諱極多，也有改變。總之，洪秀全所施行的，是一個迷信恐怖而不合理的極權制度。

第三節　太平天國的敗滅

曾國藩練新軍　嘉慶年間的平定教亂，大部分靠鄉勇的力量。太平軍發生，清廷又派了許多大臣辦團練。咸豐二年（1852 年），曾國藩在故鄉湖南湘鄉丁憂，以在籍侍郎身份，奉命督辦團練。他主張經世致用，是一位講求義理的學者。雖然不滿現狀，卻反對無計劃的全面推翻，而應作有秩序的改良。他反對太平天國的殘暴狂妄，以禮義名教來激發士大夫，以忠臣廟宇來激發農民，大家群起響應。他以書生農民為基幹，創立一枝新軍，就是湘軍。湘軍的精神是不怕死，不要錢，重訓練，重團結，人人注意忠義廉恥。兵將如同一家，糧餉接濟充裕，有一錢則練一人，練一人即得一人之力。這枝軍隊，便成了對付太平軍的主力。

討洪楊檄文　曾國藩不談民族問題，只擁護中國文化，他在討賊檄文指出太平軍的殘暴，破壞社會秩序，名教人倫，使得各業不能安生。「舉中國人倫，詩書典則，一旦掃地蕩盡，此豈獨我大清之變？乃開闢以來名教之奇變。我孔子、孟子之所以痛哭於九泉，凡讀書識字又焉能袖手坐觀？不思一為之所也！……所過州縣，先毀廟宇，即忠臣義

士，如關帝、岳王之凜凜，亦污其宮室，殘其身首，無廟不焚，無像不
滅，此又神鬼所共憤，欲一雪此恨於冥冥也！」他的主張，得列大多數
人的同情與擁護。

湘軍東征　湘軍最初編練水陸軍員弁兵勇共一萬七千多人。咸豐
四年（1854 年）三月，奉命援鄂，苦戰幾月後，擊敗太平天國的西征
軍，肅清湖南，克復武漢，大勝於鄂東，進圍九江、湖口。太平軍謀進
占上游，五年，又攻陷武漢。清廷任胡林翼為湖北巡撫，選用賢能，清
除匪類，籌餉練兵。曾國藩苦守南昌，相互支持。六年十一月，收復武
昌。八年四月，李續賓、彭玉麟克九江。李續賓進軍安徽，十月，被太
平軍陳玉成、李秀成部大敗，李續賓戰死。太平軍又大舉西征，曾國藩
困守皖南祁門。十一年八月，曾國荃苦戰，攻入安慶。同治元年陳玉成
失敗，被捻眾驅執清軍而死。

太平軍和清軍苦戰　在湘軍初起的時候，向榮率領的綠營軍，尚
能作戰，追趕太平軍到了南京，在城外紮營，號稱江南大營，和太平軍
對峙三年。到咸豐六年（1856 年）五月，竟被太平軍攻破。解除南京
之圍。可是北征的太平軍，卻在咸豐五年，被消滅於北方。西征的太平
軍，又受挫於湘軍。太平軍的形勢，並不太利。

太平軍內訌　更不幸的是咸豐六年，南京城內，太平軍發生內
訌。他們的內訌，由於洪秀全智識太差，無能駕馭群雄所致。楊秀清是
機詐的人，並無才德，洪秀全使他獨掌大權，其他各王均須聽命於他，
還要對他跪拜。原是同盟結義的兄弟，竟儼然是副領袖，自然令人不
平。秀全自己深居宮中，務求享樂，朝政都委之於楊秀清，人人只知道
有東王，連天王都丟在一邊了。於是韋昌輝殺了楊秀清，石達開心懷不
平，韋昌輝又殺了他的家眷。專橫一如東王，洪秀全又將他設法殺了。

想聯絡石達開，石達開知道事無可爲，咸豐七年，他別樹一幟，奔馳江南。最後入川，被駱秉章圍困就擒。以後天王疑忌外臣，寵信胞親，朝政混亂，軍紀敗壞，群眾都解體了。

互相起伏的局面　向榮失敗以後，清將和春、張國樑又重振江南大營，威逼南京。咸豐十年（1860 年）閏三月，李秀成又攻破江南大營，和、張二將敗死。太平軍長驅而東，連下常州、蘇州。杭州也早在二月間攻下。有了江南的資源，又延長了洪秀全的政權。清廷也在這時，授曾國藩爲兩江總督，並擔任欽差大臣，督辦江南軍務，統籌全局。他派左宗棠攻取浙江，李鴻章東援上海，曾國荃進圍南京，戰局已轉到主動的地位。

外人看太平天國　太平軍初起時，英、美對它抱有希望。太平軍占領南京以後，英國駐華公使兼香港總督前往視察，發現天國當局知識幼稚，態度傲慢，美、法公使去觀察，也沒有好的批評，從此外國很少和太平天國有何來往。中、英訂天津條約以後，英使額爾金到長江調查開埠情形，看清太平天國沒有組織和紀律，必難成功。清政府區域卻有秩序，尚可通商。爲了實現早日得到條約上的權利，轉而幫助清廷。

外軍的助戰　咸豐十年（1860 年），李秀成進攻上海，英、法軍爲了保護在上海利益，幫助清軍擊退太平軍。英國又警告太平軍，不得進攻上海、鎮江、九江、漢口等商埠。同治元年（1862 年），李秀成連續攻上海，仍被英、法軍擊退，而且奪回上海外圍的嘉定、青浦、奉賢等縣，穩定了江南戰局。浙江方面，太平軍一度占領浙江寧波，也被英、法海軍擊退，奪回附近的餘姚、慈谿等縣。

李鴻章平吳　以後，英、法軍未再參戰。另有美人華爾（Ward）在上海編練常勝軍，外人任軍官，華人任士兵，在上海參戰。初名洋鎗隊，只有四、五百人，漸加到四、五千人。後來華爾陣亡，改由英人戈登（Gordon）率領。安慶收復以後，曾國藩派李鴻章招募皖北鄉勇，成立淮軍。同治元年三月，由英國輪船運往上海，請外人訓練，使用洋鎗。李鴻章亦出任江蘇巡撫。同治二年，淮軍會同常勝軍，攻下蘇州、無錫。第二年，攻下常州。

左宗棠平浙　法人在寧波，編練常捷軍，在寧波附近參戰，曾攻下紹興。後隨左宗棠作戰。左宗棠在咸豐十一年（1861 年），領軍東援浙江，收復浙西各地。同治二年（1863 年）正月間，克復浙東各地，三月，清廷授左宗棠閩、浙總督兼浙江巡撫。他會合常捷軍收復富陽。第二年，收復杭州、湖州，浙江完全平定。左宗棠也轉入閩省。同治四年，因為掃平太平軍餘黨，又奉命到廣東作戰。

曾國荃下南京　同治元年，曾國荃包圍南京，李秀成全力解圍，仍被擊敗。南京外圍據點，紛紛落入清軍之手。洪秀全最初崇拜上帝，本是利用神權。在天京被圍期間，竟轉成瘋狂的迷信，到同治三年（1864 年）四月，自殺而死。幼主洪天貴福繼位。湘軍日夜猛攻。六月，天京陷落，十多萬人死去，李秀成被俘而死。擾偏十九省，（加上今日的西康省，當時尚未設省。）攻破六百多城，死人五千萬以上，歷時十五年的太平天國，就此敗滅。

餘黨的消滅　天京沒有淪陷以前，李世賢和汪海洋率領所部西走江西，轉戰福建、廣東。幼主逃出天京，想會合李、汪二軍，沒有成功，被捉處死。李、汪兩部，到同治四年（1865 年），被左宗棠等人平定。另一枝太平軍，由陳得才率領，轉戰中原和西北，大部分被僧格

林沁所消滅，小部分在甘肅敗滅。還有一部分，折回河南、安徽、湖北邊界，和捻匪合流。

太平天國失敗的原因　太平天國的極權統治，專制殘暴，愚妄荒謬。西教色彩太濃，違背傳統文化，天理人情；愈到後來愈加劇烈，遭致全國人的反對。加上所建制度，多不合理。天國領袖，大多缺乏學識素養，腐化專制，階級森嚴。軍事是戰略失策，不守城池；後期軍紀蕩然，殘害民眾。政治是毫無政略，好一點的措施，後期大多違反無遺。對外是不明大勢，引起外人不滿。這些都是失敗的重要原因。

太平天國的影響　重要的如：一、道光以前，無論中央長官，地方大吏，中央則大權多操在滿人，大吏極少漢人。但經過這次戰事後，漢人得以重用，政權漸移到漢人手裡。二、湘軍多由私人招募而來，也由私人指揮訓練，士兵只知道帶兵的長官，不知道有國家。好在曾國藩和湘軍將領，多係道德之士，大功告成，立即解散。然而李鴻章訓練的淮軍，將領的學問，略差於湘軍，於是形成私軍制度。袁世凱和以後的北洋軍閥，就是從淮軍脫胎的。三、湘軍解散以後，不願歸農，參加哥老會組織，加強了日後革命的力量。四、外人勢力因此次戰事而加強，外國人操縱租界行政，設立會審公堂，海關也由外人掌管。五、大亂之後，社會凋蔽，民生疾苦，國力因而大損。至於太平天國實行的公產制，男女平等等制度，其最初的用心本佳，但從未徹底實施。高級人員且不遵守奉行，徒增民眾反感，所以沒有發生多大影響。

第四節　捻亂的起滅

捻匪由來源　當太平軍占據江南的時候，淮北一帶又發生了捻匪之亂。捻匪騷擾的範圍，是山東的兗州、沂州、曹州；河南的南陽、汝

寧、光州、歸德；江蘇的徐州、淮陰；直隸的大名；安徽的盧州、鳳陽、潁州、壽州；湖北的襄陽、隨州一帶。相傳在康熙年間，鄉人因為賽神驅疫，紮紙燒脂，做成龍的樣子，叫做拜捻。後來遊民聚集起來拜捻，越聚越多，到處報仇嚇財，擄人勒贖，行動等於強盜，又有人稱為捻匪。

清廷不重視捻匪　嘉慶年間，河南巡撫奏定豫捻結夥三人以上，比照回民例加等處罪。山東也有處罪辦法。當時的處分很輕，因為清廷以為捻匪只是跳梁小醜，算不了什麼大逆叛徒，那知後來竟愈鬧愈大了。

捻匪的大起　咸豐元年（1851年），太平軍聲勢漸大，清廷下令嚴捕盜匪，捻匪大起。咸豐三年，太平軍北伐，捻匪聲勢更大。先後起事的捻首很多，張洛行和李兆受兩股最兇。咸豐四年，李兆受投降清軍，改名昭壽。咸豐五年，張洛行以安徽蒙城、亳州為根據地，北犯河南歸德府，和太平軍聲援，李昭壽仍復叛清。欽差大臣副都御史袁甲三和都統勝保，先後常打敗洛行。咸豐八年，勝保又收降了李昭壽，改名世忠，參加平捻。咸豐十年，清廷命僧格林沁平捻，僧格林沁急功負氣，想一戰消滅捻眾，但連遭失敗。後雖打敗捻眾，但仍無法肅清。

通捻的練匪　當時有一個鳳臺生員叫做苗沛霖的，本是團練長，暗地裡卻通捻。後來因為和當地的豪族孫家泰作對，實行仇殺，糾眾占據壽州。他個性陰險。咸豐八年（1858年），曾受清廷川北道的官職，但又受太平天國的封號——平北王。同治元年（1862年），英王陳玉成兵敗投他，他誘捉送往清軍。從此自恃功高，異常驕縱。同治二年，又復背叛，部下騷擾民間，大家稱為練匪，旋即被僧格林沁消滅。

僧格林沁的剿匪　起初，捻匪雖經過袁甲三的到處奔剿，只是招降少數捻首而已，江蘇、安徽、河南的三角地帶，始終是他們的老巢。不久陝西、山西一帶也被騷擾，所以清廷責成僧格林沁專門剿捻。捻匪自從同治二年張洛行被捕殺後，餘眾由他的姪兒張宗禹（一作總愚）率領。和任柱、牛洪、賴文光，號稱四大首領。同治三年，太平軍失敗時，扶王陳得才，也率眾參加捻匪，分擾湖北長江以北一帶。同治四年，捻匪大舉進攻河南，僧格林沁督兵力戰，兵士雖勇敢而無節制，民眾痛恨。戰爭雖得勝利，路上常遭埋伏，損失良將不少。他又孤軍苦追，在曹州被捻匪打敗，退守空堡，夜間突圍被攻，身受八處創傷而死，幾乎全軍覆沒。

曾國藩的圍捻　清廷看到僧格林沁戰死，即命兩江總督曾國藩，督辦直隸、山東、河南三省軍務，主持剿捻，曾國藩定下圍剿辦法，先在四省十三府地方，設置四鎮總兵，互相應援，並編練馬隊，到處攔頭迎擊捻匪。戰術上爭取了主動。又在山東運河東岸，沿堤築牆，派兵防守，當時參加剿捻的湘、淮軍，有八萬多人。同治五年冬，竟有大股捻匪衝破長堤，跑到山東，捻匪分成東西。曾國藩引咎辭職，清廷命回本任，改派李鴻章任欽差大臣，專辦剿捻事務。

李左的平捻　同治六年（1867年），淮軍劉銘傳部連續在江蘇山東打敗東捻，任柱、賴文光都被殺，東捻平。西捻由張宗禹率領，竄入陝西，後又竄到山西，再入河南，轉進直隸南部，北京戒嚴，李鴻章、左宗棠的軍隊雲集，清廷派恭親王奕訢節制，督神機營兵會剿。張宗禹從天津擾滄州南下，淮軍在後面趕到荏平，張宗禹投水死。西捻平。清廷封劉銘傳為男爵。李鴻章、左宗棠等人都有封賞。不過有人說這一役劉松山的功勞很大，但非淮軍，沒有封賞；時人很為不平。

第十一章

回亂與俄侵西北

第一節　雲南與西北的回亂

邊地多動亂　咸豐、同治年間，除太平軍和捻匪外，各地變亂不已。山東、直隸有數次的教亂。廣東、廣西、福建、臺灣，有天地會的起事。四川、陝西有雲南匪亂的流竄。而貴州的苗亂和教亂，咸豐五年（1855年），發生於黔東，清廷因無力過問，到同治十一年（1872年），始告平定，前後十八年。然而其中最嚴重的變亂，還是雲南和西北的回亂。

回部與回教　阿拉伯的天方教，唐朝開始傳入中國。因為西北回部信仰天方教，所以又稱回教。清代初年，西北一帶回部人口日繁，曾經屢次大變，像乾隆年間的大、小和卓木之亂，以及道光年間的張格爾之亂，都費時很久，纔告平定。

回部多糾紛　為什麼回部常常發生糾紛？因為他們信仰回教，風俗與內地不同，教徒們不願和漢人共烹調，不願通婚姻，團結力又堅。碰到一點小小的糾紛，往往發生很大的爭鬥。他們的民風如此強悍，而清廷所派去的官吏，又以為天高皇帝遠，胡作非為的份子居多。加以漢、回交惡，回民積怨深了，忿而殺掠，官吏只好敷衍，名為招撫，以求無事，問題反愈形嚴重了。

雲南的回亂　咸豐朝的回亂，首先發生於雲南，原來在雲南一帶，也有許多信仰回教的人。咸豐五年（1855年），因為清廷忙於應付太平軍事，雲南的軍隊，又已前往貴州征苗，回眾紛紛崛起。尤以杜文秀占據了大理府，蓄髮易服，設官分職，聲勢浩大，地區日見擴張。還聯絡緬甸，收買洋鎗。清廷應付維艱，連換總督、巡撫，仍無辦法平定。

　　馬岑的合作　同治元年（1862 年），清廷派潘鐸為雲貴總督，省城的回眾竟殺害了總督，並擁掌教馬德新為總督。幸好巡撫徐之銘所招撫的回酋馬如龍，勇敢善戰，還有代理布政使岑毓英，與如龍合作，打退回眾。清廷重新任命總督、巡撫，無法到任，雲南有幾年竟同化外。後來之銘臨死，力保馬如龍、岑毓英兩人，必可負責平亂。

　　雲南回亂的平定　果然，經過馬如龍、岑毓英兩人合作，東部完全平定。同治五年（1866 年），新總督勞崇光到任，派遣如龍主持西部軍事。但一度失利。同治八年，湘軍到達雲南，毓英策動杜文秀部反正。毓英、如龍軍事順利，連克各城。同治十一年冬天，進攻大理，杜文秀服毒自殺。第二年，雲南回亂平定。全省的人口，經過十八年的變亂，從六百五十萬減到三百萬。

　　陝甘的回亂　雲回雖然平定，陝西、甘肅、新疆的回亂依然未息。陝西的回亂，發生很早。同治元年（1862 年），捻匪竄入陝西，回勇四逃，發生劫掠，漢民聚集抵抗，殺了兩名回勇。回勇糾合當地回民報仇，回、漢民發生激烈鬥爭。回民竟至把團練大臣張芾殺了；到處殺害民眾，乘機作亂。同治二年（1863 年），甘肅回民也起而響應，攻陷城市。這時雲南四川匪群，也在陝西流竄。清廷派多隆阿討伐，平定了幾股，但多隆阿也戰死。同治五年，曾國藩檄調劉松山的老湘營和鮑超的霆軍西援，但只有劉松山一軍西來，且只負責進討捻匪，無暇進攻叛回。

　　陝甘回亂的平定　同治五年（1866 年），清廷調閩浙總督左宗棠為陝甘總督，同治六年秋，到陝西部署軍事，但因追剿西捻，一度停頓。等到捻亂平後，纔平定陝西的回亂。同治八年（1869 年），左宗棠指揮各路軍向甘肅回軍進攻，攻下慶陽、金積堡、涇州。遣劉松山一

軍攻寧夏、靈州。另一枝攻秦州，宗棠自己也進駐平涼。同治十年秋，黃河以東，漸次平定。同治十二年（1873年）春，西寧、肅州，也先後平定。回首白彥虎逃往關外。甘肅回亂平定。前後五年，死人無算。

新疆北路的回亂　同治三年（1864年），因陝甘回亂的影響，新疆南北路一齊發生回亂，陝西回教中的阿渾妥明，祕密偷出嘉峪關，而到烏魯木齊（即今迪化年），和前甘肅提督索文的兒子索煥章，舉兵占據烏魯木齊、綏來、阜康、昌志諸縣，自稱清眞王，南路庫車回族也興兵相應。當時伊犁將軍明緒擬借俄兵助平回亂，清廷也准許可仿借英、法兵力剿太平軍的先例辦理，但不可主客勢殊，以免失計，不過俄人存心觀望，想待機謀利，始終不肯商談具體援助辦法。同治五年，別枝回軍，攻下伊犁和塔城（塔爾巴哈台）。除了鎮西、哈密，全疆已完全失陷。

新疆南路的回亂　天山南路方面，又有回教徒金相印在喀什噶爾起事；並向浩罕乞援。浩罕派張格爾之子——和卓木布土爾克爲主，阿古柏帕夏爲將，進兵喀什噶爾，布土爾克稱王。同治六年（1867年），布土爾克被阿古柏帕夏逼走，阿古柏帕夏當了南路首領。阿古柏帕夏本是個舞童，美豐姿，善跳舞，做了浩罕國的將軍。後來他和北路的漢人徐學功勾結，進攻烏魯木齊，妥明走死。阿古柏帕夏便併了北路，獨霸新疆。自立爲王，稱畢調特勒汗。白彥虎逃到新疆，也和他聯合。他很有一番手段，買鎗礮，練新軍。和土耳其等回教國，聲氣相通。又用通商政策，取好英、俄二國，與俄國竟訂了通商條約。

英俄虎視新疆　這時英國從印度發展，俄國要開拓中亞細亞，都注視新疆這塊地方，想利用回亂，進行侵略，俄國首先占據伊犁一帶地方，英國也代阿古柏帕夏請求冊封。天山南北路，竟成了外人角逐的天下。

紛紜的朝議　當時朝議，如恭親王奕訢主張調集軍隊，穩紮穩進，規取瑪納斯，進復烏魯木齊，然後收回伊犂。李鴻章因爲阿古柏帕夏聲勢浩大，而且新疆幾次亂事，無不勞師糜餉。又處英、俄交爭情形之下，新疆種族複雜，交通不便。不如暫時不管西北，棄地分封。

海防論　同治十三年（1874年），因爲日本派兵侵擾臺灣，海防引起了全國的注意。李鴻章爲了籌劃海防，主張力保東南。與其拿大筆錢遠征新疆，不如添購軍艦，先求東南的安全，再徐圖解決西北問題。他上奏說：「論中國目前力量，實不及專顧西域，……曾國藩前有暫棄關外專淸關內之議，殆老成謀國之見。……但嚴守現有邊界，且屯且耕，不必急圖進取。」

陸防論　光緒元年正月，左宗棠奉命督辦新疆軍務，他周密計劃，預籌糧食，穩紮穩打，準備繼續進攻新疆。淸廷徵詢他的意見，幸虧他力主進攻。上奏說：「重新疆所以保蒙古，保蒙古所以衛京師。俄人拓境日廣，由西而東萬餘里，與我北境相連，僅中段隔有蒙古，徙薪宜遠，曲突宜先。」又說：「臣一介書生，高位顯爵，爲平生夢想所不到，豈思立功邊域，覬望恩施？況年已有六十有五，日暮途窮，乃不自忖量，妄引邊荒艱鉅爲己任，雖至愚極陋：亦不出此。而事固有萬不容己者！」

淸廷的決定　他二人的主張，左的識見遠大，議論激昂。李則顧及現實，先其所急。都有其理由。沿海的各省督撫，除主張大興海軍，整頓海防外；都認爲俄國是心腹之患，不可不防。但事實上李是想省西征的錢，用在海防上面。其實淸廷如有決心整頓海防，省不急的興建，仍是可以設法的。不過淸廷對兩人的意見都採納了，海防固然注重，新疆也不放棄。決定先全力解決西北問題。

左宗棠平新疆　清廷為西征籌款，並允許左宗棠借英國匯豐銀行款項。他把軍餉、食糧、運輸問題一一解決後；七萬大軍，在光緒二年（1876年）出關，大營設在肅州，劉錦棠、張曜為主將。西進途中，非常艱苦。先進攻天山北路，擊敗白彥虎，攻克迪化（烏魯木齊年）。第二年，張曜收復吐魯番，北路平定，阿古柏帕夏服毒自殺。劉錦棠在南路也大獲勝利，阿古柏帕夏長子伯克胡里和白彥虎，無力抵抗，冬天，逃入俄境。餘眾或被捕或逃散，新疆全告平定。為免強鄰侵略，光緒十年，普遍設立府縣，正式建為行省。

第二節　俄侵西北藩屬與邊地

俄國的鉗形侵略　新疆的回亂，引起了俄國侵占伊犁，這已是登堂入室的侵略行動。因為中國西北的許多藩屬，已被俄國吞併不少，俄國對中國的侵略，是像鉗子一樣，東西並進。清朝初年，俄國就已窺視西北。清康熙年間，俄人幫助過準噶爾的叛亂。從此以後，侵略的行為，從未停止。

中國西北的形勢　現今黑海、裡海、鹹海一帶的地方，中國蒙古朝時代，北屬金帳汗國，南屬伊兒汗國。阿姆河以東，新疆以西，則是察合台汗舊土。後來帖木兒興起，建都撒馬爾罕，統一了以上各國，成為中亞之主。帖木兒雖是蒙人，但對回教文化很有建樹。十五世紀中葉，帖木兒漸衰，西部漸漸分立。最東部則有月即別、瓦剌、和準噶爾部先後興起，察合台的子孫也在南路建立喀什噶爾王國，統一於中國。這幾部的西北面有哈薩克，其南安集延一帶有布魯特，明時屬於月即別部，後來由準部控制，都是操蒙語而奉回教，這兩部在清乾隆兆惠平定新疆後，王公台吉都授以二品到七品的頭目，列於中國版圖之內。至帖木兒帝國本部，在現今的中亞細亞一帶，於明孝宗弘治十三年（1500

年）左右，裡海北面的月即別部南下撒馬爾罕，奪布哈爾，建立布哈爾汗國，並把帖木兒五世孫八八兒趕走。八八兒在印度創莫臥兒王朝。月即別汗國的遠族，又滅基華，建立基發汗國。到十八世紀初，察合台汗國的遠孫，又在浩罕建立浩罕汗國。從康熙、雍正、乾隆三朝，對準部用兵，西部全定以後；自哈薩克、布魯特以西，波斯以東，都自請內附，成為中國的屬國，經常朝貢，中國尊重他們的自治，必要時並予以保護。

　　俄侵西北藩屬　康熙五十六年（1717 年），俄國首先侵略基發未成。道光十四年（1834 年），俄國征服布魯特。二十年（1840 年），中國正忙於東南海疆問題，俄國占領哈薩克。二十二年，布哈爾進攻浩罕，自然更有利於俄國的侵略。俄國在克里米戰爭失敗以後，俄將高福滿（Kaufmann）於同治三年（1864 年），進攻布哈爾、浩罕三城。四年，占領浩罕的塔什干。五年，又進攻布哈爾。六年，在塔什干設立土耳其斯坦總督。七年，古都撒馬兒罕陷入俄手。布哈爾受俄國保護。同治十二年（1873 年），俄國三路大軍攻基發，土克曼族消滅殆盡，餘眾逃亡中國。光緒初年，浩罕、基發、布哈爾，一齊被俄國所滅。光緒十年（1884 年），小部落蔑甫被迫降俄。中國在西北的藩屬，全被俄國吞併。全部土地，就是現今俄屬中亞，所謂哈薩克、吉爾吉思（即布魯特年）、烏孜別克（即月即別年）、土克曼和塔吉克五個共和國的地方。

　　俄國要求新疆通商　先是，俄國的勢力已接近中國大西北時，俄國就不斷地要求在中國西部通商。道光三十年（1850 年），地方官擬照屬國哈薩克例與俄國通商，清廷因為俄國是海邦大國，未便照哈薩克章程相待，飭伊犁將軍奕山通知俄國，派大員妥議章程。咸豐元年八月（1851 年 9 月），訂立伊、塔通商章程十七條。這條約規定開放伊犁、

塔爾巴哈台兩處試行貿易。為表示兩國和好，互不抽稅，特准俄商可以在兩處指定地點，蓋造需用房屋，以便存貨，並自由禮拜。中國給與俄國種種的方便，不料俄國竟以為侵略活動的據點。俄人看到中國未過問中亞細亞屬國的事，於是在大西北展開了如前所述的侵略行動。

俄國在新疆擴大權利　咸豐八年（1858 年），俄國趁中國對英、法交涉的危急，迫訂了天津條約，提出西北劃界的要求。咸豐十年（1860 年），又趁英、法再度和中國訂約的機會，再訂了北京條約，決定東北西北疆界，並開放喀什噶爾為貿易地點，可設領事。俄商可以不拘年限，到中國通商地點游歷。同治元年（1862 年），在北京又訂立「中、俄陸路通商章程」，規定俄國在蒙古、新疆兩處邊界百里內，貿易不納稅。

西北劃界的爭執　根據中、俄北京條約第二條：「西疆在尚未定之交界，此後應順山嶺大河之流，及現在中國常駐卡倫等處」為界的規定，當同治元年閏八月（1862 年 9 月）雙方代表開勘界會議時，俄使竟要求將「常駐卡倫」以外的土地，歸入俄國。因為卡倫，有常設、移設、添設的分別，原為禁止游牧人私自出入，夏秋時常有移動，並無界址，最近的離城不過數十里，卡倫以外的遠處，還有乾隆年間的界碑，但因北京條約立約時的錯誤，竟成為爭執的焦點。受命劃界的大臣烏里雅蘇台將軍明誼嚴辭拒絕，俄使竟悍然回國。第二年春天，明誼通知再來會議，俄國卻在夏天，派軍隊闖入博羅胡吉爾卡倫，向中國軍營施放大礮。又嗾使哈薩克人內犯。以後又連續發生俄人越界耕種畜牧建屋的事情。

訂立界約　同治三年五月（1864 年 6 月），新疆回民占據庫車、綏來、烏魯木齊等城，伊犁戒嚴。秋天，俄兵數十人侵入邊境卡倫，並

有教士建立教堂。伊犁發生騷動，俄兵又占據博羅胡吉爾卡倫。勘界大臣明誼擔心如再遷延劃界問題，怕別生枝節。只得照會俄國分界大臣，願照俄國分界議單辦理。九月初七日（10 月 7 日），遂在塔爾巴哈台簽訂界約十條；亦稱「中、俄勘分西北界約記」。

　　豎立界牌　　按照界約規定，自定議換約日起過二百四十天，是兩國立界大臣會齊立界牌鄂博的時間，但因回亂擴大，伊犁和塔爾巴哈台，也在同治五年，被亂軍攻陷。立界牌工作，無法進行。到同治七年，俄國駐華公使照會總理衙門速辦，清廷於是命疆吏趕緊辦理。同治八年，決定分烏里雅蘇台、科布多、塔爾巴哈台三路分別查勘立界。同治八年五月十五日（1869 年 6 月 24 日），簽訂烏里雅蘇台邊界牌博約誌，八月初四日（9 月 9 日），又簽訂科布多邊界牌博約誌。塔城則因尚未收復，未能立界，俄人竟自行立界四處；同治九年十二月（1871年 2 月），清廷派員會同俄官建立牌博。西北的劃界工作，方告完成。

　　失地的面積　　這一次的劃界，和舊界比較，損失土地一百三十九萬七千方里。連同哈薩克的三百二十六萬方里，布魯特的四十萬方里，布哈爾的三百零七萬二百方里，浩罕的九十二萬方里。和一些小地方，加上後來的劃界和帕米爾失地，當在一千萬方里以上。數字之大，實為驚人。所謂「日蹙百里」之說，真不虛假。

第三節　俄占伊犁的交涉

　　俄國強占伊犁　　伊犁是新疆軍事形勢和經濟精華所在，俄國趁新疆回亂機會，於同治十年五月十七日（1871 年 7 月 4 日），派七河省巡撫高福滿率領軍隊，驅逐回軍，占據伊犁城。七月十三日，駐京俄國公使倭良嘎哩（George Vlangaly）派員告知總理衙門，俄國已代為收

復伊犁。清廷因亂阻隔，無從得知眞相，又聽到俄人有派兵收復烏魯木齊之說，更感焦急。明知俄人代收城池，不肯輕易交還。但也不得不在七月十七日，諭令署伊犁將軍榮全，前往伊犁，向俄國交涉收回城池，妥籌佈置。同時寄諭左宗棠，令劉銘傳迅速出關，籌劃收復新疆，以免俄國擴大侵略。

　　俄國設法延長回亂　俄國在表面上，曾通知清廷，一俟中國平定回亂，即可交還伊犁。所以除在伊犁一帶積極建設、移民，實行久據目的外，並設法延長回亂，使諾言永不兌現。所以俄國對阿古柏帕夏，加意勾結，阿古柏帕夏自然落得聯絡。同治十一年春，俄政府應阿古柏帕夏的邀請，派男爵哥爾巴爾斯，調查回疆情形，和阿古柏帕夏交涉，在四月二十七日（六月二日），簽訂商約五條。俄國承認阿古柏帕夏是回籍首領。阿古柏帕夏承認俄人在回疆有商務獨占權，俄國貨入口，只值一百抽二點五的稅率。阿古柏帕夏又遣使者報聘，在俄京聖彼得堡，受到上賓的招待。

　　地方官的交涉　伊犁將軍榮全奉令交涉，數次通知俄方開議，俄方不理。總理衙門催促俄使電請本國派員會商。可是同治十一年四月十三日（1872 年 5 月 19 日），榮全始和俄國官員在色爾賀鄂普勒地方會面，俄使提出與伊犁交收無關的許多要求，榮全不能接受，交涉停止。

　　北京的交涉　五月二十九日（7 月 4 日），清廷令總理衙門大臣在北京與俄公使交涉，但俄使六月十三日的回覆：表示俄國的收復伊犁，是爲了邊界安寧；如交還後再行滋事，又要動兵，有何益處？並提出和俄官向榮全所要求相同的事項。總理衙門大臣讓步，表示先將伊犁交還，儘可商議，但俄使卻要先議後交。總理衙門大臣又表示：「中國

不得執定交伊犁後再議各事，俄國不能執定妥議各事再交伊犁。」願意同時進行，但俄公使仍不讓步。

俄國野心畢露　十一月初六日（12 月 6 日），榮全的奏報到京，內稱接到俄官來文：「伊犁所屬土耳其扈特遊牧，西湖晶河大河沿子居民，均歸該國；西湖各村，中國不可派員前往。」總理衙門大臣認清「該國，既於伊城遂其鳩居之計，復於各處冀為蠶食之謀，其心殊為叵測。」至於和俄使的交涉，「揆其情跡，則該使臣與各俄官所為，實屬兩相印合，肆意譸張。第各俄官出之以強橫，而該使臣應之以堅韌，伎倆各殊，而眼光所注則一。所商先議諸事，無論持議在前，斷難遂其覬覦！……至現在情形，原非筆舌所能有濟，」只有調集軍隊，穩紮穩進。進復烏魯木齊，纔可以亡羊補牢，完璧歸趙！

遣使赴俄交涉　光緒四年（1878 年）春，新疆全部平定，中國要求俄國，實現交還伊犁諾言。當總理衙門大臣和俄國公使布策（Butzow）交涉時，俄國公使卻要求先解決各懸案後，纔可談到交還伊犁！甚至要求引渡白彥虎，也遭拒絕。幾度談判，都無結果。清廷於是派吏部侍郎前三日通商大臣崇厚，以頭等全權大臣出使俄國，與俄政府交涉收回伊犁。光緒四年十二月（1879 年 1 月），崇厚由南洋、紅海、地中海、黑海抵達俄都聖彼得堡，呈遞國書。

棘手的交涉　二月十六日（3 月 8 日），崇厚與俄外相格爾斯（Giers）面談，允許商辦通商和交涉各案，並籌還代管伊犁費用，而要求收回伊犁。並致送正式照會。格爾斯也回覆了一個節略，大致分通商、分界、補卹俄民三大端。與交還伊犁並無關係。商務三條：一是中國西邊省分，准俄人貿易。二是天山南北各路妥議貿易章程。三是西邊省分和蒙古地方，設立領事官。界務三條：一是更改伊犁西南界。二是

更改塔爾巴哈台界。三是天山迤南，應將未定界劃清。至於補卹俄民銀兩，應該詳議。交還伊犁章程，也要妥商。猙獰面目，完全暴露。經過五個月，會議了幾次。格爾斯毫不改變前議。還將以陰狠著稱的駐華公使布策調回，參加交涉。

崇厚輕率的簽約　俄國對崇厚所提出的條件，比七年前所提的更要兇橫。總理衙門大臣屢次指示崇厚：「分界通商等事，雖不能不略予通融，而利害輕重之間，亦須通盤籌劃，庶免流弊滋多。」但崇厚竟未能盡力交涉，於八月十八日（十月二日），在里發邸亞（Livaclia 即雅爾達附近）簽訂返還伊犁條約十八款。

崇約要點　據總理衙門大臣所奏，其要點為：一、俄國允還伊犁。二、中國允即恩赦伊犁居民。三、伊犁民人遷居俄國入籍者，准照俄人看待。四、俄人在伊犁置有財產，准其照舊營業。五、交收伊犁，由左宗棠與俄國所派之高復（一作福）滿會辦，中國御筆批准後，交接收大臣照行。六、中國允還俄國收守伊犁各費盧布銀五百萬元。七、接收伊犁後，陬爾果斯河西，及伊犁山南之帖克斯河歸俄屬。八、塔城界址擬稍改。九、兩國分界，派大員酌定安設界牌。十、舊約喀什噶爾、庫倫設領事官外，現准嘉峪關、烏里雅蘇台、科布多、哈密、吐魯番、烏魯木齊、古城酌設領事。十一、領事與地方官會辦公事，用信函，待以客禮。十二、俄商在蒙古、天山南北路貿易均不納稅。十三、設領事處及張家口，均准設棧。十四、俄商運俄貨走張家口、嘉峪關，赴天津；走漢口，過通州、西安、漢中；運土貨回國同路。十五、此約通商章程，自批准日起，五年後修改。十六、俄國願收稅則，將下等茶稅，會商總理衙門酌定。十七、邊界牲畜被偷，聲明舊約追究，官不代賠。十八、定約畫押，由兩國批准後通行，一年為期，在俄京互換。

崇約的弊害　崇厚所議的條約要點，電達總理衙門，經大臣覆核後，於光緒五年八月二十三日（1879 年 10 月 8 日），奏陳清廷。奕訢等人認為償款五百萬盧布，約銀二百八十萬兩，所償尚不過多。但商務卻大為擴充，「若允照辦，輾轉甚多，並舉華商生計亦有妨礙。至於分界之事，中國接收伊犁後，陬爾果斯河西，及伊犁山南之帖克斯河，均歸俄屬；並塔城界址亦擬酌改。是照同治三年（1864 年）議定之界，又於西境南境各劃去地段不少。似此則伊犁已成彈丸孤注，控守彌難。況山南劃去之地，內有通南八城要路兩條，關繫回疆全局。兼之俄人在伊犁置有財產，照舊營業，亦彼此人民混雜，種種弊端，難以枚舉。以此觀之，臣等前奏所陳，收還伊犁與不收同，或尚不如不收之為愈，並非過慮也。」這條約的大害，全都指出。奕訢等又說：「臣等伏思要求在人，允否在我。崇厚此行，固以索還伊犁為重，而界務商務，害之所在，亦宜熟思審處。乃竟輕率定議，殊不可解。」對崇厚的指責，也極正確，為籌補救之計，請將崇約交李鴻章、左宗棠、沈葆楨、金順、錫綸等大吏商議。

李鴻章的指責　李鴻章上奏，表示「償費一層，中國即多出數百萬金，雖竭蹶於一時，不至貽患於事後；若界務商務，則幾微不慎，後悔難追。在崇厚或由使俄之役以索還伊犁為重，既急欲得地以報命，而他務之利病遂不遑深計，誠未免失之輕率。」認為崇厚的交涉，大上俄人的當。至於「伊犁西界割去一條長數百里，其患猶淺；南界割去一條亦數百里，跨據天山之脊，隔我南八城往來要道。細揣俄人用意：一則哈薩克、布魯特游牧諸部新附俄邦，今復遮其四境，絕其嚮化之途；一則扼我咽喉，使新疆南北聲氣中梗，心殊巨測。夫中國……欲守回疆必先守伊犁也。今三面臨敵，勢成孤注，自守方不易圖，豈足控制南路？想左宗棠等礙難遵辦。」俄人的用心險毒，於此可見。然而李鴻章反對與俄人決裂，謂恫嚇俄人，使其酌議減改，萬做不到。

左宗棠的指責　主持新疆軍務的陝甘總督左宗棠上奏，更是痛切陳辭：「若夫俄與中國，則陸地相連，僅天山北榦爲之間隔。哈薩克、安集延、布魯特大小部落，從前與準回雜處者，自俄踞伊犁，漸趨而附之。俄已視爲己有。若此後蠶食不已，新疆全境將有日蹙百里之勢，而秦、隴、燕、晉邊防，且將因之益急。……（邊界）不及時整理，坐視邊患日深，殊爲非計。」認爲伊犁爲俄所占，是極端的重要。而且所收復的一點地方，「固不能一朝居耳。雖得必失，庸有倖乎？武事不競之秋，有割地求和者矣。茲一矢未聞加遺，乃遽議捐棄要地，饜其所欲，譬猶投犬以骨，骨盡而噬仍不止，目前之患既然，異日之憂何極，此可爲嘆息痛恨者矣！……觀其交還伊犁，而仍索南境西境屬俄，其詭謀豈僅在此數百里土地哉？界務之必不可許者此也。……就商務言之，俄之初意只在嘉峪關一處。此次乃議及關內。並議及秦、蜀、楚各處，……蓋欲藉通商使其深入腹地，縱橫自恣，我無從禁制耳！」爲了改訂崇厚所訂的條約，應該「先之以議論，委婉而用機；次決之以戰陣，堅忍而求勝。臣雖衰庸無似，……既身在事中，自當與各將領敬順圖維，以期有濟。……臣親率駐肅親軍，增調馬步各隊，俟明春凍解出屯哈密，就南北兩路適中之地駐紮，督飭諸軍，妥慎辦理。」左宗棠身居邊境，竟願力任艱鉅，以武力爲外交後盾，實屬難能可貴。

第四節　伊犁條約的重訂

崇約的籌議　崇厚訂約，既有許多弊害，自爲清議所不容，群起而攻。光緒五年十一月（1880 年 1 月），上諭：「都察院左都御吏崇厚奉命出使，不候諭旨，擅自起程回京。著先行交部嚴加議處，開缺聽候部議。其所議條約章程，及總理衙門歷次所奏各摺件，著大學士、六部、九卿、翰、詹、科、道妥議具奏。」俄國代辦凱陽德（Koyander）也到總理衙門，面詢上諭用意，並說：「似此情形，與兩國交涉事件，

大有關係！」大臣們答覆：「原因中國遇有大政事，無不飭下臣工會議，無非詢謀僉同之意。此係中國向來辦法，且係中國內政，並與俄國無涉。」凱陽德遂即艴然而去。

俄使出語威脅 後來，總理衙門大臣再往俄代辦處加以解釋。凱陽德表示：「官面話彼此皆不必說。」且歪曲事實說：「俄國遇事，每有和好之意，中國遇事，每有攔阻之心。……凡俄國官民及泰西各國，均以為不應讓與中國者，俄國國家因欲與中國永相和好。所以特排眾論，將不應讓與中國之處，全行相讓。豈知愈讓愈不見好。俄國並非無力量。至條約准與不准，在俄國總是一樣。」又拿出威脅手段，認為中國不准條約，並沒有任何關係。

廷議毀約重訂 十二月初五日（1月16日），清廷王大臣集議俄約，多數主張殺崇厚，毀條約，不惜對俄作戰。這天，詹事府右庶子張之洞並上奏，俄約有不可許者十端，力主改議此約；立誅崇厚則計決。初十日（21日），太后召集大臣廷議，處置崇約，又先後將大臣們所上奏章，交付親王大臣集議。崇厚也交由刑部治罪。後被定為斬監候。光緒六年正月初十日（1880年2月19日），禮親王世鐸等大臣遵旨妥議上奏，對界務認為必不可許；償款則俄還伊犁可照辦；商務為舊章所無各條，請無庸置議。並建議另行遣使前往，重辦交涉。

曾紀澤出任艱鉅 奏上，清廷准行，頒發致俄皇國書，告以崇厚所議條約，「多有違訓越權之處。並經內外大小臣工一再會商妥議，僉謂事多窒礙難行。」惟恐「大皇帝因此或疑中國有渝和好之意，是以再行特簡一等毅勇侯大理寺少卿曾紀澤為出使貴國欽差大臣，親齎國書，代達衷曲，以為真心和好之據。」曾紀澤那時正在倫敦，任駐英公使，奉旨後，在光緒六年四月十九日（1880年5月27日），上奏籌劃對俄

交涉的辦法，全奏甚長，主張「分界之局，宜以百折不回之力爭之，通商各條，則宜從權應允者；蓋以准駁兩端，均貴有一定不移之計，勿致日後爲事勢所迫，復有先駁後准之條。」他擬以駐俄公使身份赴俄，以免被俄國所拒。

俄國劍拔弩張　英、俄是敵對的國家，曾紀澤想藉英以制俄，俄國對於曾紀澤的來俄，表示拒絕。並揚言已派了兵艦二十三艘，東來封鎖直隸灣。中國朝野也紛紛主戰，海陸均有準備，山海關到冀東一帶全有防備，左宗棠的大軍，進屯哈密。俄國在伊犁也集中了九萬軍隊，劍拔弩張，大有一觸即發之勢。但俄國和土耳其新戰之後，且運兵不便；竟有聯絡德國，由俄、德駐華公使支持主和派李鴻章獨立，維護各國利益的傳說。加以俄國認爲處死崇厚，是有意的侮辱。五月十六日（6月23日），醇親王奕譞上奏，因英公使威妥瑪、法公使寶海（F. A. Bouree）的調處，請寬免崇厚斬罪。總理衙門也有寬免崇厚死罪的奏請。二十日，上諭改爲監禁，可能是用以緩和俄國的陰謀，同時，密諭直隸總督李鴻章，主持南北防務的劉坤一、吳元炳，豫備防禦。

艱難的交涉　由於崇厚的減罪，曾紀澤得以赴俄。六月下旬（八月上旬年），曾紀澤到達聖彼得堡，即和駐俄英、法兩使聯絡，兩使主張赦免崇厚，以平俄人憤怒。英使特別表示俄外相初雖屬色相待，但久之必可轉圜。清廷隨即寬釋崇厚。曾紀澤的對俄交涉，也就積極進行。六月二十九日（8月4日），和俄外相格爾斯會晤起，到光緒七年正月二十五日（1881年2月23日）止，共晤談五十一次，始告定議。交涉的過程是相當艱難的。曾紀澤初到俄京時，俄國仍宣傳已派強大艦隊東行，俄船也不斷在黃海、東海出現。七月十六日（8月21日），俄國政府因曾紀澤洞明外交大勢，恐怕不易多得權利；突宣佈駐華公使布策返任，想和清廷直接開議。但經曾紀澤交涉，俄廷纔將布策追回。交涉

中，俄國外部，數度表示要打仗或中止談判的意見。來威嚇曾紀澤。但都沒有效果，費盡唇舌。到光緒七年正月二十六日，纔正式簽訂了返還伊犁條約二十款，和賠款專條一款。

曾約挽回權利　二月十五日（3月14日），曾紀澤有長奏報告交涉的詳細經過。他「綜觀界務、商務、償款三大端，悉心計較，與總理衙門來電囑辦之意大略相同。」在請旨畫押時，一面和「布策先行商議法文條約章程底稿，逐日爭辯，細意推敲，……於和平商榷之中，仍示不肯苟且遷就之意。」所以「合條約章程計之，則挽回之端似已十得七八。」中國收回了伊犁及附近的土地，只損失了一小塊土地；但付出代管伊犁費用九百萬盧布（約銀五百萬兩）。天山南北兩路各城，准俄人暫時免稅通商。嘉峪關准許通商。伊犁雖還，伊犁河可以通航的部分，卻歸了俄人。比崇厚所訂條約，大有天壤之別。俄國除得到這明白規定的權利以外；其所侵略中國西北的藩屬，也等於被中國正式承認爲俄土了。

曾紀澤功成不居　同日，曾紀澤另疏奏陳交涉困難的癥結所在；對於這次議約的成就，毫不居功。他說「猶幸……俄國自攻克土耳其後，財殫力竭，雅不欲再啟釁端。加以聖明俯納臣言，釋放崇厚以解其疑，辦結各案以杜其口。故其君臣悅服，修好輸誠。……故得從容商改，大致就我範圍。……臣之私心過慮，誠恐議者以爲俄羅斯國如此強大，尚不難遣一介之使，馳一紙之書，取已成之約而更改之，執此以例其餘，則中西交涉更無難了之事。斯言一出，將來必有承其弊者。」他這種不矜己功，虛懷若谷的精神，實是中國一位傑出的外交家。

劃界時的損失　在新訂條約中，曾規定將伊犁、塔城、喀城未立界牌處同派大臣劃定。不幸後來劃界的人員無用，受俄人挾制。光緒八

年（1882 年）的重劃伊犁邊界，損失土地約三萬二千方里。同年重劃喀城東北界，損失扎納爾特河上流土地約三萬方里。光緒九年，重訂科布多、塔城界約，損失齋桑泊東南的土地約六萬方里。同年，重訂塔城西南界，損失喀拉達坂一帶土地。光緒十年，重劃喀城西北界，又損失科克沙勒河源土地二萬七千方里。

　　收回巴爾魯克山　此外，中俄邊界的劃界問題，附帶在這裡說一說。根據光緒九年的塔城西南界約，規定巴爾魯克山和塔城的哈薩克族係俄人，限十年以內，仍回俄國，實際是平分巴爾魯克山的人與地。在光緒十九年（1893 年）九月，中、俄交涉，幸而伊塔兵備道英都統挖出地下的界石，否認了俄人越界移碑的假界，把哈薩克借住的巴爾魯克山收回。俄官因混界不成、懼受責罰自殺。

　　英俄瓜分帕米爾　中、俄國界，從土字界牌到此烏孜別里，依照俄人的意思，畫定界線，設立鄂博二五一座。南面便是帕米爾高原，共分八帕，中國設了卡倫。光緒十五年（1889 年），俄兵侵入帕界。後來英國嗾使阿富汗人越界，俄國藉口防英，又繼占帕界。正交涉的時候，光緒二十年，英、俄私分帕米爾。中國政府獲得消息，電令駐英公使薛福成和駐俄公使許景澄力爭，但無結果。後來中國所轄，只剩下一帕了。

第十二章

晚清的政局

第一節　道咸間的內政

道光朝的內政　由於乾隆朝和珅的敗壞政風，雖然嘉慶朝把和珅殺了，但積習已成，難以挽救。嘉慶二十五年（1820年），宣宗即位，定明年為道光元年。他很有整頓吏治的決心，無如才智平庸，容易受人蒙蔽，在位三十年，曹振鏞、穆彰阿兩位權臣當國，誤了不少國家大事。雖然內外大臣，如阮元、陶澍、林則徐等人，盡心輔佐，也未發生多大的作用。宣宗自奉雖然儉樸，但當時的河工，卻把大部分的經費，由官吏奢淫地消耗掉，國家的財政，焉得不困難？國家的政治，焉得不衰敗？何況當時西方各國，日見進步，而中國的學人，依然故步自封，不知外務。雖然也有少數才識之士，像阮元的撰作天象賦、疇人傳，魏源的著海國圖志，徐繼畬的著瀛寰志略，也算得開明的新思想，但並沒有受到時人的重視。

文宗的力圖振刷　道光三十年春天，宣宗得病，預立皇四子奕詝為太子，不久即帝位，是為文宗，定明年為咸豐元年。本來宣宗最喜愛皇六子奕訢，但後以奕詝居長，既無失德，又有仁心，所以仍立奕詝。文宗即位後，以師傅杜受田為大學士。杜受田愛惜人才，曾疏薦林則徐、周天爵，和保全向榮等人。文宗又罷斥穆彰阿、耆英，屢次下詔求直言，通民隱，起用廢員，選拔賢能。文瑞、倭仁、羅惇衍、曾國藩等廷臣，先後應詔，論列時政，文宗都表示接受。先朝因事被革的林則徐、周天爵等人，相繼被召，罷廢的太常寺卿唐鑑，也常召入京都覲見。一時雲集了不少名臣，如曾國藩、胡林翼、江忠源、羅澤南、左宗棠、李鴻章等，曾國藩尤受知遇，所以終能完成對太平天國的軍事。

肅順主用漢人　在滿大臣中，大學士文慶，就是支持曾國藩的人，常密勸文宗破除滿、漢藩籬，重用漢人。尚書肅順更力主此議。肅順在當時，驕恣暴戾，痛恨他的人不少。咸豐八年（1858年），順天科

場，發生舞弊買通關節一案，他力主殺掉主考官大學士柏葰。這到是整肅風氣的好事，但肅順本人，都是爲了忌恨柏葰，藉口誅鋤異己。肅順對滿人雖然如此，但對漢人卻很優待，極力網羅人才，甚至倚爲腹心。曾、左、胡三人的建功，就很得肅順的支持。據說肅順受賄，只是對待滿人、漢人的一絲一毫，卻不敢受。可說是一位有奇特見解的人物。

文宗的荒怠　後來，文宗因太平軍事，多年未能平定，荒怠政事，溺情聲色，初即位時的毅力，消耗殆盡。咸豐十年，逃到熱河，仍然在行殿受朝賀，作樂宣表，賞賚近支親藩等大宴，這豈是國難當頭時應有的行動？文宗因聲色過度，身體多病，咸豐十一年秋天，病死熱河行宮。臨死前遺命怡親王載垣、右宗正鄭親王端華、御前大臣肅順、景壽等八人，爲贊襄政務王大臣，輔佐太子載淳即位，是爲穆宗。尊皇后爲母後皇太后，生母爲聖母皇太后。

兩宮奪政權　兩太后對贊襄政務八大臣代行君權，頗不滿意。恭親王奕訢從北京到熱河，兩太后和他密議殺肅順等人計劃。奕訢先返京，太后即下詔奉大行皇帝梓宮回北京，由肅順護送，載垣等隨駕。九月底到京，大學士周祖培、賈楨，尚書沈兆霖、趙光等人，合疏請太后垂簾聽政，皖豫督師內閣學士勝保，也奏請簡近支親王輔政。於是下詔解除肅順等八人的贊襄王大臣職務，另派恭親王奕訢擔任議政王，及大學士桂良等五人爲軍機大臣。先將載垣、端華二人捉到宗人府，肅順在密雲被捕，不久載垣、端華賜自盡，肅順棄市。其餘五大臣或被遣戍，或被革職，同黨也有幾人得罪。

慈禧有才幹　這次的垂簾之局，由慈禧一人所主張，慈安及其他的大臣，都爲慈禧所運用。這一番殺大臣，授親王做議政大臣的作爲，全是違反祖制，但她竟行通了，可見得慈禧頗有才幹。在肅順三人處決

以後，穆宗正式即位，定明年爲同治元年，上母后尊號爲慈安，聖母尊
號爲慈禧，兩宮垂簾聽政。

第二節　同治朝的轉危爲安

同治中興　穆宗同治朝十三年，一般歌功頌德的人，因爲東平太
平軍，西平捻、回的緣故，稱爲同治中興。當時，人才輩出，李鴻章、
左宗棠、駱秉章等人領兵在外，文祥、沈桂芬、李棠階等人秉政於內。
尤以恭親王奕訢和兩江總督曾國藩兩人，內外合作，促成了轉敗爲勝和
較前安定的局面。

奕訢與文祥　奕訢是文宗的胞弟，皇室的親貴，他掌握政務以
後，天下大勢爲之一變。他能夠破除積習，主張任用漢人，平定大亂。
外面協和歐、美各國，維持邦交，眞是一位了不起的人物。奕訢比較缺
乏魄力，幸有文祥做他的助手。文祥也是親貴，爲人十分廉潔，最盡孝
道，他可以出任督撫，但因爲有老母在堂，不願遠行，所以堅持不去。
他辦事負責而認眞，且不顧別人的批評。英、法聯軍進入北京，他們兩
人看清大局，毅然簽訂北京條約。英、法退軍，中國並沒有喪失尺寸土
地。此後他們協力同心，和外臣合作，從事自強運動，可惜兩宮並不
專心信任奕訢。同治四年（1865 年），曾命他退出軍機。同治十三年
（1874 年），曾革去親王及所有職務，不過都立即復職。但對他的打
擊，也夠大了。

曾國藩與漢人握政　曾國藩是一個農家子，專心學問，兼通漢、
宋之學，致力於經世致用，尤著重於義理。他自稱行軍用兵，並非所
長。所以出而組織軍隊，只注意誠樸二字。他編練的水陸兩軍，沒有當
時京旗綠營腐敗偷惰的惡習。竟能以一個地方的兵力，轉戰十多省，以
至平定四方，功勞實夠大了。曾國藩的爲人，生平不說虛僞話，對於用

人行政，無不開誠布公；尤能知人善任，在軍隊中選出了塔齊布，在諸生中選出了羅澤南，在行伍中選出了楊岳斌，延聘彭玉麟，保薦胡林翼、左宗棠、李鴻章等人，得以大用，他所造就推薦的人才，不計其數。湘軍將領，官至督撫的，有二十七人之多。咸、同以後的地方政權，都握在他們手中。漢人握政，實以湘軍的建功爲契機。曾國藩所規劃的天下大事，沒有不收效的。自從軍事結束，他發現大局在改變中，知道保守舊習，是不足以圖自強、抗外侮的。所以他對勸農、課桑、修文、清訟、除暴、去貪，以及整頓鹽務、開墾荒地、鑄造軍械、仿造輪船、派遣學生出洋等事，無不手訂章程，可惜曾國藩在同治十一年（1872 年），病死兩江總督任所，不曾克享大年，未竟全功。尚幸薪盡火傳，李鴻章發揚光大了他的事業。

　　利弊互見的措施　至於朝廷，除由奕訢、文祥和曾國藩等人合作，推進自強運動以外，政治上也有些改進的表現。好像依從兩江總督曾國藩和通商大臣李鴻章的奏請，減少蘇、松、太的糧額。依從山東巡撫閻敬銘的奏請，停止山東的歛捐。御史德泰上疏請修園庭，反遭褫革。陝甘總督左宗棠，因爲奏報出產瑞穀，請宣付史館，反遭斥責。不過也有不少失當的處置，好像安徽定遠的失陷，爲了悼惜大學士翁心存，對其子安徽巡撫翁同書加以曲庇。湖北尹隆河的一戰，因爲信任淮軍，聽提督劉銘傳一面之詞，嚴責湘軍名將鮑超。御史賈鐸，因奏請禁止太監，竟遭斥責。侍讀學士夏同善，上疏勸阻駕到惇邸召集梨園，也被斥責。御史沈淮，奏請緩修圓明園忤旨。督師勝保的貪庸驕縱，廷臣雖常常加以彈劾，仍然加以祖護；直到罪狀昭著，才明正典刑。賞罰未免太不公平了。

第三節　兩宮的垂簾聽政

　　兩宮垂簾聽政　穆宗在位十三年，但前十一年都是由慈安、慈禧

兩太后垂簾聽政。慈禧較有文才，一切判閱章奏，裁決庶致，都由她主持。慈安的性情恰巧相反，大臣覲見時，吶吶不能出口。對於奏牘，必由慈禧講解。不過關於軍國大計，舉用賢能，卻有貢獻。曾國藩功高望大，譏讒的人很多，慈安從不爲之所動，終能完成大功。慈禧爲人機敏，歡喜問事，召對臣下的談話，很能洞中關竅。起初慈禧遇事還咨商慈安，日子一久，便專攬一切，不把慈安看在眼裡。

文宗不滿慈禧　傳說文宗生前，對於慈禧心有不愜，因爲她生了穆宗，雖想廢掉，始終未行。在熱河臨危的時候，曾手書密詔給慈安，並且說：「那拉氏因爲母以子貴，不得不同尊爲太后，但她的爲人太不可靠，遇事你可以作主。如果她恃子爲帝，驕縱自恣，您可以召集群臣，宣示遺旨，立即賜死，以免後患。」文宗死後，慈禧知道這事，所以對慈安小心翼翼。到光緒初年，有一次慈安得病，慈禧竟割肉合藥，感動得慈安燒掉遺詔，此後慈禧卻日見放縱，慈安後悔，也無及了。

慈禧寵信太監　不過穆宗本人，雖爲慈禧所生，對慈安反更親密，穆宗也不贊成慈禧的行爲。當時有一個太監安得海，直隸南皮人，很得慈禧寵信，甚至干預政事，連恭親王奕訢，也常遭他的譏讒。穆宗很厭惡他，且曾因爲斥責安得海，受慈禧的責罵，所以在宮中用小刀砍斷泥人的頭，說是殺小安子。同治八年（1869年）：山東巡撫丁寶楨入覲，因他遇事敢爲，穆宗密商慈安，命令丁寶楨等機會殺安得海，沒有多久，安得海奉慈禧命，到南方織辦龍衣，船過德州，自稱是欽差，身穿龍衣，船外有龍鳳旗幟，並帶有前站官、標兵、蘇拉、和尚、妻妾、太監、女樂等幾十人。丁寶楨得知，一面具疏劾奏他僭越非分，招搖煽惑。一面派東昌府知府追捕，知府三天內不敢動手。又派總兵捉拿，械到濟南。安得海還明說：「我奉太后旨命，誰敢拿我？想自找死路罷了！」丁寶楨因朝旨不可知，先論罪殺了，還殺掉黨羽二十多人。

丁寶楨奏疏到京，慈禧驚慌，穆宗奉慈安命，召集大臣商議，照祖制宮監不准出京城，違者就地正法，可是上諭仍被慈禧積壓二天未發，經王大臣力爭，纔頒上諭，安得海已伏法五天了。

穆宗的受制　同治十一年（1872 年）春天，穆宗年十七歲，兩太后為帝選擇后妃，慈安主張以尚書崇綺女阿魯特氏為后，慈禧卻贊成侍郎鳳秀女富察氏，兩人意見不同，只能由穆宗自擇，穆宗卻選中阿魯特氏。秋天，阿魯特氏當了皇后，富察氏封為慧妃。慈禧很不高興。同治十二年春天，穆宗親政；大婚以後，穆宗因為皇后才德兼備，很是敬愛。但慈禧因為偏愛富察氏，每逢皇后入見，從未有好顏色。而且要穆宗接近慧妃，又暗中派內監監視，穆宗索性兩處都不去了，獨宿乾清宮裡。於是受了內侍引誘，外出有祕密的行動。同治十三年，恭親王奕訢力諫，穆宗竟重處奕訢，經兩太后懿旨始告解決。但穆宗也因微行而得病了。

穆宗之死　同治十三年冬天，穆宗病重，傳說臨危前曾召師傅李鴻藻，口授遺詔，不願以幼主承嗣，以貝勒載澍承繼大統，但被慈禧得知。未予發表。穆宗死的時候，是傍晚（酉刻），兩太后在晚間（戌刻）召集軍機大臣商議，對群臣說：「以後垂簾如何？」有軍機大臣說：「宗社為重，請擇賢而立，然後懇乞垂簾！」可是太后說：「文宗沒有第二個兒子，現在遭此大變。如果承嗣年紀太長，心實不願，只有年小的，乃可教育！現在一句話說定，決無更改，我兩人同心，你們敬聽！」當即宣布由醇親王奕譞的兒子載湉，繼承大統。奕譞叩頭痛哭，昏迷過去。

德宗的繼立　諸臣秉承懿旨，即由軍機處擬旨，把載湉接進宮內。是為德宗，年紀只有四歲。慈禧是早有計劃在心的。她之所以違反祖制，不願為穆宗立後，而立德宗，是有三個原因的：第一、如果替穆

宗立後，那末自己成了太皇太后，尊而不親。第二、醇親王奕譞的福晉，是慈禧的妹妹，妹妹所生的兒子，又多了一番私親。第三、德宗年小，自然再可垂簾聽政，以遂一己的私慾。所以決定立德宗後，群臣中也有懷疑的人，以為太后不替穆宗立後。

繼嗣的爭論　德宗即位，內閣侍讀學士廣安首先上疏，請飭令朝臣會議，頒立鐵券，載明皇帝將來有子，承繼大行皇帝為嗣，接承統緒。疏上，懿旨加以申斥。穆宗后阿魯特氏孤處宮中，既感悲痛，又怕慈禧的虐待，距穆宗死未滿百日，吞金自殺而死。御史潘敦儼奏請表揚潛德，替皇后作不平之鳴；但是太后斥責他糊塗謬妄，下吏奪職。

繼嗣的確定　光緒五年（1879年），又有吏部主事吳可讀上疏自殺的事情。吳可讀在同治朝，官至御史，因為言事憤激，降調主事。承繼的事情發生，奮然草疏，想從都察院呈遞。但他是調降人員，不能越職言事，希望在廷臣僚有所論列，可是沒有動靜。遂趁穆宗帝后安葬時，懇求本部堂官添派隨同行禮，安葬以後，自殺在陵寢旁邊，實行尸諫。遺疏裡說嗣後皇帝生有皇子，即承繼大行皇帝為嗣，將來大統所歸，並沒有奉明文必定歸到承辦大行皇帝的嗣子，敢請太后明諭，將來的大統，一定歸於承繼大行皇帝的嗣子。事情傳出，太后迫於清議，交大臣妥議，大臣們不敢參議。太后頒布懿旨：皇帝將來誕生皇子，自能慎選元良，纘承統緒，其繼大統者為穆宗毅皇帝嗣子，皇帝必能善體此意。皇統纔確定了。

再度垂簾聽政　先是穆宗臥病時，頒諭奏疏都呈由太后披覽裁決。德宗繼位，大臣們知道太后用心，會銜奏請兩宮太后再度垂簾聽政，於是又恢復了聽政局面。

第十三章

邊藩的侵削

第一節　法侵越南

清廷對藩屬的政策　清廷對於藩屬的態度，向不同於內地，完全把藩屬當成點綴品。只要藩屬能定期朝貢，尊爲上國，就心滿意足了。什麼邊境墾殖，什麼海外移民，全沒有想到。有時藩屬內部發生糾紛，還無條件的在軍事上和財政上去幫助他們，以全上國體面，從不想在藩屬頭上取些什麼好處。這在西方勢力尚未侵入的時候，還沒有什麼影響，等到列強紛紛東來，這問題就越來越嚴重。西北一帶的藩屬，距離中國本部遙遠，關係也較淺，俄國接二連三的吞併，都沒有引起中國的注意。只是爲了收回邊境的伊犁，和俄國發生交涉，等到日本占琉球，法占安南，日圖朝鮮，這幾個交往特別頻繁的藩屬，都被外國侵略，中國便不肯袖手旁觀了。

越南與中法的關係　安南原爲中國直屬領土，宋朝始立國，明初曾一度劃爲布政使司。明神宗時分爲兩國，北爲黎氏的大越國，南爲阮氏的廣南國（稱爲舊阮）。清乾隆時，廣南土豪阮文惠起而統一兩國，史家稱爲新阮。舊大越王黎維祁逃中國，廣南嘉隆王阮福映逃暹羅。嘉隆王在暹羅，得到法國教士畢尼約（Pigneau de Retaine）的幫助。派世子景叡同教士往法國，在乾隆五十二年（1787 年），許割化南島給法國，租康道爾島給法國。得到法國志願軍的幫助，清嘉慶七年（1802年），恢復國土稱皇帝，向清廷朝貢，請改國號爲越南。清廷在嘉慶九年，封阮福映爲越南國王。

法西聯軍侵越　阮福映死後，他先後繼位的子孫，不肯割讓土地給法國，而且排外，殺害教士。咸豐二年（1852 年），法總統拿破崙三世稱帝，想立功域外，以穩定他的帝位。咸豐八年（1858 年），趁中國太平軍之亂，和西班牙組織聯軍，進攻越南。同治元年（1862

年），聯軍占領交趾一帶地方，越南只得向聯軍求和。於六月締結西貢條約。越南割讓邊和、嘉定、定祥三省和康道爾群島與法，賠款，並解除教禁，自由通商。

法占下交趾　同治六年（1867年），中國捻亂正在猖獗，法國藉口柬埔寨有暴民之亂，起兵襲取永隆、和仙、安江三省。下交趾六省，變成了法領交趾支那。那時，法國在同治二年（1863年），早已把柬埔寨收爲保護國了。光緒十九年（1893年），法國又取得老撾。

法國否認中越關係　法國的經營越南，本想找出一條航路，以通中國的西南部。得到下交趾後，發現湄公河並不適宜通航中國。又把目光注視到東京的紅河。當時雲南回教徒杜文秀和清兵交戰，提督馬如龍爲了平回亂，在同治七年（1868年），准許法商堵布益（J. Dupuis）代運軍火，取得了航行紅河的特權。同治十二年（1873年），航行一次，但遭受越南人的阻撓。同治十二年冬天，法國下交趾總督派兵占據河內。第二年，又壓迫越南政府，在西貢訂立法、越友好條約。法國正式獲得紅河航行權；越南在名義上是獨立國，外交上卻由法國主持。法國既否認中國宗主權，在光緒元年（1875年），曾正式通知總理衙門。清政府只是間接的否認。因爲清政府對於宗主權的觀念，認爲只要藩屬本身承認就行了，並沒有想到還要得國際間的承認。所以在光緒元年和五年，越南北部有變亂時，中國軍隊馮子材部，就曾經入越助剿。

劉永福抵抗法軍　當時越南政府本身的力量薄弱，很倚賴劉永福的幫助。劉永福是廣東欽州人，咸豐七年（1857年），參加廣西天地會黨吳元清部下，失敗後逃到越南，成立黑旗軍，替越南政府平定黃旗黨等亂事，越王封他官職，據守保勝，拓地七百多方里。在法軍占河內後，黑旗軍曾猛攻河內，打敗法軍，聲威大振。但也有人說黑旗軍的力

量並不怎麼強大，因爲沒有新式武器。人數也不到二千。不過當時中國的官吏，有許多人主張援助劉永福，藉以抵抗法軍。

中國對法抗議　光緒六年（1880 年），法國依約在越南通商，海口設置兵備。曾紀澤在俄京聖彼得堡，照會法國外交部，申明中國對越南有宗主權，否認法、越友好條約。國內的疆吏和大臣們，也紛紛上奏主張不可放棄越南，任令法人侵略。當時，中國代平越南內亂時，尙留了部分軍隊，駐在越南境內，以保邊疆。光緒八年，又續派兩廣軍隊出鎭南關。

李鴻章主和　直隸總督李鴻章是主張自強運動的，在紛紛主張對法強硬的氣氛中，他仍是主張和平解決。光緒八年（1882 年）九月，他和法公使寶海，在天津進行協商，希望和平解決。寶海有三點意見：一、希望中國撤退駐軍，法國聲明無削弱越王權力之意。二、中國可在越南保勝設關抽稅，對法貿易。三、中、法在越北分界，各自保護。光緒九年，法國內閣改組，認爲寶海讓步太多，主張對越南仍採武力行動；撤回寶海，改派駐日公使脫理固（A. Tricou）來中國交涉。其時李鴻章因母死。在原籍合肥丁憂，清廷派他到上海和脫理固會商。五月開議，因爲李鴻章不是欽派專使，會議沒有結果。

法越順化條約　李、脫在上海會議前，法軍已在河內進兵。光緒九年，劉永福的黑旗軍，得雲貴總督岑毓英接濟，二次進攻河內，戰事激烈，法將李維業（Rivier）戰死。法國更派強大的海陸軍來助戰。滇、桂軍也用黑旗軍旗號，幫助作戰，同時，法軍又進攻越南京城順化。六月，順化失陷。法國強迫越南訂立順化條約。越南成爲法國的保護國，並可駐兵各地。

第二節　中法越南戰爭

清廷和戰不決　法國不斷的侵略越南，引起中國朝野的忿怒，主戰派多主助越作戰。張佩綸、陳寶琛、張之洞等人慷慨激昂，在光緒八年即已上奏主戰。清廷除令沿邊督撫籌備邊防外；光緒九年，又派彭玉麟爲欽差大臣，總理廣東軍務，籌防海口。但李鴻章卻認爲應集中力量，籌備海防，深知國力不及法國，不願輕易一戰。恭親王奕訢也贊成李鴻章由外交解決的意見。因而清政府暗中派兵入越，並接濟劉永福抵抗法軍。

法軍攻擊中國軍　當光緒九年七月順化條約訂立後，八月，法公使脫理固到天津和李鴻章交涉，要求中國承認順化條約，清剿黑旗軍，重訂界線，但分界一事，雙方距離很大。談到九月，沒有結果。後來曾紀澤在法國，抗議法國的干涉中國藩屬，因法國態度強硬，特別讓步；主張以北緯二十度爲界，中國開放紅河爲商埠。法國竟完全拒絕。曾紀澤立即電告清廷，主張宣戰。清廷並沒有宣戰，但法軍已在越南攻擊劉永福軍和越軍，十月，攻陷興安，十一月，攻陷山西。光緒十年（1884年）春天，乘勝進攻北寧一帶的中國駐防軍，中國軍連敗，要地多告失陷。北圻（越南北部）大部分淪陷法軍之手。

罷黜奕訢　北寧敗報到京，加以言官的彈劾。慈禧太后指責主持軍機處和總理衙門的大臣恭親王奕訢，委靡因循，連軍機大臣寶鋆、李鴻藻、景廉、翁同龢等人，加以罷黜。另派貝勒奕劻主持總理衙門；後又派醇親王奕譞主持軍政大計。

李福協定　光緒十年四月，素主和議的李鴻章，因前天津稅務司德璀琳（Gustar Detring）的調停，經過清廷的同意，和法國兵艦艦長

福祿諾（F. E. Fournier），在天津簽訂簡明協定五條，等於承認了過去的法、越條約。作為將來談判基礎，以消除即將爆發的戰爭。

諒山之戰　李、福協定中，法軍是要求中國軍隊撤回本國的。法方限期三週，華方則要求三月。閏五月，法國派兵到越北巡查邊境，華軍當時未奉撤退命令，法軍來攻，發生戰爭，法軍在諒山失敗，頗有傷亡。法方責我違約，法代辦和法公使先後要求中國政府，賠款二萬五千萬佛郎（一千萬鎊）。

談判破裂　法公使巴德諾（Patenotre）新到上海，閏五月，清廷派兩江總督曾國荃為全權大臣，往上海談判，法使只肯減少五千萬佛郎賠款，曾國荃只應允岬金銀五十萬兩。法使在六月十二日，表示法國將自由行動。法國艦隊竟封鎖福州，監視中國海軍，並礮轟臺灣基隆。六月二十七日，李鴻章電沿海各省督撫，轉述清廷備戰諭旨。駐京法代辦離開北京。總理衙門也電令駐法公使退往德國。但中國未能先發制人，完全處在被動地位。

法國挑釁　光緒十年七月初三日（8 月 23 日），法國海軍艦隊，以超過中國海軍一倍以上兵力，攻擊福州馬尾一帶的中國海軍，短時間之內，中國海軍全燬，兵工廠、造船塢都被炸毀。七月初六日，清廷正式宣戰。法艦隊再攻臺灣，八月，攻占基隆。當時劉銘傳以巡撫銜主持臺灣軍務，兵單援少，支持困難。法海軍並宣佈封鎖臺灣，斷絕外來交通，光緒十一年（1885 年）二月，法軍又占領澎湖。

諒山大捷與和議　光緒十一年，法軍在越南陸上繼續進攻，華軍連敗。二月，馮子材、王孝祺兩軍、反攻文淵州；法軍攻鎮南關，守軍奮力死戰，馮、王兩人身先士卒，法軍大敗；乘勝克復諒山。法將尼格

理（De Negrier）受重傷。還收復了幾處地方。當時，英、法因埃及問題不和，法國又怕德國乘機搗亂，於是決心議和。清廷因為法占基隆、澎湖，擔心臺灣為法所占，願意趁戰勝的威風，與法成議。二月十九日，由中國海關職員金登幹（J. D. Campbell）在巴黎與法政府訂立草約。議定一、中國遵守李、福簡明協定；二、法國解除臺灣封鎖；三、法使到中國議和；四、華兵撤出越南。

訂約放棄越南　清廷命令各軍退回邊境，將士扼腕不已，彭玉麟和粵督張之洞屢電力爭，清廷不允。四月，李鴻章和法公使巴德諾，在天津簽訂中、法新約十款。要點有：中國放棄越南。中國應在保勝以上、諒山以北兩處設關通商。中國築鐵路時，可用法國工程師。

再訂邊境商約界約　光緒十二年（1886 年），中、法又訂越南邊境通商章程十九款。允許法人從越南進貨入境，減輕關稅。光緒十三年，再訂中、法界務專條五款；商務專條十款，開放廣西龍州，雲南蒙自與蠻耗為商埠。法國的勢力，從此由越南進入中國的西南邊省。

曾紀澤痛論和議　對於中、法和議，非議的人很多，認為戰爭得勝，越南仍拱手送給法國，實屬不智。如駐英、法公使曾紀澤對於議和，即不贊成，在戰時他寫信友人，痛論李鴻章主和的不當。茲節錄數則，也可見主戰者的意見。他在倫敦覆左宗棠書云：「李相國與法使議安南事，始終誤於三字；曰柔，曰讓，曰忍。我國早示以威，法人必不敢輕發；今法人屢下名城，而有悻心。又喪良將，而有怒心。則其勢不能中止。紀澤久不見禮於敵廷矣！一腔恨血，何處可洒？惟向英、法紳民及新報館，以口舌表我情理，冀動議紳以傾執政；如能更新執政，商辦或可稍易，所謂無聊之極思也。」
在巴黎覆郭詒孫書云：「法人欲吞安南，蓄謀已久；予未雨綢繆四

年矣，樞廷（軍機處）、譯署（總理衙門），及合肥相國，均不措意，事已發而圖之，晚矣！李相又為法使所紿，逐至不可收拾。」

又在倫敦致陳俊臣書云：「中、法關於安南之事，由我國示弱太甚。目前相持不下，我誠危矣；彼亦未嘗不危。若我能堅持不讓，一戰不勝則再戰，再戰不勝則屢戰，此彼所甚畏也……。內亂如法，孤立如法，尚不能制，況他國乎？此次不振，中國永無自強之日，思之憤歎！」

又在倫敦覆邵筱村書云：「西人皆言李相為主和黨，紀澤為主戰黨；夫主戰主和，豈有異意？早取主戰之言，何至有今日之戰禍？曾告譯署，法之財力，不能發兵二萬東行；……向使我國早示以夏日之威，俾知炎酷之下，必不可釀酒，則斷不至費米耗麵，以成今日醋！」

從以上的言論來看，曾紀澤了解法國國內情況的不安，如若在交涉之前，態度強硬，以長期作戰的決心奮鬥下去，法國必然無所得的。從後來諒山戰勝之威，法國即決心議和的情形來看，他的看法，是相當正確的。可惜清廷錯過了機會。清廷後來為了保持臺灣及沿海各省，當機立斷的成立和約，雖屬無可非議。但早知如此結局，何不老早開放紅河，在初次談判時稍作退讓，保全實多，又何至勞師動眾，損失許多人力財力物力！

第三節　馬嘉理案與英侵緬甸

英派測量隊到雲南　同治十三年（1874年），英國駐華公使威妥瑪（Thomas Wade），因為印度政府想派遣探測隊，測量雲南、印度間的商路，派翻譯官馬嘉理（A. R. Margary），領了總理衙門的護照，於秋天從長江經雲南往緬甸，迎接探側隊隊長柏朗（H. A. Browne），相遇以後，折回雲南。這時雲南正當大亂初平，事前，地方當局對於英人到來，很感疑懼。官紳都表示拒絕。

馬嘉理被殺　光緒元年正月（1875 年），馬嘉理走到雲南騰越廳屬地方，被土人殺害。英人以爲這是雲南巡撫岑毓英所主使，乘時向總理衙門提出種種要求，清廷即飭令雲貴總督劉嶽昭查辦。當時竟有開戰的傳說。清廷對這一流言，雖然未能確定虛實，但覺得應該先事防備。諭令雲貴總督劉嶽昭迅回本任，切實查辦。因爲雲南省的野人，雖住在鐵壁關外，仍是屬於中國，不得謂非中國管理，如果推卻不管，又要發生像日本進攻臺灣生番的往事了。清廷特加派湖廣總督李瀚章前往雲南，會同督撫秉公審訊。

英使嚴重交涉　英公使威妥瑪，氣勢洶洶，七月，到天津和直隸總督李鴻章交涉。後來因在京交涉無結果，離開北京。光緒二年春，李瀚章等人會同覆奏全案情形，說是因洋人帶兵將入關內，鄉民怕有意外，恐入境欺辱，所以集團保衛身家。而不法匪徒和野人乘機擊殺，所以生禍。因爲洋人從緬甸折回雲南，並未照會地方官保護的緣故。這時英公使已回北京，夏天，據他所得的報告，堅稱馬嘉理的被害，是由岑毓英主使，要求將全案人證提京覆審，並提出種種要求。清廷不允，又逕自出京南下，不繼續前議；用意是在報告政府，主張開戰。

李鴻章負責交涉　當時，李鴻章深以開戰爲不利，而英公使威妥瑪又命令英國遠東艦隊進逼直隸灣，實行恫嚇，朝野不安。李鴻章計劃挽救。清廷派他爲全權大臣，六月，到煙台和威妥瑪進行結案辦法。

煙台會談　英公使威妥瑪在重行開議時，仍堅持前議，要將全案提京。英公使並已派觀審員回英面陳，將全案文件，呈送本國查核，一月以內，必有辦法。李鴻章和他反覆辯駁，以滇案已經由欽差大臣查明，如果要提審督撫大員，必需要先交出岑毓英指使證據，才可據情請旨。接著英公使又提出去年在北京所議的辦理滇案、優待駐京大臣、整

理通商事宜三大端，一併議辦，纔可結案。當時另有六國公使。聚集煙台，李鴻章加意聯絡，頗得公使們的好感。公使們對英公使堅持全案提京再訊，既無確證，認為亦屬不是。英公使威妥瑪迫於公論，允許議商。

煙台條約　七月，議定條約三大端十六款，大致照總理衙門以前所議，是為煙台條約。其要點：一、昭雪滇案，賠償卹款及用費，共關平銀二十萬兩。二、派使赴英表示惋惜之意。三、英國在上海設立承審公堂，審理英人案件，凡各通商口岸，有關英人命盜案件，英國公使可派員觀審。四、開宜昌、蕪湖、溫州、北海為商埠，英國可派領事。重慶英國亦可派員察看。五、除洋藥另議辦法，在新關併納釐稅外，所有各口租界一律免收洋貨釐金。另有專款一條，英國可派員由北京經歷甘肅、青海、或由四川等處往西藏到印度探訪路程。但英商以為租界免釐，鴉片稅釐加重，頗不滿意，英政府沒有批准條約。到光緒十一年（1885 年），由駐英公使曾紀澤和英外相加訂續約十款，規定鴉片稅釐並徵辦法，英政府始批准全約。.

緬甸與中國的關係　英國為何窺伺中國西南各省？因為這時英人勢力，已經深入緬甸。煙台條約簽訂後十年，英國終於滅了緬甸。緬甸在宋代以前，稱為古朱波國。元代在緬甸曾設置行省，等於內地。明代常朝貢中國。並在緬北設兩宣慰使司，直屬中國。清初，明桂王逃入緬甸，曾捉送桂王於吳三桂。因此特功不朝貢，乾隆時，清廷曾發兵進討。遂向中國乞和入貢。乾隆五十五年（1970 年），清廷冊封緬甸國王，定十年一貢。

英侵緬甸　緬甸和印度相鄰，英國滅印度後，遂積極謀侵略緬甸。道光四年（1824 年），英兵占據仰光。道光六年，緬甸割地求和。

咸豐元年（1851年）及二年，英軍進攻緬甸，又割取緬甸擺古州和仰光港。於是南緬甸全爲英國所有，緬甸只保持了怒江上游。因爲中國向來不過問藩屬內部的問題，加以道光朝以後，國內多事，也無力顧及。

英滅緬甸　　光緒十年（1884年），緬甸國王和法國訂立密約，割湄公河以東的地方給法國。英國知道，更積極設法抵制法國。光緒十一年，英乘法國侵略越南的時候，藉故進攻緬甸，緬人抵抗失敗，英人囚禁緬王，滅掉緬甸。十二年，把緬甸編爲印度的一部。

緬甸求援　　當時緬甸土司，仍在反抗英國。光緒十一年冬天，稔柞土司坐把，從滇邊遣使備呈文和貢物求援。呈文說：「坐把不忍坐視失國之慘，並不屑聽洋人調度，情願傾心歸服中國。現今糾合得十九繆，聚兵二萬有餘，同伊爭戰。無奈力不能支，邀求奏懇皇上，發兵救援，將洋兵掃蕩。諸事願聽指揮，官民無不樂從。」十二年春天，坐把又會合各處土司具稟乞援：聲稱「前曾兩次專人前赴天朝，求發救兵。至今未蒙指示，實深焦急。茲特復遣阿麻己等再赴騰越，務懇轉奏天朝大皇帝發兵救援，代爲恢復。或懇求簡派大官，前往英國調和。……如英國不允，則唯有拚命一戰，勝則或有轉機，不勝則我等男女，情願投奔中華，永爲子民，誓不受英人凌虐。……」當時雲貴總督曾代爲轉奏，上諭不准遽開邊釁，恐怕又再發生越南的後果，緬民也就不幸受英國統治了。

中英協約　　光緒十二年，緬甸滅後，清廷曾命駐英公使曾紀澤，抗議無效。英人只允許代緬甸進貢中國。五月，中、英在北京訂約，承認英國對緬甸有最高主權。英國承認緬甸照常例每隔十年遣使，向中國進貢一次。光緒二十年（1894年），續議滇、緬劃界，英國爲避免與法衝突起見，以前緬政府承認割與法國的湄公河左岸孟連江洪兩地歸中

國，但規定不得割與他國。光緒二十一年五月，中國與法續訂界約，割江洪等地給法國。英人責難清廷違約。在光緒二十三年正月（1897年），再與英國簽訂中、緬條約附款，開騰越及梧州、三水爲商埠，允許緬甸鐵路通到雲南。宣統二年（1910年），英人更乘機進占片馬，始終未能正式解決。至於緬甸每隔十年進貢一事，以後英國從未提起。

第四節　西南邊藩的喪失

英法交侵暹羅　暹羅在清乾隆朝，由華人鄭信（通稱爲昭）爲國王，他和繼任國主，都受清冊封爲暹羅國王。在十九世紀前半期，暹羅和外國來往，並與英、法、美等國訂約通商，輸入西方文化。法併安南、英滅緬甸以後，都想向暹羅發展。當時緬甸有一種撣人，他們居在湄公河兩岸。英人想藉此占據湄公河上流，以通雲南。法國也因湄公河右岸地方，本來屬於越南，因此要求暹羅撥歸法領。暹羅無法應付兩國，只得請求在湄公河上流，劃出中立地帶，法人不允。後來暹羅政府要求請歐洲局外國來公斷，法人也不允。法國竟自動出兵，驅逐河上暹羅守兵。暹羅本想倚賴英國支持，但英國想藉口均勢，乘機取利，所以對法人侵略暹羅，聽任法人孤行，置之不問，好爲將來要求地步。法人又用兵艦封鎖湄南河口。溯江直上，進迫都城曼谷。暹羅政府不得已，只得割湄公河左岸和河中小島，給與法國。並允許在右岸二十五公里以內和拔旦邦、安哥爾兩州，不置要塞和營壘。從此暹羅的下老撾地方，都由法國占領。英國怕法國勢力過大，提議在上老撾地方，即湄公河上游，不能歸法人占領，英、法兩國協商，劃定了中立地帶。

暹羅脫藩　光緒十九年（1893年），法人忽然破壞條約，在中立地帶建築堡塞。後來兩國再度協商，以湄南河爲雙方界線，薩爾溫江以東，馬來半島等部，是英國的勢力範圍，拔旦邦、安哥爾、賴脫各州，

算法國的勢力範圍。允許暹羅獨立，兩國都不得派兵入境或謀取特別權利。一八九六年一月，英、法協約成立，聲明暹羅獨立，片面廢止入貢中國舊例，暹羅遂和中國脫離關係。既不通知中國，中國也未過問。協約對中國西南各省的權利，也擅自規定。至於暹羅本身，趁兩強相持不下的機會，極力變法自強，整頓海陸軍，革新政治，國際地位，便逐漸地提高了。

英控藏南三國 在喜馬拉雅山以南，有三個小國，在東面的是不丹，在中間的是哲孟雄，在西面的是尼泊爾。清朝中葉，都是中國的藩屬。英國占據印度後，即不斷侵略三國。光緒十一年（1885年），英國控制尼泊爾的軍政外交，只保留了對中國宗藩關係的虛名。光緒十四年（1888年），在哲孟雄設置行政官，監督哲國內政外交。光緒十六年（1890年），由駐藏大臣升泰和印度總督藍斯頓（Lansdowne）簽訂藏、印條約八款，劃分藏邊國界，承認哲孟雄為英國保護國。宣統二年（1910年），不丹也完全受英人控制。清廷外務部以不丹和尼泊爾為中國藩屬，曾向英國駐北京代辦交涉，但無結果。當中國西南藩屬發生糾紛，西藏和雲南等地，也不斷地多事了。

葡國租借澳門 此外，還有澳門的讓給葡萄牙，附在本節裡敘述。葡萄牙人借居澳門，本是按年納租的。（數目有的記載說五百兩；有的說六百兩；有的說一千兩，後減為五百兩。）道光二十九年（1849年），藉口頭目亞馬勒被殺，抗不交納。同治元年（1862年），葡人請法國介紹，和中國訂立條約。但因澳門問題，未曾互換。同治七年（1868年），總理衙門議由中國償付葡道路房屋費一百萬兩，以收回澳門，但未成功。法、越事發生，葡人自稱是無約的國家，可以不守局外中立。中國怕葡人引法國兵船從澳門入侵，加意敷衍。

許葡永管澳門　鴉片從五口通商後，變相開禁，咸豐時太平軍事大起，且徵收稅釐。光緒十一年（1885 年），中、英訂煙台條約續約，每百斤共徵稅釐八十兩，但只是香港緝私，尚無法禁絕，必需澳門合作。光緒十三年（1887 年），派稅務司金登幹在葡京訂草約四款，許葡國永居管理澳門。十月，在北京訂立正約，但澳門須幫助緝私。澳門割讓以後，界址又未能畫定，葡人常常私自擴充。光緒三十四年（1908年），日本軍艦二辰丸私運軍火入中國，在澳門附近中國領海查獲，日人竟唆使葡人，說是在葡國領海內，結果中國只有向日本道歉和收買軍火了事。宣統元年（1909 年），兩國議界時，葡人又要求附近大小橫琴各島嶼，中國未允，旋因葡國發生革命，談判終止，結果成為懸案。

自強運動

第一節　從海防到洋務

晚清的革新運動　從鴉片戰爭起，中國不斷受到各國的壓迫，自尊自大的氣習，逐漸打破。部分人士，也在對外國的接觸中，知道如果繼續維持舊的制度，實不足以應付新的改變，這樣，便出現了晚清的革新運動。

革新運動三時期　革新運動，根據其演進的重點，可以分為三個時期：第一個是海防時期。鴉片戰爭以後，雖然打破了中國妄自尊大的習慣，但一般人的見解，都歸咎於邊疆和海岸防禦的鬆懈，以為只要能鞏固防務，慎修戰備，就可抵抗敵人，所以稱為海防時期。至於英、法聯軍之役以後，朝野上下，有不少人知道非效法外人，不足以圖存，不足以禦外。於是先後舉辦新政，大致不外培養外交人才和充實武備兩方面，這些東西，都是向外洋去學的，所以稱為洋務時期。然而中、日甲午一戰，多年來所練的堅甲利兵，竟打不過日本，革新人士進而注意到政治的改革，和學藝的研究，洋務變成了時務，這一個時期，就稱為維新時期。

林則徐對外人的認識　雅片戰爭時期，林則徐對外人的認識，遠比同時的人要正確。他到廣東以後，叫人翻譯澳門、新加坡、印度、南洋的報紙，世界地理，國際公法和外人對中國的批評，做知彼的工夫。魏源根據搜集的資料，編成海國圖志。後來竟啟導了日本的維新。林則徐還反對封關禁海，不主張中國閉關自守。他雖嚴厲禁菸，卻不主張和英國絕交開戰，曾行文英吉利女王，請其自行禁菸。為了防備英國，曾購買西洋礮二百尊，洋船一艘，他知道作戰必需大礮，曾奏請清廷「製船必求其堅，造礮必求其利。」但未為宣宗接受。

林則徐未行其志　林則徐等人提倡以夷制夷，以夷器制夷。但林則徐並沒有得到實施改革的機會。因爲鴉片戰爭一起，他即被黜。雖然，後來他老年做了陝甘總督和雲貴總督，但那兩地正忙於治安問題，而且財力薄弱，遠不如沿江沿海的省分易於辦事。當時有同樣見解的人又少，曲高和寡。所以他終身未能實行改革的計劃。可是那時研究天下大勢和海疆問題的人，有不少的著作，多半是由於他的啟示。他認識世界大勢，比後來的洋務派人物還要透徹。在告病家居的時候，有人問他西洋的事情；他說：「終爲中國患者，其俄羅斯乎？吾老矣，君等當見之。」他的預言，不料一百多年後，竟不幸而言中了。

對外器的佩服　戰爭期間還有人仿製輪船，用人力推動。並購買洋船。戰後，廣州的商人，曾雇用美人造水雷船隻，買洋鎗呈送宣宗，宣宗亦稱爲「絕頂奇妙之品」，可見看到外人武器的人，沒有不驚服的。

林則徐的同志　至於魏源的「海國圖志」，當時陳澧歎爲奇書；後來張之洞也稱此書，爲中國知西政之始。梁廷枏在戰爭前後，編譯了許多有關西方之書。主張以死刑禁菸的黃爵滋，也有「海防圖表」問世。還有其他的人，也有關於海防的著作。這些人的看法和主張，自屬實際正確，可惜未能發生影響。否則，自強運動不至於延遲到二十年後，方見諸行動。

自強運動的重要人物　事實的教訓是驚人的，林則徐主張以夷制夷，以及琦善的屈辱求和，都因爲親聞目睹的事實，使他們有如上的主張。英、法聯軍之役，又給了另外一批人的教訓。那時負責辦理外交的恭親王奕訢和大臣文祥，就因此有了西方武器超過中國的觀念。認識了外國人肯遵守條約，尚可以信義籠絡。而且外國人肯賣軍器給我們，

把製軍器和練兵的方法教我們。這正是中國自強的好機會。恭親王奕訢
是文宗的胞弟，穆宗的叔叔，位居親貴，他有這樣見解，自然成為推動
洋務的重要人物。因為洋務的目的在求自強，所以洋務運動，通常稱為
自強運動。

　　自強運動的發動者　同一時期，在南方與太平軍角逐的曾國藩、
左宗棠、胡林翼、李鴻章，和外國人有了接觸，也逐漸對外事有了認
識，外國的輪船和礮火，都給了他們重大的刺激，他們終於參用外國的
輪船和鎗礮，平定了太平軍。所以他們也主張採用西法，練兵製器，以
求自強。在朝內朝外合作之下，自強運動逐漸地有了成就。自強運動的
朝外發動者是曾國藩，只有他的號召纔有力量，內足以配合奕訢、文祥
等的支持，外足以使同僚競相傚從。他有啟導後繼的力量，可惜他沒有
克享大年，只六十二歲，死於兩江總督任所。這時軍事已告結束，該是
建設的時期了。猶幸他的學生，李鴻章繼承了他的未竟之業。

　　李鴻章力主變法　李鴻章的眼光敏銳，他早在同治三年（1864
年），痛快地提出「變法」的主張。那年，他給恭親王奕訢和文祥的信
裡說：「鴻章竊以為天下事窮則變，變則通。中國士夫，沉浸於章句小
楷之積習。武夫悍卒，又多粗蠢，而不加細心。以致所用非所學，所學
非所用，無事則斥外國之利器，為奇技淫巧，以為不必學；有事則驚外
國之利器為變怪神奇，以為不能學。不知洋人視火器為身心性命之學
者，已數百年，一旦豁然貫通，參陰陽而配造化，實有指揮如意，從心
所欲之快。…前者英、法各國，以日本為外府，肆意誅求。日本君臣發
憤為雄，選宗室及大臣子弟之聰秀者，往西國製器廠師習各藝；又購製
器之器，在本國製習。現在已能駕駛輪船，造放炸礮。去年英人虛聲恫
嚇，以兵臨之。然英人所恃為攻戰之利者，彼已分擅其長，用是凝然不
動，而英人固無可如之何也。夫今之日本，即明之倭冠也。距西國遠而

距中國近，我有以自立，則將附麗於我，窺伺西人之短長。我無以自強，則並效尤於彼，分西人之利藪。日本以海外區區小國，尚能及時改轍，知所取法。然則我中國深維窮極而通之義，夫亦可以皇然變計矣。……杜摯有言曰：利不百，不變法；功不十，不易器。蘇子瞻曰：言之於無事之時，足以為名，而恆苦於不信；言之於有事之時，足以見信，而已苦於無及。鴻章以為中國欲自強，則莫如學習外國利器，欲學習外國利器，則莫如覓製器之器。師其法而不必盡用其人。欲覓製器之器，與製器之人，則或專設一科取士，士終身懸以為富貴功名之鵠，則業可成，藝可精，而才亦可集。」他這封信指出中國變法，迫不及待。且看出日本有侵略中國的可能。自是第一流的眼光。以後他本人，就遵守著這個觀點，興辦洋務，推進自強運動。

對外事認識加深　由於外患和內亂的關係，使得不少中央官員和地方大吏，對外事有所認識。然而對外事作更進一步的了解，卻得力於多與外人接觸。自從五口通商以還，教士可在五口傳教，其中不乏學問之士，與士大夫往還，傳播新知，交換學問。天主教會在上海設學校、天文臺、圖書館，印刷所，學校更廣佈各地。期刊、書報亦在香港、上海發行。少數青年因為與教士的接觸，如容閎、黃寬等人得赴美、英留學。容閎回國，成為傑出人材，曾、李購買機器，和派遣幼童赴美留學，都由他主持。同治年間，外使駐京，雙方接觸加多，外事既明，了解亦深。對自強運動的發展，亦有影響。

第二節　自強運動的成績

李鴻章與自強運動　李鴻章的一生事業，可說是與自強運動相始終，他支持晚清政局，負軍政、外交重責，其功實不可沒。他練淮軍，採用新式武器；辦外交，講實際情況。他知道中國武器不如人，要自製

鎗礮，更進而有種種的建設。所以晚清的洋務，和外交大計，他很少不
參與的。自強運動的成績，以他最大，可能比同時人所做的總和還多。
眞是中國近代史上一位了不起的人物。

　　成立外交機關　英、法聯軍以前，「夷務」都由兩廣總督負責，
有時加以欽差大臣身份，既非專任職務，亦無常設機關。英、法聯軍以
後，對外國交涉加多，外使又要駐京，非成立新機關，不足應付，咸豐
十年十二月（1861 年 1 月），特設總理各國事務衙門，簡稱「總理衙
門」或「總署」、「譯署」。派奕訢、文祥等人主持。天津、上海還設
通商大臣，後改北洋、南洋大臣，由直隸、兩江總督兼任，北洋大臣最
爲重要，李鴻章以直隸總督兼領了二十五年（同治九年到光緒二十一
年，一八七〇到一八九五）。

　　訂約和遣使　關於訂約的情形，在第八章第三節裡，已經提到。
遣使開始於同治五年（1866 年），總理衙門因總稅務司赫德（Robert
Hart）的勸告，派知縣斌椿率領同文館學生數人，到歐洲觀光。第二
年，正式任命前美國駐華公使蒲安臣（Anson Burlingame）及志剛、孫
家穀爲專使，前往美、英、法、德、俄等國訂約，但屬臨時性質，同治
十年，又有崇厚到法國報聘的舉動。光緒元年（1875 年），派郭嵩燾
和許鈐身出使英國，陳蘭彬和容閎出使美、日（西班牙）、秘國，以後
陸續在各國設立使館。

　　設置總稅務司　中外訂約通商，五口都設置海關，上海的商務最
大，稅收特多。咸豐三年（1853 年），天地會支派小刀會劉麗川占領
上海，海關監督不能行使職權。英、美、法三國領事派員代向外商徵收
關稅。外人開始干預中國海關。咸豐四年，蘇松太道吳健彰和三國領事
商議，成立關稅管理委員會，由外人擔任。八年，天津條約善後通商章

程，規定由中國請英人爲海關總稅務司，並在各口岸設立稅務司，由外人充任。首任總稅務司爲英人李泰國。同治二年（1863年），由英人赫德繼任，歷時四十多年，赫德除口掌管海關，還常常參預中國的外交、政治事務。

設機器局　同治元年（1862年），李鴻章在上海設礮局三所。同治三年，曾國藩在南京設廠，製造礮火。同治四年，曾國藩、李鴻章添購機器，擴充上海礮局，成爲江南機器製造局，還附設譯書館。同治九年，李鴻章在天津將崇厚所設機器廠，整頓擴充。以後四川、山東、廣東、湖北各地，也紛紛設立兵工廠和機器廠。

設船政局　同治元、二年間，曾國藩在安慶設局製造洋器，全用華人，造成一小輪船，不過行駛遲鈍。同治二年，曾向英國購買七條小兵輪，因英人經辦不實，退還發賣。上海、天津機器局，也兼造輪船。同治五年（1866年），左宗棠接受常捷軍將領法人日意格（Giquel）意見，在福州籌設船政局，第二年成立，由沈葆楨主持。九年內造成輪船十五隻，還附設船政學堂。到光緒三十三年，共成船四十隻。

設同文館　外交上需要翻譯人員，製造機器武器船隻等物，也要通西文的人員。同治元年，總理衙門在北京設立同文館，選拔人員學習外國語文和國際公法。第二年，李鴻章在上海設立廣方言館，訓練譯書人員。廣州也成立同文館。後來，北京同文館加以擴大，研究天文算學。廣方言館，則併入江南製造局。

派留學生　曾國藩和李鴻章，接受容閎建議，派送幼童赴美留學，每年三十人。同治十一年（1872年），由容閎率領，第一批學生赴美，一共派出四批。光緒元年（1875年），沈葆楨派福建造船廠學

生，隨法人日意格，到法國留學。第二年，李鴻章派軍官七人，到德國學陸軍，沈葆楨與李鴻章派船政學生三十人，赴英、法學習造船與駕駛。以後愈派愈多。不僅西到歐、美，而且東到日本。

設新式學堂　前面所說的同文館和船政學堂，同治六年（1867年），江南製造局附設機器學堂，都可以算是新式學堂。到光緒年間，添設更多。光緒五年（1879年），設電報學堂。六年，李鴻章奏設北洋水師學堂，分設駕駛管輪兩科，這是後來北洋海軍幹部的培養所。十一年，李鴻章奏設天津武備學堂，培養陸軍人材。十二年，兩廣總督張之洞設立廣東陸師學堂。十三年，又設廣東水師學堂。十六年，南京也成立水師學堂。十九年，湖廣總督張之洞奏設自強學堂，擬設方言、格致、算學，商務四齋，實際只設方言一齋。十九年，天津設醫學堂。二十一年，湖北設武備學堂。同年，盛宣懷奏設天津中西學堂，分工程、電學、礦務、機器、律例五門，是北洋大學的前身。二十三年，盛宣懷奏設上海南洋公學，注重政治學。也設有工藝、製造、礦冶等門，是交通大學的前身。二十三年，湖南設時務學堂，是梁啟超講學地方，在造就維新人才。二十四年，戊戌維新時，設京師大學堂，兩年後停辦。二十八年恢復，是北京大學的前身。從以上說明可以看出，最早設立學堂目的，在培養習西文通外情的人材，以後是訓練有關國防軍事和製造的人材。到光緒二十年中、日戰爭以後，才有正式的大學出現。

設民用工業　同治年間的機器局和船政局，都是與國防有關的工業。民用工業，開始於光緒四年（1878年），左宗棠在甘肅設立織呢機器廠。八年，李鴻章奏請在上海試辦機器織布局。十七年，李鴻章在上海設立倫章造紙廠。十八年，李鴻章成立上海織布局。十九年，又設機器紡織總房。同年，張之洞設湖北織布、紡紗、製蔴、繰絲四局，及針釘廠、氈呢廠。二十年，湖北設聚昌、盛昌火柴公司，多為官股。廿

一年，中、日馬關條約，訂定外人得在中國通商口岸，設立工廠，於是日商的東華、英商的怡和等公司相繼設立，外人開始在中國經營工業了。

設立礦局 為了取煤鍊鐵，光緒四年（1878年），李鴻章飭候選道唐廷樞在開平西南的唐山，開採煤礦，集官商資本二十七萬兩，聘英人為技師長。六年，嶧縣開設煤礦，後改商辦。七年，李鴻章籌設的開平礦務局成立，煤可外運。十三年，熱河四道溝開採銅礦；不久停歇。雲南東川開採白錫、臘、銅礦。十三年，李鴻章開辦黑龍江漠河金礦。十六年，張之洞籌辦大冶鐵礦，十七年開採。後來外人要求開採。最後，也允許國人開採。

辦招商局 李鴻章看到沿海和長江口岸，全是外國輪船航行。在同治十一年（1872年）十二月，創辦招商局，購買輪船四艘，承運漕米，先開上海、天津航線，後來逐漸發展到長江等處。

修築鐵路 同治二年（1863年），上海英商請求李鴻章，修築蘇滬路，未准。四年，英商在北平宣武門外，造小鐵路一里多，試行小火車，不久拆去。十三年（1874年），上海英商請准修築上海、吳淞間窄軌鐵路。光緒二年（1876年），淞滬鐵路築成行車。光緒三年拆去。七年，開平礦務局修築唐山到胥各莊十公里標準軌鐵路。當年告成，初用騾馬拖車。八年，開平礦務局製成第一輛機關車行駛。十二年，臺灣巡撫劉銘傳，請准修築鐵路。十四年，唐胥鐵路接通天津，李鴻章主持通車式，以後延長為京奉鐵路。十七年，基隆到臺北鐵路通車。兩年後，再通到新竹。二十二年，清廷設立鐵路總公司，借外債修路。二十三年，蘆漢鐵路正式開工，這是中國第一條最長的鐵路。以後修築的鐵路，日見加多。

開辦郵政　同治五年（1866年），總稅務司署設立郵務辦事處，代寄外使文件。光緒四年（1878年）三月二十三日，郵務辦事處開始收寄公眾郵件，海關開始發售郵票。二十二年，清廷核定開辦郵政章程。二十三年，正式開辦大清郵局，辦理一般業務。二十四年，開辦郵政匯兌，保險包裹及明信片業務。二十五年，郵局分支機構，開始推設到內地。

開辦電政　同治十年（1871年），丹麥的大北電報公司，設上海到香港的海底電線。十二年，英國大東電報公司又設香港上海的海底電線。光緒五年（1879年），李鴻章委託丹麥商人，架設天津到大沽口礮臺電線，專通軍報。光緒七年，又架設天津經鎮江到上海的電線。還擴展到北京、漢口、廣州、奉天和西北、西南各地。至於市內電話，是光緒七年在上海設立，由外商經營。二十五年七月，盛宣懷奏准由電報局試辦市內電話。二十六年，南京開辦市內電話，只有十六具。

新建設的目的　以上的各項新建設，其主要的目的全是爲了國防：在同治一朝，以製造軍械和學習有關製造的學識爲主。光緒朝則注意到國防有關的事業，如電信、鐵路、築港、造艦。以近代化的交通，來配合近代化的國防。但近代化的國防，需款浩大，於是又發展輕工業，來增加國家的收入。一步一步的發展下去，也有了不少的成績。這一洋務運動，就是爲了達到自強目的而產生的，這與主持人的志願並不相背。

第三節　海防建設與西學的介紹

清廷重視海防　自強運動的要務，既是外交與國防，海防建設自然爲其重點所在。前面所說的海防時期，只是鼓吹大家注意海防，偏於

理論的研究。到洋務時期，纔開始建設海防。同治二年（1863 年），
總理衙門曾一度成立小艦隊，有兵輪七隻。但不久解散。福州的船政局
和上海的江南機器製造局，都可以製造輪船。同治十三年，日本出兵侵
擾臺灣，總理衙門大臣深感海防無備，難以應付。日本不過是一小國，
只因爲有了兩隻鐵甲船，竟敢欺凌中國，西洋各國若再觀變而動，如何
得了！惟有急購鐵甲船、水礮臺，和應用軍械，使敵人知難而退。奕
訢、文祥、李鴻章、沈葆楨等人，都有同樣意見。到馬嘉理案發生，沿
海再度吃緊。於是由兩江總督沈葆楨，和直隸總督李鴻章，分別負責南
洋、北洋的海防建設。

北洋爲海防重心　光緒元年（1875 年），李鴻章即籌辦鐵甲兵
船，沈葆楨也積極進行海防。經過伊犁和琉球的爭端，更加努力進行。
南洋、北洋、閩海、粵海分別辦理。北洋因爲地近京師，財力較足，建
設更有成績。李鴻章分向英、德購買鐵甲船，設立天津水師學堂，築旅
順軍港和礮臺，聘用洋員和留學英、法學生負責辦理。

編練北洋海軍　光緒八年（1882 年），朝鮮壬午事變，海防更
覺重要。十年，中、法戰爭，福建艦隊全毀，臺灣也被封鎖。倘若沒有
強大海軍。實難抵抗強敵。十一年，清廷決定設立海防事務衙門，由醇
親王奕譞總理海軍事務，奕劻、李鴻章會同辦理，先由李鴻章專司其
事，精練北洋海軍。聘英人琅威理（W. M. Lang）負責訓練，軍容很是
嚴整。十四年十一月，北洋海軍正式成軍。噸位有三萬多，占世界第八
位。主力艦有定遠、鎮遠，噸數各爲七千三百多噸，經遠、來遠，各有
二千九百噸。但是從這年起，便沒有添購新船。軍務日漸廢弛。慈禧太
后，又挪用海軍經費，修建北京三海與頤和園，先後約用銀二千多萬
兩。琅威理去職以後，海軍的精神紀律，更是日見下降。

臺灣與海防　鴉片戰爭以後，臺灣雖被英、美注意，卻沒有發生問題。日本侵擾臺灣，清廷纔認識臺灣的重要。沈葆楨曾說：「臺地向稱饒沃，久爲他族所垂涎；今雖外患暫平，旁人仍眈眈相視，未雨綢繆之計，正在斯時。……年來洋務日密，偏重在於東南；臺灣海外孤懸，七省以爲門戶，其關係非輕。」爲了海防，勢非建設臺灣不可。

沈葆楨主持臺局　因爲日軍侵臺，沈葆楨受命爲欽差大臣，到臺灣主持全局。同治十三年（1874 年）和光緒元年（1875 年），他兩度來臺。在臺時間只有一年另半個月，但規劃的事情不少。對地方的建設是開山通道，安撫生番。募民移墾，開放臺灣。還將原有的一府、四縣、兩廳，改爲二府、八縣、四廳，治理較爲周密。對新政的推行，是採掘煤礦，修建礮臺，購置輪船。臺灣建省的植基，是始於沈葆楨的任內。

丁日昌壯志未伸　接辦沈葆楨工作的是福建巡撫王凱泰，有心推行新政，他在光緒元年五月到臺，十月病死。由丁日昌繼任。他在光緒二年十二月到臺灣，不但繼續開墾、開礦工作，還架設電線，添建礮臺，教化番民。而且計劃修築鐵路，編練水師陸師，開拓硫磺、煤油、茶、鐵、樟腦等利益，可惜都未及實行。三年七月，因病請假回籍就醫。以後雖有繼任福建巡撫，較少表現。

臺灣建省　光緒元年十二月，袁葆恒奏請臺灣建省。其後丁日昌也奏請特派大臣督辦臺防。到中、法戰後，清廷認識海防重要，不僅宣佈設立海軍衙門，也決定臺灣建省，劉銘傳出任首任巡撫。

劉銘傳的成就　劉銘傳是位有眼光的軍人，力主推行新法，希望「奉一島之設施，爲全國之範」、「以一島基國之富強。」要把臺灣建

設成中國近代化的模範省。他的成就，比沈、丁兩人大得多。完成了兩人未竟之業，對地方的建設是開通東西山路，擴大撫番工作；提倡耕織，設番學堂。增設郡縣，分為三府、一州、十一縣、三廳。清理賦稅，以往收入不足一百萬兩，清理後加到三四倍，財政可以自足，纔有餘力建設。對新政的推行，是建設新式礮臺，設彈藥局，防營改用洋鎗。修築縱貫線鐵路；添購輪船八艘，航線可到南洋。設郵政電線，創立電報學堂和中西學堂，訓練建設人材。開礦和提倡種植茶棉。興水利和設通商總局。沒有不積極推行的。他在任六年，光緒十七年（1891年）去職；後任邵友濂，停止一切新政，實在令人惋惜！

　　介紹西學的重要　為了配合和擴大自強運動的成績，學習西學和介紹西學，更是有迫切的需要。前一節裡，所說到的設同文館，派留學生，設新式學堂，都是為了學習西學。至於介紹西學，在明、清之際，已有過不少的成績。那是由耶穌會會士發動的。到道光、咸豐朝，西學又再度輸入，英、美新教徒很有貢獻。延續到同治、光緒朝，成績蔚然可觀。

　　譯書工作的展開　咸豐年間，英教士偉烈亞力（A. Wylie）、艾約瑟（J. Edkins）、慕維廉（W. Muirhead）與算學家李善蘭、華衡芳均有來往，偉烈亞力李善蘭合譯歐幾里得幾何原本後部，和重學、談天等書。同治年間，同文館譯有外交、公法、政治、法律、歷史、天文，算學、化學等書，廣方言館專門訓練譯書人材，譯書更多，後併到江南製造局。科學家徐壽總理江南製造局，當讀西人書報，親作試驗；他力主翻譯外國有用書籍，在局內設翻譯館，聘請中外學人譯書，到光緒初年，譯書九十八種，內有自然科學四十七種，工藝軍事四十五種，發行達三萬多冊。以後也兼譯他種書籍。此外海關總稅務司，天津水師學堂，金陵製造局，也從事譯書工作。有人估計，清季所譯科學書共

四百六十八種，內算學一百六十四種，理化九十八種，博物九十二種。

教會人士的努力　光緒三年（1877 年），英教士楊格非（G. John）在上海講演，說是西洋文化，如政制、哲學、文化、科學，都是基督教的產物，也爲中國人所需要。從此教士工作，益爲積極。光緒十五年，外人所設學校，有學生一萬六千多人。上海有格致書院，譯初級科學書籍。登州有文會館，譯天文算學書籍。廣州有博濟醫局，譯醫藥衛生書籍。上海的廣學會，成就更大：其中林樂知（Y. J. Allen）主持萬國公報，每週一冊，李提摩太（Timothy Richard）譯著有關改革的歷史政治書籍，其目的在對官員士子，傳播維新思想。並舉行講演，懸賞徵文，設圖書館、博物館，所出書近五百種。李譯的泰西新史攬要，先後銷行以萬計，傳佈尤廣。

甲午戰後的譯書工作　甲午戰後，學日文的人漸多，有人翻譯日本所譯著的書籍，內容未見進步。不過，出身福州船政學堂，留學英國的嚴復，用古文翻譯西書，極得好評。他所譯全是有關思想的書籍，如天演論、原富、名學、群學肄言、社會通詮、法意、自繇論，都是西方第一流的名著，天演論的影響尤大。優勝劣敗的理論，無異對中國人的當頭棒喝。

雜誌和報紙　中國的有雜誌報紙？也受外人影響，萬國公報爲教士所辦。格致書院出刊格致彙編，由英教士傅蘭雅（John Fryer）主持，每月一冊。江海關道譯英國藍皮書，每月一冊，名西國近事彙編，都創刊於光緒元年到四年。日報先有上海字林洋行的上海新報，繼有粵人的匯報、彙報、益報，都早閉歇。同治年間，有英人美查在上海創辦申報，以後有字林滬報、新聞報，和天津的時報、直報。光緒二十一年，北京出刊中外紀聞，上海出刊強學報。一時風起雲湧，各地也紛紛創辦

新報，對啟發民智，大有貢獻。

第四節　自強運動的阻力

　　守舊派反對洋務派　　主持洋務的人們，有如上的成績，真不容易。他們每做一事，並不能隨心所欲。雖然那時沒有議會來反對，可是反對的力量，也足令人心灰氣沮。要不是奕訢、文祥、李鴻章、左宗棠等人的堅持毅力，就連這一點成績，也不可得了。當洋務開始推行的時候，反對的人不知多少。這批守舊派，我們不能痛罵他們頑固昏庸，他們的反對是自有其理由的。人都有懷舊的心理，尤其是過慣了農業社會安土重遷的中國人。他們沒有和外國人接觸的機會，無從了解外國的事物。所受的教育，全是中國舊式教育，傳統的觀念深入腦筋，很難有改變的可能。反對派中不乏道德高尚、學問淵博人士，他們的反對，在社會上具有極大的力量，品德事功如曾國藩的人望，才華功業如李鴻章的成就，超眾不凡如郭嵩燾的見解，都被他們罵得體無完膚。其他才智功業之士，如左宗棠、沈葆楨、曾紀澤、劉銘傳、薛福成等人，也遭受了同樣的命運；等而下之的人，自更不用說了。

　　奕訢與倭仁的爭辯　　他們怎樣反對洋務運動呢？例如在同治五年（1866 年），奕訢、文祥奏請在同文館添設天文算學班，招收正途出身人員為學生時，以講究理學知名，和曾國藩有深交的大學士倭仁上奏反對說：「竊聞立國之道，尚禮義不尚權謀；根本之圖，在人心不在技藝。今求一藝之末，而又奉夷人為師，無論夷人詭譎，未必得其精巧；即使教者誠教，所成就者不過術數之士。古今未聞有恃術數而能起衰弱者也。天下之大，不患無才。如以天文算學必須講習，博采旁求，必有精其術者。何必夷人？何必師事夷人？」奕訢義正辭嚴的奏駁他說：「該大學士既以此舉為窒礙，自必別有良圖。如果實有妙策，可以制外

國而不為外國所制，臣等自當追隨該大學士之後，竭其樗昧。悉心商辦。如別無良策，僅以忠信為甲冑，禮義為干櫓等詞，謂可折衝樽俎，足以制敵之命，臣等實未敢信。」反駁得雖有理由，但正途出身的人，卻聽了倭仁的話，不去考算學班了。

　　李鴻章受人辱罵　李鴻章認識學西洋文字，是了解他們科學的必需工具，不僅要學科學，更要去學文字。他說：「彼西人所擅長者，測算之學，格物之理，制器尚象之法，無不專精務實，洸有成書，經譯者十纔一、二，必能盡閱其未譯之書，方可探賾索隱，由粗淺而入精微。我中華智巧聰明，豈出西人之下？果有精熟西文，轉相傳習，一切輪船火器等技巧當可由漸通曉，於中國自強之道，自有裨益。」然而他提倡洋務的結果，只落得士大夫罵他：「李二先生（鴻章行二）是漢奸！」

　　郭嵩燾受人指責　郭嵩燾奉令出使英國，總理衙門令其報告見聞，他寫了「使西紀程」一書，有更進一步的主張。士大夫也群起而攻之。在北京作官多年的名士李慈銘，所著的「越縵堂日記」裡，便大罵他說：「嵩燾自去年在福建被召時，即上書痛劾滇撫岑毓英（指馬嘉理案），以此大為清議所賤。入都以後，眾詬亦叢，下流所歸，幾不忍聞。去年夷人至長沙，將建天主堂，其鄉人以嵩燾主之也，群欲毀其家，值湖南鄉試，幾至罷考。迨此書出，而通商衙門為之刊行，凡有血氣者，無不切齒。於是湖北人何金濤以編修為日講官，以疏嚴劾之，有詔毀板，而流傳已廣矣！嵩燾之為此言，誠不知是何肺肝，而為之刻者又何心也！嵩燾力詆議論虛驕之害，然士大夫之冒為此議論者，又有幾人哉？嗚呼，余特錄存其言，所以深著其罪。」

　　曾紀澤受人批評　郭嵩燾寫信給李鴻章說：「曾劼剛（紀澤）以家諱乘南京輪船至長沙，官紳起而大譁，數年不息。」他任駐英公使回

國後，很想有所作爲，但爲同官當路所扼，無法施展而死。

修鐵路的阻礙　光緒二年（1876年），英商修築的淞滬鐵路，因爲一士兵在軌道行走，被火車撞死，引起地方嚴重交涉，只得停車。第二年九月，兩江總督沈葆楨以銀二十八萬五千兩，買下拆毀。所以光緒七年，修築的唐胥鐵路，開始只准用騾馬拖車。後來用機車行駛。御史又說機車開駛，震動帝王陵寢，而且噴出的黑煙，有傷禾稼。直到光緒二十二年，盛宣懷督辦蘆漢鐵路，後來將建築黃河鐵橋，御史也說黃河通天，架設大橋，天怒人怨，地方必將遭劫。奏請嚴加處分。幸賴左宗棠、李鴻章合力奏保，始告無事。

修電線的阻礙　光緒七年，從天津到上海，架設電線，反響較少。到光緒十六年（1890年），盛宣懷展設晉、陝、甘三省電線，在山西樹立電線木桿。適逢山西發生旱災，御史也說方今天旱之際，遍地立桿，桿字旁邊乃爲旱字，無異雪上加霜，民生堪虞。請求嚴辦盛宣懷。也經李鴻章力保，電報線路，始告完成。

洋務派的感慨　這一批反對派，使得全國的民衆，都跟著他們走，自強運動所遭遇的阻力，是何等的廣大！他們寧願守舊，不學西法，不願前進。氣得恭親王奕訢在同治五年，上奏時曾說：「夫天下之恥，莫恥於不若人，⋯⋯西洋各國，雄長海邦，各不相下者無論矣。若夫日本蕞爾國耳，尚知發憤爲雄。獨中國狃於因循積習，不思振作，恥孰甚焉！今不以不如人爲恥，而獨以學其人爲恥，將安於不如而終不學，遂可雪其恥乎？」李鴻章寫信給王闓運說：「天下事無一不誤於互相牽制，遂致一事辦不成，良用喟歎。⋯⋯今各國一變再變，而蒸蒸日上，獨中土以守法爲競競，即敗亡絕滅而不悔，天耶人耶，烏得而知其故耶？」郭嵩燾寫信給李鴻章說：「竊謂中國之人心有萬不可解者，西

洋爲害之烈，莫甚於鴉片菸。英國士紳，亦自恥其以害人者爲搆釁中國之具也，方謀所以禁絕之。中國士大夫，甘心陷溺，恬不爲悔。數十年來，國家之恥，耗竭財力，無一人引爲咎心。鐘錶玩具，家家有之；呢絨洋布之屬，徧及窮荒僻壤。江、浙風俗，至於舍國家錢幣，而專行使洋錢，且昂其值，漠然無知其非者；一聞修造鐵路電報，痛心疾首，群起阻難，至有以見洋人機器爲公憤者。……是甘心承人之害，以使腠吾之膏脂，而挾全力自塞其利源，誠不知其何心也。」

艱難中的收穫　從上面的敘述看來，奕訢、李鴻章這一般人，是在何等艱難的環境中，一步一步地把中國帶上了近代化的道路。所可惜的，他們也出身於舊社會，只受到舊式教育，單憑和外人接觸的結果，只注意到皮毛的改革，而沒有統籌全局，求全盤的維新。所以未能使中國徹底走上自強的境界。但他們總是鞠躬盡瘁，經過三十多年來的努力，在大體上，卻給了西方人士對中國煥然一新的感覺。

第十五章

中日交涉與甲午戰爭

第一節　中日的訂約與遣使

日本要求訂約　日本在中國的東北海洋中，秦、漢時即通中國，受中國的文化影響極大。中國在明代，受倭寇的侵害很深。所以清初開海禁後，仍只准中國人去，不准日本人來。日本本身，也在閉關自守時代，和各國都無來往。咸豐三年（1853 年），美國艦隊司令潘理（Perry），以武力威脅日本通商。第二年簽訂條約，開商埠對外國通商，但日人仍是反對外人的。同治七年（1868 年），明治天皇元年，全國已經統一，銳意西化。和各國訂立條約。同治九年（1870 年），派遣使臣柳原前光到天津，寫信給總理衙門要求訂立通商條約。總理衙門認為單是修好通商，不一定要訂條約。但日使堅持不已，總理衙門怕日本找英、法等國介紹，只得允許明年與日本訂約。

疆臣主張訂約　對於訂約事，清廷曾交疆臣籌議，當時開明的督撫，如李鴻章、曾國藩，都主張與日本訂約。李鴻章更看出「日本近在肘腋，永為中土之患。」似可聯絡，以為我用。曾國藩除贊成外，並認為訂約時不可有利益均沾的條款。

中日訂修好條約　同治十年（1871 年），由直隸總督李鴻章和日使財相伊達宗城，在天津議訂修好規條十八款和通商章程三十三款。要點有一、領事裁判權，彼此都有。二、進口貨照海關稅則完納，稅則未載明的，則值百抽五，彼此相同。三、內地通商，明定禁止。都和西方各國不同。約成以後，伊達宗城歸國復命，日政府以為約文不妥。

日本要求改約　同治十一年春天，日政府復派柳原前光到天津，照會李鴻章，李鴻章因他來要求改約，不見。後再求進謁，面送外相副島種臣的照會。照會裡說是奉上諭有三處需要修改：一、修好通商各條

款內因嗣後改定西例應行修改事件。從前我國與各國,彼商民則有來,我商民則無往。而今特發欽使,遍歷歐西,欲取法諸國常行條例,以定我國外交條款,而待彼諸國來人耳。故昨與清所訂條約,至他日我與歐西改定其約之後,例如國法訊斷等事,必有須行更正者,是以應議俟後改正。二、修好條規第二條調處之約。兩國既結和誼,若遇事從中調處,盡其友情,雖無此條,有權可行,此係諸國通例,故此一條須議裁撤。三、修好條規第十一條刀械之禁。刀械之於我國人也,有准無禁,惟清國所禁耳。此遵修好條規第八條,由我領事官檢束之,可毋庸立約明禁也。故此禁約須議除。

李鴻章拒絕改約 其實這三件事,訂約時議定是平等相待的。日本並未吃虧,中國也未吃便宜。而日本派柳原前光前來修改,以便將來批准互換,實屬節外生枝。李鴻章對柳原前光說:「日本與西國改約,成否尚不可知。如果成功,可以換約後再商議。海關收稅,屆時也可商辦。禁止帶刀械的規定,是怕小民滋事,預先防範;由領事官佈告禁止,亦無不可,等約滿時刪除。至於從中調處的一條,信如外相所說,各國都有此權,但既已有了,何必刪除,惹人笑話。」鴻章又告萬國公法,最忌失信,約尚未換,就要議改,全權大臣竟沒有全權,徒貽笑外人而已!柳原前光無辭而退。

中日互派使領 中國不肯改約,同治十二年三月(1873 年 4 月),日本外相副島種臣,親來天津與李鴻章正式換約。四月,又到北京,和各國公使在紫光閣覲見穆宗,賀皇帝大婚和親政盛典,並呈遞國書。副島種臣東歸以後,柳原前光留任公使,駐北京。井田讓為總領事,管十五口商務,品川忠道為領事,駐上海,兼理寧波、鎮江、九江、漢口四處;林則三郎為副領事,駐香港,管廣州、瓊州、潮州三處。但中國到光緒二年(1876 年),纔決定遣使駐日。四年,在日本

設置領事三員。那知日本派遣使臣到中國後，竟在同治十三年，發生日軍侵擾臺灣事件。其後又吞併琉球，那裡談得上親善和好？

第二節　日侵臺灣與吞併琉球

琉球與中日的關係　琉球係合多數島嶼而成的國家，首都那霸在福州東面一千七百里。據說隋代曾遣使朱寬招琉球臣服，未允。明初洪武年間，明太祖遣使招服琉球，當時察度王在位，即遣使貢獻方物。洪武二十五年（1392年），中山王、山南王從子和寨官子同來中國肄業國學。洪武二十九年（1396年），明廷令在國學肄業的山南生歸省，冬季又來。中山也派遣寨官子女官生姑魯妹二人，先後來肄業。明廷頗為優遇。從此奉明正朔。清順治十一年（1654年）。琉球派世子尚質來朝，繳出明廷故印，請求冊封重給。康熙元年（1661年），清廷派使前往冊封尚質為王，並頒新印。規定兩年一貢之例。以後新王即位，必受清廷冊封。琉球稱中國為父國。不過琉球倚仗大國聲勢，不免輕視北鄰日本：日本自以兵力強大，明萬曆三十七年（1609年），派島津家久領兵攻琉球，虜去尚寧王，又把琉球隸屬於薩摩藩，監督他的財政，並規定世子十五歲必遊鹿兒島之例。但琉球仍對中國朝貢不絕。

日本廢琉球為藩　同治十年（1871年），琉球人六十六名，航海遇風，漂流到臺灣，被南部牡丹社的生番，殺了五十四人，剩下的十二人，由臺灣地方官保護，後送回國。第二年，又有日本人四名遭難漂來，險遭殺害。日廷對這事廷議沸騰。正逢明治天皇親政，琉球王子到日京道賀，日京遂廢琉球為藩，冊封尚泰為藩王，派外交官四人駐琉球，取消琉球和美、法、荷三國所訂的條約，改由日本代行。並想趁這機會侵略臺灣。

生番殺害琉民問題　同治十二年，日本派外相副島種臣為全權大使，到中國交換修好通商條約，在北京時，副使柳原前光，曾向總理衙門詢問琉民被害事件，中國為何不懲治？總理衙門大臣毛昶熙、董恂不懂國際公法，推說生番是化外之人，未便窮治。結果貽日人以口實。柳原卻以這口頭談話，報告日本政府。日本政府即決定出兵征討生番。

日兵侵擾臺灣　同治十三年（1874 年），日本派西鄉從道領兵攻擊臺灣南部生番，得勝後並預備長期占領。清廷也派沈葆楨為欽差大臣，領精兵萬人渡臺，督促日軍退出。一面由總理衙門和日本公使柳原前光交涉，但無結果。當時中國軍事積極，加以日軍在臺病死不少。日本政府再派參議兼內相大久保利通為全權專使，來北京交涉。最後表示如果定要日軍退出，中國須賠償兵費。情勢急迫，大有開戰之勢。

中日和議　英公使威妥瑪深怕戰事發生，有礙遠東商務。日本方面，又暗中託他出面調停。日本要求銀二百萬兩。中國只允出五十萬兩。九月，中日成立和議三條：一、承認日本此次出兵臺灣，為保民義舉，中國不指以為不是。二、中國撫卹遇難民人銀十萬兩，補償日本在臺灣修路建房費銀四十萬兩。三、約束生番，以後不再加害航客。

日本奪據琉球　依照上述條約，琉球無形中斷送給日本了。同年，日本把琉球移到內務省管轄。光緒元年（1875 年），日政府禁止琉球向中國派慶賀使和朝貢使，而且要琉球改用日本年號。琉球王尚泰，因與中國有五百多年歷史關係，不忍一旦割絕，哀求寬免，日本不聽。遂遣使向中國告急，那時中國內有新疆回亂，外有伊犁事件。當時中國並沒有承認琉球屬於日本，雖然左宗棠主張「寧以伊犁一部讓與俄國，不可使倭奴橫恣於琉球。」但因自顧不暇，對於琉球問題，未能積極過問。光緒五年（1879 年），日本派遣軍艦，廢琉球王，改為沖

繩縣。中國再向日本力爭，又請前來東方遊歷的美國前任總統格蘭忒
（Grant）調停，但也沒有得到保存琉球宗社的結果。始終成爲懸案。
日本得到琉球，野心不足，還要侵略朝鮮，終於引起了中、日戰爭。

第三節　朝鮮問題的發生

　　朝鮮排斥外人　　朝鮮和中國的關係，有三千年以上歷史。自從周
初分封箕子於朝鮮，便隸屬中國版圖，成爲東方的屏藩。在清朝未入關
以前，朝鮮即受清廷冊封。同治二年（1863年），朝鮮王熙倫卒，立
興宣院君李昰應的兒子李熙爲王，年十二歲，生父執政，號稱大院君。
大院君生性頑固，謹守閉關政策，排斥外人。同治五年，法國教士被
殺，駐華法國公使領兵抗議，失敗而回。後又有美國商船在漢江失事，
駐華美國公使領兵調查，被朝鮮打敗。從此大院君更輕視外人，不斷殺
害教徒。

　　中日朝的關係　　至於朝鮮和日本，本是鄰國，素來通商交好。但
大院君見日本實施維新，對外通商，心存厭惡，不願與日本往來，頒佈
條例，規定「與日本人交往者處死刑」。日本知道朝鮮是中國屬國，同
治十二年，副島種臣前來中國時，曾將朝鮮問題向中國談論，總理衙門
答以「中國對朝鮮，雖加以冊封和奉中國正朔，但是內治外交，中國向
不過問。」日本政府於是決定以獨立國對待朝鮮，並有進攻朝鮮的意見
發生。

　　日朝江華條約　　光緒元年（1875年），日本軍艦雲揚號，因爲
測量朝鮮沿海和中國牛莊等處，經過月尾島，停泊江華灣。日本兵用小
艇上溯漢江，朝鮮礮臺守兵發礮攻擊，雲揚艦還擊，攻破礮臺，奪得永
宗城，掠軍械而去。一方面派使臣森有禮到中國來，交涉朝鮮爲中國屬

國抑獨立國的問題，以免中國的干涉。一方面在光緒二年二月，派遣陸軍中將黑田清隆爲全權大使，以重兵威脅朝鮮議約；當時王妃閔妃漸漸專權，主張親日。結果被迫訂了江華條約。要點有三：一、朝鮮爲自主國，與日本立於平等地位。二、開沿海兩處爲商埠。（後開元山和仁川。）三、朝鮮沿海，由日本人自由測量。

中國漠視江華條約　　這個條約，等於排除了中國的宗主權，擴充了日本勢力。日本和朝鮮都告知中國，但是中國沒有對日本抗議，也不責問朝鮮。因爲中國認爲只要朝鮮承認宗主權就行了，第三國的承認與否是沒有關係的。不過李鴻章看出日本想侵略朝鮮，西洋各國卻只想通商，在光緒五年，曾寫信勸朝鮮要人，開放商埠，對外通商，藉以抵抗外力，李鴻章並極力推動朝鮮對外國的通商。

大院君挑動變亂　　當時朝鮮分成兩派，舊黨主張事華，以大院君爲首領。新黨主張事日，以金玉均、徐光範等十多人爲中堅份子。兩黨政見不同，時起衝突。光緒七年（1881年），舊黨失勢，新黨奉外戚閔氏爲中心，組織新政府，聘日本陸軍中尉堀本訓練新軍，準備裁汰舊軍。八年，朝鮮兵士因軍官吞餉，軍糧惡劣，軍心激變。大院君想乘機顛覆閔氏，恢復勢力，暗中煽動亂兵，進犯王宮；一面派人攻擊日本使館。殺堀本中尉，公使花房義質逃回本國。日本政府，決定發兵問罪。

中國平定朝亂　　當時署理直隸總督張樹聲，採取李鴻章幕僚薛福成的建議，六月，立派丁汝昌和馬建忠二人，領軍艦到仁川，又奏准派吳長慶領陸軍直入朝鮮京城，平定內亂。一以保持宗主權，一以防備日本。李鴻章當時丁憂，清廷催促速返本任。丁、馬二人到達仁川，誘致大院君，押回天津，後送保定安置，以免日本有所藉口。

日朝濟物浦條約　日本軍隊來到，但中國已解決問題。日使花房義質，遂和朝鮮政府訂立濟物浦條約。約中除了懲兇、撫卹和賠償軍費外，又准許日本派兵保衛公使館。這樣，中、日兩國，在朝鮮都有駐軍了。

朝鮮兩派對立　中國在漢城的勝利，當時吳長慶幕中的張謇，竟主張改朝鮮為行省，朝廷裡有不少的人主張對日強硬，不惜一戰，但李鴻章仍認為重要的是在辦理海防。不過對朝鮮的政務，也漸漸過問。不久中、法因越南問題，發生爭執，日本得以積極在朝鮮發展勢力。當時朝鮮政局，仍分兩派，開化黨親日，以日公使竹添進一郎為支持者，領袖有洪英植、金玉均、朴泳孝等人。事上黨親華，以中國駐朝鮮的慶軍前敵營務處會辦袁世凱為支持者，領袖有閔泳翊、金允植、尹泰駿等人。前派是想靠日本的幫助，爭取獨立；後派是想靠中國的幫助，以免受他國的壓迫。雙方分別請中、日教官代練新軍，成為對立的形勢。

開化黨作亂　光緒十年（1884年），中、法戰爭發生，吳長慶的軍隊撤去一半，只剩三營。開化黨特別活躍起來。開化黨決心起事，和日使預先議妥辦法，正逢洪英植總理郵政，漢城郵政局落成，邀請政府要人和各國使領歡宴。獨有日本公使竹添進一郎不到。開化黨在鄰屋放火，趁主客四散騷亂的時候，把事上黨重要份子刺殺。金玉均等人得日軍幫助，衝入王宮，詐稱中國兵變，劫持國王移宮，並矯詔召集事上黨殺掉，開化黨人互相拜官，掌握政權。

中日天津條約　幸而袁世凱機警，領兵攻入王宮，朝鮮軍隊相助，打退日軍和開化黨，又把國王找到，送回王宮，洪英植被亂兵殺掉，竹添火燒公使館逃走，金玉均也逃往日本。這次亂事，顯然是竹添的陰謀，各國都不直日本所為。日本只好召回竹添。特派外相井上馨和

朝鮮政府，在光緒十一年，訂立漢城條約，朝鮮賠償了十三萬元。接著，又派伊藤博文到天津，三月，和李鴻章議訂天津條約，規定兩國都撤退在朝鮮的駐軍，將來朝鮮有事，兩國如出兵時，必需通知另一國，事定即行撤退。日本在朝鮮，竟變成了和中國平等的地位。甲午的戰禍，即種因於這時。

各國共保朝鮮意見　光緒十二年（1886年），駐英、法、德、俄公使劉瑞芬寫信給李鴻章說：「朝鮮毗連東三省，一有動搖，震撼邊疆，宜乘其內敝，收其全國，改建行省，此上策也；如以久修職貢，不忍利其土地，則約同英美俄列強共同保護。亦足以保安全。」李鴻章頗贊成後一意見，轉告總理衙門，總理衙門不以為然，遂罷議。德國駐朝鮮代辦，當時也有各國共保朝鮮的提議，但無反應。

第四節　日本挑動戰爭

朝鮮局面複雜　光緒十一年（1885年），英、俄因阿富汗方面的爭執，波及遠東，英國占據朝鮮東北海面的巨文島，以防俄國南下。俄國則企圖占永興灣。李鴻章推薦給朝鮮的外交顧問，德人穆麟德（Möllendorf），因為德國希望俄國在遠東發展，便也暗中引進俄國勢力，勸朝鮮聯絡俄國抗日，求俄國保護。日本知道朝鮮如入俄國手裡，難以下手，慫恿中國積極管理朝鮮，將來日本還有下手機會。英國也不願朝鮮落入俄國手裡，當然不致有礙中國積極政策。這一政策，李昰應也曾建議，李鴻章未曾實行。因為李鴻章的態度比較保守，所以不敢大刀闊斧地去幹。

中國態度積極　不過在朝鮮負責處理事務的袁世凱，年少氣盛，事事積極，要掌握朝鮮的財政、海關、郵電，朝鮮派專使到外國去，袁

世凱因朝鮮政府未與中國商量，即加阻止。清廷隨即規定：朝鮮使節到外國去。應先訪中國公使，由中國公使陪同拜訪該國外部。又朝鮮只能派出三等使節，以維屬國體制。但赴美專使朴定陽到美國後，並不遵照規定辦理。經袁世凱交涉，朴定陽回國後，遭受處分。中國在朝鮮的態度，日趨積極，日本看了眼紅，也想過問朝鮮事務。光緒十九年（1893年），朝鮮政府因為日本壓迫，賠償日本米商損失十一萬元，深恨日本。而朝鮮在二十年春天，重賞在上海刺殺親日黨金玉均的洪鍾宇，並支解金玉均的屍體，日本也深恨朝鮮。並痛恨中國的支持朝鮮。雙方的態度，日趨惡化。

東學黨作亂　光緒二十年（甲午年），朝鮮發生東學黨之亂。朝鮮從光緒十年亂後，舊黨掌握政權，但分了事華、事俄兩黨，兩派鬩爭，國政日非。賦重刑苛，民不聊生。東學黨便在全羅道起事，當時的黨魁名崔時亨。該黨早即存在，主張排斥西教，提倡東學。起事時，用「明人倫，誅污吏，匡政府之秕政，救生靈於塗炭」做號召，頗有人響應。日本看到朝鮮發生內亂，立即派少壯軍人組織天祐俠團，到朝鮮去幫助東學黨，以擴大內亂。

中日出兵平亂　朝鮮政府當亂事發生時，即向中國請求派兵平亂。袁世凱電請李鴻章派兵。李鴻章即派葉志超、聶士成領兵一千五百人前往牙山，一面依照天津條約，知照日本。日本藉口保護僑民，命令駐朝鮮公使返任，領大軍前來。幾天之內，到了七千多人，列陣仁川、漢城間。東學亂黨聽到中、日大軍到來，已逃散無縱。朝鮮政府見日兵太多，希望中、日撤兵，袁世凱也照會日本公使大鳥圭介，以亂徒已散，請雙方同時撤兵。但日本已決心挑釁，不但不撤兵，反繼續添兵。

李鴻章忙於外交　五月，日本利用外交手段，挑撥中國。提出兩國共同改革朝鮮內政案，中國拒絕。袁世凱知道日本野心不小，力請增兵。但李鴻章不願主戰，只在外交方面努力。日本卻利用和中國談判的時機，積極準備軍事。那時英國駐華公使歐格訥（N. R. O'Conor）熱心調停，但總理衙門沒有善於運用。李鴻章專門相信俄國駐華公使喀西尼（Cassini），以為俄國可以出力幫助，但後來日本對俄表示決不占領朝鮮，俄國也不肯出力支持中國。其他法、德、美各國也不願調停，同樣抱著隔岸觀火態度，不肯積極過問。而李鴻章忙於外交，反把軍事準備耽誤了。當時中國主戰的言論紛起，如翰林院學士文廷式，和禮部侍郎志銳，都指責李鴻章只賴外交的態度為不當，這確是李鴻章的失策處；等到外交辦法不行，再來準備軍事，便已無及了。

日本控制朝鮮　五月，當中國拒絕改革朝鮮內政時，日公使大鳥圭介，奉政府命令，竟壓迫朝鮮自認為獨立國，並勒令照日本的辦法改革內政。朝鮮對日本，只有屈服之一途。六月中旬，李鴻章纔派兵進援朝鮮駐軍，但中國軍隊已遠比日本為少。六月二十一日，日本實行逼宮，以李昰應為傀儡，操縱國事。

中日大戰　日本的一切都佈置好了，六月二十三日，在豐島擊沉中國兵船高陞號，又進攻駐朝鮮牙山一帶的中國軍隊，中國被迫應戰。七月初一日，兩國同日宣戰。中國的準備較遲，在朝鮮軍隊不到二萬人，日本竟用四萬以上軍隊進攻；加以中國將領領導無方，節節敗退，一直退回國境。日軍更調集大軍，從海陸兩路進攻遼東，從安東直到旅順、大連一帶，半年之內，全告失陷。李鴻章所練的北洋海軍，因數年未加補充，時速慢而大礮少，也在半年之內，竟被噸位略少但時速較快的日本艦隊，先敗於黃海，後在威海衛港內，全軍敗滅，投降日本。經營二十年的北洋海軍，毀於一旦。日本另分出一枝兵，在光緒二十一年

二月，進占澎湖群島。

中日議和　中國當海陸軍戰敗後，即開始請和，光緒二十年十月，曾請美國調停。並派天津海關稅務司德人德璀琳（Gustar Detring）前往試探，日本拒絕。十二月，派遣總理衙門大臣張蔭桓、署湖南巡撫邵友濂爲全權大臣，又以全權資格不足理由而拒絕。清廷無奈，二十一年正月，只得依照日本的提議，把已受處分的李鴻章，恢復原有官職，任爲全權大臣，前往日本馬關議和。

第五節　《馬關條約》的損失

《馬關條約》　光緒二十一年二月（1895 年 3 月），李鴻章到日本，與日本全權大臣伊藤博文和陸奧宗光談判，在幾乎沒有多大商議情況之下，三月二十三日（四月十七日），被迫簽訂《馬關條約》十一款。其要點有：一、中國承認朝鮮獨立自主。二、奉天南部、臺灣、澎湖群島割與日本。三、賠銀二萬萬兩。四、開放蘇州、杭州、沙市、重慶四口通商，日本取得內河航行權，和在商埠工業製造權。五、日本享受片面最惠國待遇。六、換約後訂立通商行船條約，陸路通商章程，都以中國與西方各國現行約章爲準。這條約給中國的損失，是何等的重大！

甲午戰爭時的臺灣　臺灣巡撫原爲邵友濂，當甲午戰爭時，他恐戰爭延及臺灣，密求內調，稱病請辭，清廷便以布政使唐景崧升署臺灣巡撫，佈置防務。但他調動將領不少，與總兵劉永福不合，將劉永福調往南部，自帶廣勇守臺北，但廣勇紀律不佳，難於統帶。部隊大約有百營，後來說是加到三百營，不過都是臨時招募的，缺少戰鬥能力。

臺灣對日抗戰　當進行和議時，中國朝野人士，一致反對割讓臺灣，德宗曾命李鴻章力爭，但無結果。條約簽字後，北京傳出割臺消息，臺北紳民，集合向唐景崧哀求，固守臺灣。全國人心也極為激憤。唐景崧和省民曾向英、法求助不成，三國干涉還遼事起，各方希望擴大範圍，包括臺灣在內。但因俄國早已示意日本可取臺灣，不肯贊助。省民誓不從日，決心死守。徐待轉機。光緒二十一年五月初二日（1895年 5 月 25 日），紳民丘逢甲等擁唐景崧為民主國總統，呈送「民主國之寶印」的銀印，和藍地黃虎向內的國旗，改元永清；聲明事平之後，仍歸中國。

臺灣的淪陷　獨立以後，內渡的官民和兵員不少。守臺的陸軍，連民兵在內，實際約在五萬名上下。日本調來陸軍七萬五千多名，馬九千四百多匹，海軍有艦隊運輸艦四十多艘，海軍一萬多名。由總督樺山資紀統率，五月初六日由三貂角登陸。初九日，清廷派李經芳，在船上與樺山資紀交割臺灣。十三日，唐景崧兵敗，逃往淡水。十四日，乘德船走廈門。十六日，日軍進臺北，唐景崧內渡後，劉永福到臺南，各界公推為第二任總統，他不肯接受，仍稱幫辦軍務，積極備戰。日軍向南進攻，守軍苦戰不敵。八月二十八日，南北各地均失，臺南已陷重圍。九月初一日（十月十九日），劉永福走安平，二日，乘英船走廈門。九月初三日，臺南陷落。但臺民的抗敵，已盡了最大的努力，民族精神，也發揚無遺。

三國干涉還遼　至於奉天南部的遼東半島，因俄國想南下求得海口，經營東三省的緣故；聯合德、法兩國出面干涉。日本卻表示英國可占舟山，德國可占一島，俄國可占東三省北部，保持均勢，以求保有遼東半島，但俄國以東三省為禁臠，且想染指朝鮮，不肯接受。那時，三國由駐日公使照會日本外交部，以妨礙遠東和平為理由，勸日本政府將

遼東半島歸還中國。日人得到照會，召開御前會議，籌商或許或拒，或交列國會議。有人主張交列國會議，但外相反對，認為列國會議，只顧及本國立場，勢必不能以遼東問題為限，全部條約，都要變動。日本遂聯絡英、美二國相助，但無效果。日本再和俄國交涉，願意歸還遼東，只保留金州廳，俄國不允。日本只好接受三國要求，但要中國賠款一萬萬兩，後減成五千萬兩，經三國公議，定為三千萬兩。由李鴻章和日人另訂交還遼東條約，把擬訂陸路通商章程的事取消。

　　戰爭失敗的責任者　這一次對日本的作戰失敗，李鴻章身負軍事外交重任，他是要負責的。戰敗以後，言官們紛紛指責他。但李鴻章已奏請應撥款購買新艦，添購軍器，加強訓練，可是清廷未能實行他的建議。他認為中、日戰爭失敗的原因，主要的在兵力不敵。他寫信給新疆巡撫陶模說：「十年以來，文娛武嬉，釀成此變。平日講求武備，輒以鋪張糜費為言，至以購械購船懸為厲禁。一旦有事，明知兵力不敵，而淆於群闒，輕於一擲，遂致一發不可收拾。戰絀而後言和，且值都城危急，事機萬分，更非平常交際可比。」他知道「倭之蓄謀與中國為難已非一日，審度彼此利鈍，尤不敢掉以輕心。」所以他不輕易言戰，在軍備不充分的情況之下，「以北洋一隅之力，搏倭人全國之師，自知不逮。」而且北洋以外的海陸軍，好像這次戰爭，是直隸省的北洋海陸軍單獨對日本作戰似的，漠不關心。美國教士林樂知（Young Allen）的中東戰紀本末，即批評中國海軍分成四枝，互不統率，若無關係，他記述威海衛海軍投降時，負責投降的道員牛炳昶，寫給日本艦隊司令伊東祐亨的信中，曾提到：「廣甲、廣乙、廣丙三艦，向隸廣東，冠以廣字，可以證明。查廣東一省，本與戰事不相干涉。今甲、乙遭水火之劫，僅存一丙，北洋已無以對廣東。望貴提督念廣東為局外之義，並念該艦管帶張副將（實係程璧光），日來有往返傳語之勞，可否提出該艦，即交與該副將帶回廣東，俾得於總督前略存體面，不勝感激。」這

樣的觀念，毫無同仇敵愾的心理，結果是惹得各國傳為笑柄。所以梁啟超說：「當時西報有論者曰：『日本非與中國戰，實與李鴻章一人戰耳！』其言雖稍過，實亦近之。不見乎各省大吏，徒知畫疆自守，視此事若專為直隸、滿洲之私事者然。其有籌一餉出一旅者乎？即有之，亦妄言而已。」這話說得不錯，當時日本上下一致對外，而中國民眾，卻未必都知道在對日本作戰，連當局的密電，都被日本人收買了，焉得不敗！而李鴻章以年老之身，因議和而負傷，他仍以犧牲性命在所不辭的精神繼續交涉，置物議於不顧，總算得鞠躬盡瘁了！

第十六章

列強在中國的角逐

第一節　中俄密約的簽訂

中國情勢危急　從中、英鴉片戰爭到中、日甲午戰爭，正是半世紀多一點。這半世紀之中，中國權利的喪失，和藩屬的剝削，已經多得令人可驚。但還沒有一國，想對中國的內地下手，到中、日戰爭以後，這情形不同了，中國的情形，比以前半個世紀更要危急。

李鴻章出使俄國　當中日戰爭的時候，李鴻章認爲本國的武力不足恃，所以軍事觀望，而外交積極，想借別國的力量，來牽制日本。俄國本來是李鴻章想運用的對象。但李鴻章的外交手段，不及俄國那批老奸巨猾的外交家，以至步步走入陷阱；李鴻章知道三國干涉還遼，俄國的特別賣力，是有所求的。他也預備有所報償，希望和俄國聯絡以抗日本。卻不料李鴻章馬關和議回國後，因各方指責，未能主持大計。正逢光緒二十二年四月十四日（1896 年 5 月 26 日），是俄皇尼古拉二世（Nicholas II）加冕大典，各國派頭等使節前去慶賀，中國因爲曾經派遣王之春到俄國去弔唁亞歷山大三世逝世，所以將就仍派王之春擔任賀使。俄國希望派重臣前往，俄國公使喀西尼還示意非李鴻章不可，清廷遂應允了。

微德別具用心　李鴻章到了聖彼得堡，俄國爲了勒索報酬，怕外國使節知道，改派財相微德（Witte）和李鴻章在莫斯科談判。微德是怎樣的一個人呢？我引一段他的回憶錄，就可以了解他。「那時候（中、日戰後）俄國正在建築大鮮卑利亞鐵路，已經差不多修到貝加爾湖一帶。於是發生了一個問題。往下怎樣修鐵路？按著我們的領土在黑龍江繞個大圈呢？或者用此種或彼種方向利用中國領土所謂北滿呢？⋯⋯因爲大鮮卑利亞鐵路一切的敷設事宜，換言之，海參威和歐俄聯合的事情，依亞歷山大三世的遺言，是委託於我的。所以在政府要人

裡，特別關心這個問題的就是我一個人。又因為我對於這件事情，可以說是比別的一切人，多扮演些角色，所以這事情我就多研究些並且多知道些。」

從上所述，可知微德是一個研究東方問題的人，而且要支持俄皇的侵略中國政策。他是竭力阻撓中、日馬關條約的份子，他說：「違背中國領土的完整和不可侵的原則，我們不能容忍。所以俄國不贊成中、日所成立的條約。……日本既是戰勝國，應該向中國提出較鉅額的賠款，以償還自己的支出費。」這種意見，只是不允許日本人染指東三省而已。中國是一個窮的國家，如要中國多賠鉅款，就非借債不可，這又促成俄國乘機討好的機會，所以中國要付日本第一次五千萬兩賠款和三千萬兩遼東償金時，微德就替中國設法借了一萬萬兩；這是誘魚的釣餌，迫使中國上鉤的好東西。

中俄同盟條約　微德的計劃早經安排好了，李鴻章從聖彼得堡到莫斯科，經過微德的花言巧語，李鴻章正思報復日本，以俄為友，雖然也有所爭辯，但終於四月二十二日（6月3日）簽訂了中、俄同盟條約。其要點：一、日本如侵占俄國亞洲、中國、朝鮮的土地，兩國應將所能調遣的水陸各軍，盡行派出，互相援助。軍火糧食，亦盡力互相接濟。二、當開戰時，如遇緊要之事，中國各口岸，均准俄兵船駛入。三、許俄國鮮卑利亞鐵路，經黑、吉兩省以達海參威，由中國國家交華俄銀行承辦。俄國於照前款禦敵時，可由此運兵運糧、運械；平時亦得運過境的兵糧。四、此約有效期十五年。

俄國的侵略陰謀　這一條約，以中國兵力之弱，俄國為什麼要同我們聯合？自然是別有用心的。李鴻章當時對俄人的要求建造鐵路，也怕有侵略的作用，竭力反對由俄國承造，所以纔設立華俄銀行來承辦，但後來華俄銀行，中國簡直無權過問。而中、俄所締結的華俄道勝銀行

契約，仍給了該銀行以收稅、鑄幣、建造鐵路、架設電線之權。契約訂立以後，隨即和銀行訂立中東鐵路合同。又給以開礦和設置護路隊之權。這銀行和鐵路公司都不是單純經營鐵路的公司，俄國就以連環的方式，一個套一個的達到其政治、經濟侵略的陰謀，深入到中國東三省的每一角落。

第二節　從列強角逐到門戶開放

法英勒索權利　中、日戰爭以後，俄、德、法三國以爲對中國有功，紛紛索取酬報。中、俄密約就是俄國所得的報酬，但三國之中，得到酬報的以法國爲最早。在光緒二十一年五月（1895年6月），中、法簽訂了續議商務、界務專條。商務專條要點：一、改蠻耗爲河口，添開思茅爲商埠。二、雲南、兩廣開礦，先要與法人商辦。三、越南鐵路，可接到中國境內。界務專條：法國也取得土地。而其中猛烏，烏得，實在江洪界內，也割給法國。英國便在光緒二十二年，和法國成立協約，放棄江洪，劃定越、緬、邐三地的界限和勢力範圍。又向中國質問，爲什麼要把允許不割給別國的江洪，割給法國？迫中國在二十三年訂了中、英續議條約取得權利。法國又在光緒二十二年，要求中國宣言海南島不得割讓他國。到此，俄、法兩國都已有了好處，只有德國例外。

勢力範圍的由來　英國指定江洪不得割讓他國，法國要求海南島不得割讓他國，是什麼理由呢？他們是準備在這些地方攘奪開礦築路的權利，做侵略的第一步，所以要求中國保證。萬一中國違背，他們可以責問，另取權利。雖然他們沒有說出這是勢力範圍的名詞，但就是以被保證的地方，做他們的勢力範圍。勢力範圍這個名詞，本起於歐人分割非洲的時候，如果要分割土地，這勢力範圍便成了分割的界線。試想

中、日戰後，中國竟發生了勢力範圍的情形，是何等的危急！

德國的勢力範圍　德國也不甘落後，要在中國取得港口。德國得到俄國的默契後，預備動手占膠州灣。正逢光緒二十三年的冬天，山東鉅野縣地方，暴徒殺死德國教士兩人。德國藉口派遣艦隊，闖入膠州灣。光緒二十四年（1898年）二月，壓迫中國簽訂膠澳租界條約：一、以九十九年爲期。二、膠濟、膠沂濟鐵路，由德國承造。三、鐵路三十里以內礦產，德國可以自由開採。山東全省，儼然成爲德國人的勢力範圍。二十五年，德國和英國商定，經中國同意，德國可承辦天津到濟南的鐵路。

俄國的勢力範圍　當德艦闖入膠州灣的時候，俄國是和德國唱雙簧的，藉口德占膠州灣，派艦隊駛進旅順口。德國租借膠州灣條約簽訂後，光緒二十四年三月，俄國壓迫中國簽訂了旅大租借條約：允許俄國租借旅順、大連灣二十五年，俄國可在旅順設防。並且准許從旅大到哈爾濱的鐵路，由俄國建築。後來俄國竟在旅大成立關東省，看做直屬領土。這樣，東三省成了俄國的勢力範圍。

法國的勢力範圍　光緒二十四年，法國看到德、俄都在中國占租港灣，好處很多，覺得以前的報酬太少，向中國提出新要求：如一、雲南和兩廣不得割讓與他國。二、自東京到雲南府的鐵路，由法國承築。三、租借南海港灣。中國對於前兩項表示承認。惟對所要租借的廣州灣，區域和期限發生爭執。二十五年夏，廣州灣附近的遂溪縣，發生殺害法士官二人、教士一人的事件，法國的艦隊，遂闖入了廣州灣。中國只得允租廣州灣九十九年。法國也把雲南和兩廣看成他的勢力範圍。

英國的勢力範圍　光緒二十四年初，英國要求中國揚子江沿岸，不得租借割讓給別國；中國海關總稅務司，永遠聘用英人；開放內河；開放商埠等條件。中國被迫承認。後來又藉口均勢，要求租借威海衛為軍港，以抵抗德、俄。正逢法國要求租廣州灣，英國又以將要危害香港為理由，要求租借九龍半島。英國要租借威海衛二十五年，九龍半島九十九年。結果都如願以償。英國也有了廣大的勢力範圍。

築路權的爭奪　另一方面，各國又在中國強奪承築鐵路的權利。原來中、日戰爭以後，中國知道鐵路對戰爭和經濟的重要，決心興築鐵路。於是有建築蘆（溝橋）漢、津鎮（江）兩大幹路的計劃。當時爭奪中國路權的，英、美、德三國為一夥，俄、法二國為一夥。蘆漢鐵路的終點，在英國的勢力範圍內，倘使由俄國來承修，一定為英人反對，所以由比國出面，在光緒二十四年，成立契約，大家都知道是俄國的後臺。英國又提出遍佈中國南北的五鐵路要求。俄國在東三省想取得鐵路獨占權，並進入直隸和山西時；英國又取得從山海關到奉天省牛莊的鐵路承造契約。

英俄英德協約　英、俄兩國，鑑於這樣競爭下去，情勢嚴重，雙方不斷交涉，到光緒二十五年（1899年），英、俄在聖彼得堡成立協約。英國承認長城為兩國鐵路勢力分界線，俄北英南。同時，英、德由銀行團出面，在倫敦成立協約，英國承認山東和黃河流域，為德國勢力範圍。但山西的鐵路可與正定以南的蘆漢路相接，並再展築一線，以達長江流域。德國承認山西省和長江流域以南，為英國勢力範圍。津鎮鐵路，也由英、德兩國分段承造。

日義的要求　此外，日本也在光緒二十四年閏三月，要求中國不得將福建省割讓給他國。只有義大利在光緒二十五年，向中國要求租借

浙江的三門灣，遭到中國的拒絕。

　　美國主張門戶開放　從光緒二十到二十五年的六年間，中國不但沿海要港被列強分占殆盡，而且俄、法勢力包圍北南，英國勢力橫貫東西，德國占據逼近京畿的部分。中國的局勢，已危險到萬分。外人並時有瓜分的言論。同時列強的利益衝突，也無法停止。當時置身局外的美國，覺得大好市場，為各國所壟斷，殊非美國之福；為了謀世界的和平，美總統麥金萊（Mckinley），在光緒二十五年的秋、冬兩季，由國務卿海約翰（John Hay）對中國有關的英、德、俄、法、日、義六國，先後致送門戶開放宣言。本來這一中國門戶開放政策，是英國所倡議，不過因為英國自身是當事人，所以慫恿美國出面。美國在致送各國的通牒裡特別聲明：「美國對中國之政策，乃圖謀中國永久之安全與和平，維持中國領土及行政上之完整。」

　　門戶開放三原則　這宣言的重點，在要求有關各國，承認下述的三原則：一、各國在其所得於中國的利益範圍，或租借地內的各港，或其他已得的利益，均互不干涉。二、各國利益範圍內的各港，無論對於何國入港商品，皆遵中國現行海關稅率課稅，由中國徵收。三、各國利益範圍內的各港，對於他國入港船隻，不課高於本國船隻的入港稅；各國利益範圍內各鐵路，對於他國貨物，不收高於本國貨物的運費。

　　門戶開放的影響　這個宣言，一面打破各國對於所劃定的勢力範圍壟斷的局面，以期獲得工商業的均等機會；一面又維持了各國對中國條約上已得的權利。如果中國的領土有所改變，條約上的權利，自不能維持，所以又連帶要保全中國的領土。恰好那時候列強對於在華侵略領土的局面，也耽心發生衝突；而門戶開放宣言，又不妨害所得的經濟利益，於是先後贊同。中國遂得在列強均勢之下，偷安一時。但究非長久

之道，中國人因而不得不奮起，以自求解決的辦法。

第三節　列強在中國的權利

開放商埠的損失　自從中英訂南京條約，開放五口。中英、中法分別訂天津條約，加開商埠。列強可以在商埠設立租界，有內河航行權和領事裁判權。後來中日訂馬關條約，列強可在商埠設立工廠。開放商埠的損失，愈來愈大。然而商埠的開放，仍是有增無已。門戶開放政策實行以後，瓜分中國的事實，雖然難以實現；但商埠開放所遭受的損失，依然如故。茲將中國開放商埠情形，概述如後。

奉天省　奉天省商埠：有營口，咸豐八年開放，駐有英法德美俄日瑞荷八國領事。大東溝，光緒三十三年開放。奉天，即瀋陽，光緒三十二年開放，駐有德俄日美英領事。安東，光緒三十三年開放，駐有美日領事。鳳凰城、遼陽、新民屯、鐵嶺、通江子、法庫門，以上六地，光緒三十一年對日商定開放。連山灣，民國二年開放。洮南，民國三年商定開放。錦州，民國五年開放。

吉林省　吉林省商埠：有長春、吉林城（駐有日領事）、哈爾濱（駐有俄日領事）、寧古塔、琿春、三姓，以上六地，光緒三十一年，對日商定開放。綏芬河，光緒三十四年商定開放。龍井村，局子街、頭道溝、百草溝，以上四地，宣統元年對日商定開放。駐有日領事。

黑龍江省　黑龍江省商埠：有齊齊哈爾、海拉爾、璦琿、滿洲里，以上四地，光緒三十一年，對日商定開放。實際上自從與俄國訂尼布楚條約以後，邊界陸路，已對俄國開放通商。

　　北方三省　直隸省商埠：有天津，咸豐十年開放，駐有英法德美俄日奧義比葡領事。張家口，咸豐十年開放。秦皇島，光緒二十四年開放。北京，光緒二十九年開放。山東省商埠：有煙台，咸豐八年開放，駐有英法德俄美日奧領事。青島，光緒二十五年開放。濟南、濰縣、周村，以上三地，光緒三十年開放。龍口，民國三年預定開放。濟寧，民國十年開放。河南省商埠：有鄭州，光緒三十一年開放。彰德及洛陽兩地，光緒三十四年開放。

　　長江下游三省　江蘇省商埠：有上海，道光二十二年開放，駐有英法德俄美丹日西葡比瑞荷義奧領事。鎮江，咸豐八年開放，駐有英美日領事。蘇州，光緒二十一年開放，駐有英日領事。吳淞，光緒二十二年開放。南京，光緒二十三年開放，駐有英法領事。海州，光緒三十一年開放。浦口，民國元年自行開放。安徽省商埠：有蕪湖，光緒二年開放，駐有英美日奧領事。安慶，光緒二十八年開放。江西省商埠：有九江，咸豐八年開放。

　　浙閩兩省　浙江省商埠：有寧波，道光二十二年開放，駐有奧英日領事。溫州，光緒二年開放，駐有奧英日領事。杭州，光緒二十一年開放，駐有英日領事。福建省商埠：有福州，道光二十二年開放，駐有英法德俄美日西葡瑞荷領事。廈門，道光二十二年開放。駐有英日領事，三都澳，光緒二十三年開放。鼓浪嶼，光緒二十八年開放。

　　鄂湘兩省　湖北省商埠：有漢口，咸豐八年開放，駐有英法德俄日西比瑞荷義領事。宜昌，光緒二年開放，駐有英法日美領事。沙市，光緒二十一年開放。武昌，光緒二十六年開放。湖南省商埠：有岳州，光緒二十四年開放。長沙，光緒二十八年開放。湘潭及常德，光緒三十一年開放。

川滇兩省　　四川省商埠：有萬縣，光緒二十八年商定開放。重慶，光緒二十一年開放，駐有英法美日領事。雲南省商埠：有蒙自，光緒十三年開放。河口、思茅，光緒二十一年開放。河口駐有法領事。騰越，光緒二十三年開放，駐有英領事。昆明，光緒三十一年開放。

粵桂兩省　　廣東省商埠：有廣州，道光二十二年開放，駐有英法德俄美奧日葡比荷義領事。瓊州及汕頭，咸豐八年開放。北海，光緒二年開放，駐有英法領事。九龍及拱北，光緒十三年開放。三水，光緒二十三年開放。惠州，光緒二十八年開放。江門，光緒二十八年開放。甘竹，光緒三十二年開放。新寧，光緒三十四年開放。香州、宣統元年開放。廣西省商埠：有龍州、桂林，光緒十三年開放。梧州，光緒二十三年開放。南寧，光緒二十四年開放。

甘新兩省　　甘肅省商埠：有嘉峪關，光緒七年開放，駐有俄領事。新疆省商埠：有塔城，咸豐元年開放，駐有俄領事。喀什噶爾，咸豐十年開放，駐有俄領事。伊犁、迪化、哈密、古城、吐魯番，以上五地，在光緒七年開放。吐魯番駐有俄領事。

熱察綏三區　　熱河的赤峯，察哈爾的多倫，綏遠的歸綏，都在民國三年預定開放。

蒙藏地方　　蒙古商埠：有買賣城，雍正五年開放。庫倫，咸豐十年開放，駐有俄領事。烏里雅蘇台及科布多，光緒七年開放。西藏商埠：有亞東，光緒十九年開放。江孜及噶大克，光緒三十二年開放。

列強對中國鐵路的投資　　列強在中國，不僅普遍要求開放商埠；為了便利商品的運輸，控制交通和永久占有並鞏固其權利，曾以還債借

款或其他外交理由，在中國投資興建的鐵路，有如下表：

路名	外人有無管理權	擔保品	借款額	年利及實收	材料供給及手續費	償還期	債權國	報酬額
京奉	有	鐵路及其財產	三百三十萬鎊	年利五釐實收九〇	手續費二釐五	四十五年	英國中英公司	無
新奉	無	同右	三十二萬元	九釐九三	無	十八年	日本南滿會社	無
平漢	有	鐵路及其財產國家收入	五百萬鎊	五釐九〇	材料供給	三十年	比國大比公司	純益二成
道清	有	鐵路全部財產	八十萬鎊	五釐九〇	材料供給手續費二釐五	三十年	英國福公司	同右
正太	有	同右	百六十萬鎊	五釐九〇	同右	三十年	俄國道勝銀行	同右
滬寧	半有	同右	三百二十五萬鎊	五釐九〇九五	公司供給二釐五	五十年	英國中英公司	同右
古長	有	同右	三百五十萬鎊	五釐九三	無	二十五年	日本南滿會社	無
汴洛	有	同右	百六十萬鎊	五釐五五一九	公司供給五釐	三十年	比	無
津浦	無	蘇魯等省釐金	五百萬鎊	五釐九四半九三	投標買進五釐	三十年	英德	一次二十萬鎊

路名	外人有無管理權	擔保品	借款額	年利及實收	材料供給及手續費	償還期	債權國	報酬額
滬杭甬	無	京奉純益	百五十萬鎊	五釐九三	同右	三十年	英國中英公司	三萬五十鎊
廣九	無	本路財產	百五十萬鎊	五釐九四	不明二釐五	三十年	同右	三萬三千鎊
粵川漢	無	兩湖雜稅釐金	六百萬鎊	五釐九五	投標五釐	四十年	英法美	借款優先權
隴海	無	鐵路全部財產	一千萬鎊	五釐九四	公司代辦二釐五	四十年	比	支線敷設優先借款
平綏	無	政府保證公債	三百萬元	九釐一〇〇	無	五十年	日本興業會社	無

列強在中國的航業　列強取得了內河航行權,為了運輸貨物的方便,在中國設立輪船公司,航行沿海和內河各商埠。英商怡和公司,有船五二艘,五八、八四七噸。太古公司有船四七艘,六〇、一九五噸,日商日清公司,有船一二艘,二五、八七六噸,都開設於光緒元年。其他規模較小者有日本大連公司,船五艘,德國美最時公司和禪臣公司,各有船六艘及四艘。

列強在中國的銀行　列強在中國為了商業便利,在中國設立銀行,經營匯兌,吸收存款,發行鈔票,代為收稅,收買物品,也實施貸款,無形中控制了中國財政與社會經濟。英國所設的有匯豐銀行,麥加

利銀行，有利銀行。法國有東方匯理銀行。美國有花旗銀行，友華銀行，俄國有華俄道勝銀行，德國有德華銀行，比國有華比銀行，荷蘭有荷蘭銀行，日本有正金銀行，臺灣銀行，住友銀行，三菱銀行，三井銀行。這些銀行，一方面可以擴張他們的國力，一方面可以吸收中國的經濟力，以斷絕中國經濟的命脈。

　　列強在中國的礦業　中、日訂馬關條約以後，列強紛紛在中國爭奪權利。並要求開採鐵路附近礦山。據申報館五十年來中國之礦業說：「發其難者，實始於光緒二十四年（1898 年）之曹州教案，而膠濟鐵路三十里內之礦權，亦隨膠州及鐵路之敷設權，同入德人之手。同年英商福公司，攫取山西平定孟縣及潞澤之煤鐵。明年（1899 年），德商瑞記洋行得山東之五礦。當時士大夫分為仇外改革兩派。言改革者頗以外資輸入為可用。故李鴻章以西使英人摩爾根中外合辦之說進，遂有光緒二十六年（1900 年）四川會同公司之約。立約者以開採委諸外人，而政府坐享其利。後庚子之亂，約不果行，然實為中國政府與外人合資辦礦之始。至於以私人資格與外人合辦者，則光緒二十二年（1896 年）已有門頭溝之中英煤礦，固不自摩爾根始也。自庚子之亂，直隸開平煤礦，經德璀琳而移入英人之手。外人要求礦權者，踵且相接。溯其方法，不外四端：一、因鐵路之敷設而傍及附近之礦權者，如光緒二十九年（1903 年）之中、俄南滿協約，光緒二十八年（1802 年）之中、俄吉黑煤礦協約是也。撫順、煙台之煙煤，即根據前者而移於南滿鐵道會社。滿洲里、札賚諾爾之褐炭，亦根據後者而歸於東清鐵路公司。要皆引膠濟鐵道之條件為先例。二、與政府直接交涉取有全省或其一部之礦權者，如福公司之於山西，瑞記洋行之於山東五礦，陸興公司之於雲南七府是也。三、指定礦地得政府之特許者，如凱約翰之銅官山鐵礦，立德樂之四川江北煤礦，科樂德之外蒙金礦是也。四、先向私人訂立合同，事後由政府追認者，如直隸之井陘、臨城各煤礦是也。……」從上

述情形看來，中國礦業權利的損失，極為鉅大。有人估計，外礦占中國礦業，竟在半數以上。

國際貿易的入超　　從同治三年（1864年），到宣統二年（1910年），四十七年之內，除同治三年、十一年、十二年、十三年，光緒元年（1875年）二年，六年為出超外，其他各年，都是入超。四十七年間，輸出總數，約增七倍，可是輸入，卻加到十倍。入超這樣的激增，漏巵可怕，國民經濟，自然受了極大影響。

年次	輸入（單位兩）	輸出（兩）	兩項合計（兩）	出超或入超之數（兩）
同治三年	51,293,578	54,006,509	105,300,087	出　2,712,931
同治四年	61,844,158	60,054,634	121,898,792	入　1,789,524
同治九年	63,693,268	55,294,866	118,988,134	入　8,398,402
光緒元年	67,803,247	68,912,929	136,716,167	出　1,109,682
光緒六年	79,293,452	77,883,587	157,177,039	入　1,409,865
光緒十一年	88,200,018	65,005,711	153,205,729	入 23,194,307
光緒十六年	127,093,481	87,144,480	214,237,961	入 39,949,001
光緒二十一年	171,696,715	143,293,211	314,989,926	入 28,403,304
光緒二十六年	211,070,423	158,996,753	370,067,174	入 52,053,670
光緒三十一年	447,100,791	227,888,197	674,988,988	入 219,212,594
宣統二年	462,964,894	380,833,328	843,998,222	入 82,131,566

第十七章

維新運動與自立軍的奮起

第一節　中日戰爭前後的政局

慈禧大權獨攬　德宗幼年即位，兩太后垂簾聽政，朝內得力的大臣仍是奕訢、文祥等人。文祥是奕訢最好的助手。沈桂芬、李鴻藻等人，都是他引入軍機，可惜他在光緒二年（1876年）病死。光緒七年，沈桂芬死去。和慈禧並立的慈安太后，也突然無端的病死，傳說是慈禧在食物中放毒藥謀死的。素喜攬權的慈禧威權更大，奕訢也因連受打擊，不敢大有作為了。光緒十年（1884年）。奕訢等五大臣被黜，退出軍機處。奕訢就連總理衙門大臣的職位，也被除去，退出了政治舞臺。朝內的政治，每況愈下；洋務的推行，亦因朝內無人支持，進展也就延緩了。

吏治再趨敗壞　醇親王奕譞，不久即奉命會辦軍機大事。他生長深宮，對政治、軍事都無所知，慈禧的用他，完全是包庇私親，和他俯首聽命的緣故。這時吏治敗壞，賄賂公行，例如雲南報銷一案，道員崔尊彝在外關說，大常寺卿周瑞清在內包攬，據說軍機大臣景廉、王文韶，也受了鉅萬的賄賂。揭參以後，牽連了大臣數十人。其他以賄賂求官的人，又比比皆是。如沒有資歷的魯伯陽，竟活動到蘇松太道。甚至不會寫字的木廠管事玉銘，竟活動到四川鹽茶道。這是最著名的例子。而因為賄賂，造成的冤獄，又不知凡幾了。

李蓮英用事　對政局更有惡劣影響的，是宦官李蓮英用事和修治頤和園兩事。安得海死後，李蓮英繼之而起。他本是河間的無賴子，曾因私販硝磺坐牢，後來改業皮匠，大家稱呼他做皮硝李。由於內監沈蘭玉的引薦，進宮侍候慈禧，為梳頭太監，不久升為總管。兼司太后庫金。負責偵查德宗行動。權勢幾乎超出軍機大臣以上。四個兒子，福恆、福德、福立、福海，分捐戶、兵、刑、工四部的郎中。一般無恥之

徒，都奔走李門。醇親王奕譞巡視北洋海口，也請派李蓮英同往監視。弄得海陸軍將領，如丁汝昌、衛汝貴、葉志超、龔照璵、趙桂林等人，都送厚儀，自稱受業。御史朱一新上奏，恐蹈唐代監軍的覆轍，說是深宮中或別有不得已的苦衷。反遭降級處分。李蓮英又往往侮辱大臣，也沒有人敢對他怎樣！

大修頤和園　那時在國防建設方面，李鴻章最重視海軍。他從同治九年（1870年）到光緒二十年（1894年），當了二十五年的直隸總督兼北洋通商大臣。認清了中國最大的敵國是日本，惟有興辦海軍，始可阻止日本的侵略。同治、光緒兩朝之交，他不斷呼籲興辦海軍，購買鐵甲船。中央政府沒有經費，只靠各省協助籌撥，議定的數目，連一半也撥不出，慘淡經營，到光緒十四年，纔編成北洋海軍。李鴻章還有繼續擴充的計劃；但德宗快到親政年紀，德宗的父親奕譞怕慈禧不願交出政權，藉皇帝盡孝道為名，阿諛慈禧，改修頤和園，想使慈禧安於遊樂，不問政事。沒有經費，竟把擴充海軍的經費，大部分用去修頤和園，李鴻章無法攔阻，徒喚奈何，從此海軍沒有添過一隻新艦。所以對日戰爭失敗後，李鴻章說：「使當日海軍的經費，按年如數撥給，十年之內，北洋海軍船礮，可甲地球矣！何至大敗？此次之辱，我不任咎也！」加以一般人視海軍為肥缺，揩油的人很多。中日海戰，大礮竟因缺乏礮彈，或是礮彈中缺少火藥，竟致不能發揮威力。可見當時政治的腐敗了！

德宗無實權　光緒十五年（1889年），德宗大婚親政，皇后是慈禧弟弟副都統桂祥的女兒，德宗等於受了監視。另納侍郎長敘二女，長瑾妃，次珍妃。德宗雖然親政，可是一切用人行政大權，仍然操在慈禧手裡。要時時到頤和園，向慈禧叩安請示。少數傾向德宗的大臣，先後彼罷黜或排除，內侍們也換上了慈禧的親信。瑾妃和珍妃，慈禧指責德

宗，因她們引用私人，降爲貴人。德宗幾毫無自由可言了。

第二節　變法思想的疊起

馮桂芬的變法論　中法戰爭前後，以上海、香港爲中心，開明的知識份子，已在倡導變法運動。例如林則徐的學生馮桂芬，著校邠廬抗議，主張「以中國之倫常名教爲原本，輔以諸國富強之術。」對外不鄙視，不恐懼。對內選拔人材，拓廣會推之權及於庶僚下位，注重輿論，令舉貢生監發表其政治意見。由諸生各推其師，官爲延聘，可與大臣抗禮。廢除八股。加強地方政治，管教養衛並重。他的見解，比洋務派大爲進步。

三位有眼光的使臣　洋務派中也有一、二特出之士，可惜都未能大用，而且遭受守舊派的打擊。一爲郭嵩燾，他曾奉派爲第一任駐英使臣，他明白「西洋立國二千年，政教修明，具有本末。」主張學外國的船礮以外，更應研究其制度文物，「蓋兵者末也：各種創制，皆立國之本也。」眞正富強之原，「由於政教修明，風俗純厚，百姓家給人足。……豈有百姓困窮，而國家自求富強之理？」然而他的意見，連李鴻章都不敢接受。他的後任曾紀澤，洞明世勢，也不容於當世，鬱鬱早死。第四任駐英使臣薛福成，看出當今世已經大變，治世之法，亦須因之大變。但也沒有發生多大影響。

王韜的改革主張　王韜在上海和英、美教士，常有來往，曾在同治元年，向李秀成獻攻取上海的計策，後遊歷英國，再到香港任循環日報主筆，鼓吹變法。他讚美日本「國中一切制度，槪法乎泰西。」中國急需改變「取士、練兵、學校、律例」四種舊制。他認爲以往的洋務，只「能爲民禍，而不能爲民福，能爲民害，而不能爲民利。」後來又到

上海申報館。孫中山先生上書李鴻章前，曾和他與鄭觀應有所接觸。

君主立憲論派　同前述數人而稍後的，有鄭觀應著盛世危言。何啟著中國亟宜改革政法論、新政始基、新政變通、新政安行等書。何啟在英國留學十多年，後居香港，創雅麗氏（Alice）醫院和香港西醫書院，孫中山先生曾就讀西醫書院，起義時亦得他的助力。胡禮垣是何啟的同志，香港大學畢業生，何啟各書，是與他合作，總稱新政真詮。陳虬著治平通義、報國錄。他們都主張開議院，行君主立憲制度。很受英國議會制度的影響。

外人也勸變法　上海廣學會的英人李提摩太，在甲午戰後，光緒二十一、二年，往遊北京，先後晤見李鴻章、孫家鼐、翁同龢、張蔭桓、恭親王、剛毅，勸說變法，提出教民、養民、安民、新民四端，請用西人，設西學科。雖然清廷沒有接受，但若干人因而閱讀時務書，注意變法。康有為曾與李晤談，梁啟超曾替李擔任文案。

少數變法的官員　湖南省巡撫陳寶箴，按察使黃遵憲，贊成變法，省內有南學會，時務學堂、內河小輪、商辦礦務、鐵路、湘學報、保衛局、司法、警察，還準備實行自治，康有為的同志，多參與其事。還有湖廣總督張之洞，也在練自強軍。天津有中西學堂。中央方面，大學士翁同龢和胡燏棻、盛宣懷也推行改革計劃，籌餉、練兵、恤商、惠工、官書局、郵政、鐵路總公司、經濟特科、京師大學堂，和袁世凱的新建陸軍等等措施，都逐漸付諸實行。這都是百日維新以前的事。在這時，康有為已經奮然而起，積極推動他的變法計劃。

康有為的觀察力　康有為是廣東南海人，生於咸豐八年（1858年），成長於一個士大夫環境的家庭。小時有志於作聖人，少年時致力

於經世之學，好學深思。他不懂外國文，光緒二十四年（戊戌）以前，他曾遊歷南北，對香港、上海等地作親切的觀察。他覺得外國人的地方行政，遠比中國為好。認為外人不只是船堅礮利，在其他方面更有成就。於是他購買江南製造局和教會人士所翻譯的西洋書籍去研究，那時有關政法的書籍不多，但他能舉一反三，觸類旁通。對西方的政教，有所了解，加上他所精研的中國學問，奠下了他維新思想的基礎。

康有為的兩部書　他了解守舊派勢力的偉大，如要改革，便得在理論上先把他們壓倒。在中、日戰爭以前，他做了一部新學偽經考，說東漢的古文經是劉歆所偽造的，只能稱做新莽時代的新學；想借此打倒盛極一時的漢學，另闢思想界的新天地。還做了一部孔子改制考，說周、秦諸子，都是託古改制的人；如老子託黃帝，墨子託大禹，許行託神農。孔子作春秋，含有改制創作的微言大義在裡面，不是一般人所能懂得的。堯、舜不過是孔子所託的人物，其人的有無不可知，經典中所稱堯、舜的盛德大業，都是由孔子理想所構成。公羊家說的「通三統」（謂夏、商、周三代不相沿襲），「張三世，」深得孔子改制的精義。在康有為的用意，無非想抓住孔子做他的招牌，來鎮壓反對變法的士大夫。孔子是中國文化的中心，有了孔子做擋箭牌，變法運動就不致有人來阻擋了。

守舊派的反對　不過他這兩部著作，並沒有收到預期的效果。翁同龢很佩服他的才學和抱負，但看了他的新學偽經考，說他是說經家一野狐禪。看了他的孔子改制考，就向德宗說：「此人居心叵測。」等到康有為在北京大出風頭，衛道人士反對他的更多，湖南曾廉上書德宗，說是此人可斬。葉德輝說：「寧可以魏忠賢配享孔庭，使奸人知特豚之足貴，斷不可以康有為擾亂時政，使四境聞雞犬之不安；其言即有可操，其人必不可用。」這般衛道人士的阻力，比反對自強運動的守舊人

士更爲激烈。加上變法時裁撤的機關人員和大吏們，以及希望靠八股出身的秀才、舉人，無不群起而攻之。慈禧既心存滿、漢之見，又怕大權歸於德宗，當了反對維新派的首領。區區幾個維新份子，既無地位以號召，又無智識份子的全面支持；維新變法的上諭，終於變成了紙上空談。

　　德宗信服康有爲　康有爲下手變法的步驟，不能不佩服他想得週到，他以爲君權至上，只要能抓住德宗，便可暢所欲爲。他沒有看清德宗是個無實權的皇帝，慈禧太后仍有極大的控制力量；所以他的努力，雖然得到相當收穫，但這收穫只是曇花一現而已。他的耐性不錯，絕不灰心，一再的向德宗上書，一次不成，再來一次，並發動舉人聯名上書，先後上書八次。正逢德宗是一個憂憤國事的青年，一旦讀他慷慨淋漓的文章，不由不信服了。所以決心改革，還要找康有爲這般人來相助。

第三節　百日維新與戊戌政變

　　德宗下詔定國是　經過康有爲和同志們的鼓吹，光緒二十四年（1898 年），戊戌春間，維新運動幾乎到了高潮。由楊銳打通了給事中高燮曾，上疏極薦。德宗諭令王大臣傳康有爲到總理衙門，詢問變法大計。王大臣繾將其上年呈請工部代奏的意見書呈奏，德宗大爲感動，乃命以後康某如有條陳，應即日呈遞；還宣取康有爲所著的日本變政考、俄帝大彼得傳等書。不久因大臣徐致靖、楊深秀的先後奏請，在四月二十三日（6 月 11 日），下詔定國是。這一詔書並沒有接受康有爲大舉變法的主張，只是駁斥守舊派的不當和說明變法的必要而已，但總是維新的開端。

德宗召見康有為　國是詔下後四天，贊助維新的大臣，德宗的師傅翁同龢，因慈禧壓迫德宗而遭免職。四月二十八日，德宗在頤和園召見康有為，長談很久，頗為投機；康有為勸德宗不必盡去老舊的大臣，多用小臣，德宗以為然。旋即派康有為在總理衙門行走。德宗雖有重用之意，但二品以上大員的黜陟，還要經過慈禧的同意。所以康有為只能得此職銜，但仍屬「殊榮」，已令人側目了。

百日維新　從下詔定國是時起，到八月初六日（9月21日）政變發作時，只一百零三天，這期間，新政的詔書，幾乎一日多至數下，其中最重要的，如：一、命從下科開始，鄉會試及生童歲科各試，向用四書文者，改試策論。二、賞舉人梁啟超六品銜，辦理譯書局事務。三、定鄉會試隨場去取之法，並推行到生童歲科考，又停止朝考。四、各省、府、廳、州、縣設立高等、中、小學堂，以培植實學人才。五、命刪改各衙門則例。六、下裁汰冗官令，命裁撤詹事府、通政司、光祿寺、鴻臚寺、太僕寺、大理寺衙門，湖北、廣東、雲南三巡撫，並東河總督缺。至於各省不辦運務的糧道，向無鹽場的鹽道，也加裁撤。其餘應裁撤各職，令詳議奏聞。同時，添設農工商總局。七、軍營改新法操練，獎勵新機器、新軍器的製造。

新政不易推動　新政雖然在紙上推動，但實施的情形，卻大打折扣：各省督撫多是置之不理。因為在皇帝上面有慈禧太后，下面有守舊的軍機處，此外還有一個兵權所寄的直隸總督榮祿，正是慈禧的親信。康有為又不能抓住軍機處，以資抗衡。只好運動各方保薦贊成維新份子，德宗終於諭令：「內閣候補侍讀楊銳，刑部候補主事劉光第，內閣候補中書林旭，江蘇候補知府譚嗣同，均賞加四品卿銜，在軍機章京上行走。」四個人一步登天，當軍機處的實際辦事人，把軍機大臣擱在一邊。四卿可以閱覽奏摺，可以草擬上諭，等於軍機大臣。守舊派迫不及

待，更急於對付維新派。所以四卿握權不到十天，著名的戊戌政變便起來了。

守舊派攻擊德宗　當楊等四人沒有進軍機之前，還發生了一件罷斥禮部六堂官的事。原來維新開始，即下詔廣開言路。禮部主事王照疏陳四事，尚書懷塔布、許應騤不肯代奏，堂司交鬨。德宗正想罷黜一、二守舊大臣以立威，知道這事後，特詔革去禮部兩尚書和四侍郎職，另行派人超署。懷塔布的妻子，便到慈禧面前哭訴，慈禧頗不滿意德宗，打算等將來到天津閱兵的機會，廢掉德宗。德宗知道自己的地位不保，即下密詔給新黨，要他們想個辦法，使新政可以實施，而又不違背慈禧之意。否則朕位且不能保。同時又密諭康有為趕快出京，到上海督辦官報，以逃大禍。

新政派聯袁的失敗　那時在榮祿的手下，其中有袁世凱的新建軍。袁世凱在朝鮮有過一番作為，練新軍也有成績，而且頗贊成維新。康有為、譚嗣同密謀結托袁世凱，想以之制伏榮祿、慈禧等人。德宗於是召正在天津小站練兵的袁世凱進京，開去他的直隸按察使缺，超升為候補侍郎，專辦練兵事務。譚嗣同夜間勸說袁世凱，說明帝位動搖，要他制伏榮祿，領兵入京，緩急相助。世凱覺得不易成功，虛與委蛇，回天津後反報告榮祿邀功：榮祿認為排除新黨的機會已到，立即往北京報告慈禧。

戊戌政變　第二天，八月初六日，慈禧從頤和園進宮，指著德宗痛罵，並要賜以鴆酒。大臣苦求，纔把德宗囚在四面是水的瀛臺。假稱德宗有病，慈禧又第三度垂簾聽政了。

新政全被推翻 康有為、梁啟超已經逃走；支持新政大臣被捕下獄，其中張蔭桓、徐致靖遣戍。軍機四卿和御史楊深秀，及局外人康有為的弟弟廣仁，被處死刑，時人稱為六君子。惟有張之洞雖主維新，但比較緩和，既有實權，又主忠君，尚留下一些新事業。其餘百日維新時頒行的新政，都被推翻，除了京師大學堂以外，完全恢復舊觀。然而全中國的人士，卻因而認清了緩和的改革，清廷仍是不肯接受，惟有另求辦法。孫中山先生所領導的革命事業，便如火如荼的展開了。

第四節　自立軍的奮起

唐才常組織自立會 戊戌政變以後，康有為等人在日本，以保皇會名義，向海外募集巨款。湖南瀏陽志士唐才常，也是譚嗣同的好友，想利用康有為的錢財，進行光復運動，並替譚嗣同等人報仇。願為康有為的內應，在上海招集同志，聯絡譚嗣同的舊部師襄等人，準備發難。在長江上下遍布同志，圖窺武漢，想襲取為根據地。於上海組織正氣會，做活動的機關，不久又改名為自立會。在上海張園開中國國會，出席志士數千人，公推前駐美、日、秘國公使容閎當會長，名士嚴復當副會長。唐才常當總幹事，他的弟子，湘陰人林圭，和長沙人沈藎，擔任幹事。國會宣佈宗旨三點：一、保全中國自立之權，創造新自立國。二、決定不認滿洲政府有統治清國之權。三、請光緒帝復辟。這顯然是受了保皇黨的利用。章太炎曾勸告唐才常，不要為保皇黨所利用，唐才常卻希望海外匯款，拒絕勸告。章太炎於是剪去髮辮，表示決裂。所以自立會的活動，從表面上看，是很矛盾的。

自立會的活動 林圭起初和慈利人李炳寰、田邦璿、武陵人蔡鍾浩，長沙人秦鼎彝，以及才常的弟弟才中，共五人，建議在湖南推動工作，同一位日本人，想設立學校或報館及譯書局。但未成功。自立會成

立後，林圭來到漢口，散放富有票，創辦自立軍，分地區設立旅館，做會友和其他黨徒往來寄宿的處所。在漢口的旅館名賓賢公，在襄陽的名慶賢公，在沙市的名制賢公，在荊州的名集賢公，在岳州的名益賢公，在長沙的名招賢公。

　　自立軍的部署　　自立軍成立五軍，大通設前軍，由秦鼎彝統率；安慶設後軍，由田邦璿統率；常德設左軍，由陳猶龍統率；新堤設右軍，由沈藎統率；漢口設左軍，由林圭自行統率；另設總會親軍和先鋒軍，推唐才常爲督辦。兩湖、江西、安徽等省的哥老會會員，和水師營兵紛紛參加，約有數十營。活動的範圍，上游到四川的宜賓，下游到江西的武穴，南面到湖南的衡州，北面到湖北的襄陽、隨州、當陽、應山、麻城。中路則有沔陽、新堤、沙洋、嘉魚、蒲圻、崇陽、監利。這一切部署妥當的時間，正在光緒二十六年七月初旬（1900 年 7 月下旬）。日人田野橘次在上海發刊同文日報，替自立軍鼓吹，不遺餘力。

　　自立軍大通起義　　秦鼎彝先到大通，活動水師弁兵，共同起事。並聯絡安徽巡撫的衛隊，祕密輸送軍火，作爲響應。當時北方義和團正在鬧事，林圭想利用這一機會，迅速發動。唐才常到漢口，定期七月十五日（8 月 9 日）大舉，但來不及部署，暫時延緩。當時長江的清軍防範很嚴，接濟難到大通。而秦鼎彝在大通的活動，已被保甲局委員探得，向安徽巡撫王之春告密，王之春下令戒嚴，秦鼎彝看到事情洩露，倉促發難。王之春派兵捕捉，秦鼎彝親自搏鬥，眾寡不敵，終告失敗，秦鼎彝隻身得脫，逃往日本。

　　唐才常被捕　　至於唐才常在漢口，因康、梁匯款未到，也屢次延期發動，原定七月二十五日（8 月 19 日），後又改到二十九日。也因事機不密，龍澤厚召文廷式來漢口，向湖廣總督張之洞告發，又告失

敗。在起事前兩天——二十七日的晚間，唐才常和林圭、李炳寰、田邦璿、瞿河清、向聯陞，王天曙、傅慈祥、黎科、黃自福、鄭保晟、蔡成煜等十二人都被捕捉；第二天，又被捉七人。

自立軍的精神　但另外有一種說法：當唐才常初到漢口時，曾因日本人的介紹，會見張之洞，暗示自立軍將擁戴他以兩湖獨立，之洞起先允許。所以當自立軍集中兵力，時常過江點兵，而且大通起義事已經發生，張之洞也早知道，視若未聞；可是之洞仍猶疑不決。唐才常對張之洞失望，於是表示決絕。並且對外人說：「如果張之洞奉清廷的偽諭排外，我必定先殺他，自行擔任保護的事。」這話傳到張之洞的耳裡，又偵悉到唐才常的作為，與自己不合，而且將向各國駐漢口領事宣告，占據武昌自立。所以張之洞突然下令捕捉他們，同時處死。他們在受刑時伸頭叫殺，毫不畏懼，頗有革命精神。從此湖北常常殺人，先後處死維新人士一百多人。

湖南捕捉自立軍　湖南巡撫俞廉三，也秉承張之洞的意思，到處搜索，先後捕捉到唐才中、蔡鍾浩、姚生范，和李炳寰的父親李蓮航等一百多人，全都遇害，可見株連之多，兩湖為之騷然。

沈藎的就義　只有沈藎的右軍，最後失敗。當沈藎聽到唐才常被捉後，恐怕延緩誤事，急起發難，但是中軍已失，人心渙散，右軍潰散。沈藎逃亡武昌。八國聯軍進北京後，沈藎把義和團禍首的名單，報告聯軍。外間所不知道的中、俄密約，沈藎又在日本的報紙公佈。後在光緒二十九年六月（1903 年 7 月），被革職的內務府郎中慶寬，翰林院檢討吳式釗，向湖廣總督張之洞和前駐日公使李盛鐸商議，靠權宦李蓮英向慈禧密告，在北京把沈藎捉到，慈禧下令打死。竹鞭打了四時，慘酷萬狀，氣還未斷，再用繩勒死，國內輿論譁然，外人也為之不平。

　　自立軍的本意　　自立軍在表面上，是替保皇黨出力；加上革命志士畢永年，曾力勸唐才常從事革命運動，唐才常不聽。所以大家都認為是保皇黨的軍隊。不過在他們的序言裡，卻有「低頭腥羶，自甘奴隸。」「非我族類，其心必異」的語句，這是自立軍的本意。也許他們怕內地人士，聽到革命，便要談虎變色，不敢參加，所以用保皇的名義，以便號召同志。

第十八章

排外與八國聯軍

第一節　排外與仇教

廢立德宗的不成　德宗雖然被囚，但名義上他仍是皇帝，守舊派是不放心的。何況逃亡海外的康有為、梁啟超等人，鼓吹保皇理論，如果把他們所保的目標除去，這問題不就變簡單了？在戊戌政變以前，本已有廢立的計劃，不過未及實行。所以囚禁德宗以後，假傳德宗病重，預備廢立。光緒二十四年冬天，慈禧雖然掌握了北洋兵權，但要實行這樣大事，也不能不顧到南方大吏們的意見。遂令軍機處探詢南方督撫的意思。不料以戰功著稱的兩江總督劉坤一的回電，認為「君臣之義已定，中外之口難防，」表示反對，把守舊派的計劃耽擱下來。

己亥立儲　光緒二十五年（1899 年，己亥）冬天，守舊派的承恩公崇綺，大學士徐桐，尚書啟秀，想討好慈禧，又發動廢立計劃，慈禧也同意了。榮祿卻嫌操切，建議先擇宗室近支王子，立為皇子，緩緩的承繼大統。慈禧遂改行了榮祿的計劃。二十五年十二月（1900 年 1 月），立端郡王載漪之子溥儁為皇子。那時反對廢立的劉坤一也預先調他來京陛見，以免在南方反對立大阿哥。李鴻章那時不大得勢，派他到廣東任兩廣總督，鎮壓南方。不巧這一消息出去，明眼人都知道慈禧的用心。在上海的候補知府經元善，聯絡蔡元培等紳商一千多人發電力爭，請求保護聖躬，海外華僑也紛紛電爭。大阿哥一時不能即登皇位。同時守舊派也想試探外國的意思，諷令外國公使道賀立大阿哥。可是外國公使不理，守舊派不敢貿然廢立，因此把外國人恨透了。

英日包庇康梁　加上康、梁又繼續的鼓吹保皇。康、梁是英人和日人分別保護逃走的，而且分往香港、日本，在外國政府庇護之下，清廷無可奈何，仇視英、日，連其他各國也一概排斥。而租界裡的報紙，對守舊派和時政大加批評，慈禧無法禁絕。仇外的情緒，更加深了一層。

民間的排外　在民間方面，因為中國人排外的觀念，向來強烈。中、英鴉片戰爭和英、法聯軍之役，使排外的觀念，暫時受到打擊。中、日戰爭以後，列強紛紛的強租港灣，要索權利。排外的觀念，油然而生。加以列強的經濟壓迫，失業群眾加多，人心浮動，偶有事端，便易引起軒然大波。這只是間接對外人不滿的原因，另外還有直接的原因。

教士深入內地　原來從鴉片戰爭以後，外國人憑武力為後盾，清廷在被逼之下，勉強允許外國人在中國傳教。自從道光朝訂立了中英、中美、中法條約，門戶洞開，傳教的禁令宣告解除。不久又准許在通商各口，建設天主、耶穌各教堂，凡是外國來中國傳教的人，都由地方官優待保護，後來又在條約內載明。於是天主、耶穌各派教徒，紛紛進入內地。

中國人反對西教　傳教所得的效果不大，一因中國人對宗教的信仰，素來淡薄。二因基督教充滿了西方文化的色彩，一般人不易接受。三因部分列強把教士當做侵略的先鋒，教士有了這樣有力的支持，趾高氣揚，目空一切。四因教民中不法分子，倚仗教士為後臺，常和民眾發生糾紛。五因地方上的奸猾之徒，有意投身教會，藉教會保護符，橫行鄉里，欺壓平民。六因民間發生仇教言論，地方官聽其自然，有時還將附會之辭，信以為真。不去剴切曉諭，以消隱禍。七因教士袒護教徒，常常不問曲直，不經地方官的審問，顛倒黑白，去告訴本國的駐京公使，向總理衙門直接交涉。總理衙門只得重申保護西教命令，處罰地方官吏。弄得後來有不少的地方官，不敢依法判決，明知曲在教民，也只好讓教民得勝。

教案的疊起　由於傳教士的素質不良，教民的跋扈，平民的愚昧，士大夫的煽動，地方官的顢頇，清廷的不甘等情形，從咸豐朝開始發生教案，到同治朝越來越多。因為道光以後的傳教士，不尊重中國固有的風俗，所以北京條約准許教士到內地傳教以後，更激起民間的反感。夏燮中西紀事說到當時湖南的情形，可見一斑。他說：「當法人之請領執照也，分遣傳教之士遊行各省，將至楚，楚南長沙、湘潭一帶傳教之奸民，相與誇耀其事，以為吐氣揚眉，復見天日。楚之士紳聞而惡之，乃撰為公檄，議黜天主教。有界屋居住者火之，有容留詭奇者執之，有習其教者宗族不齒，子弟永遠不准應試。大略謂其藉宣講為名，裸淫婦女；設女嬰之會，採取紅丸。其他種種奸惡，描寫盡致。」這種反對傳教的空氣，瀰漫了湖南、江西、貴州等省，所以教案愈來愈多，全中國幾乎有教士所在的內地，都先後有教案發生。每次教案的結束，多半是賠款、道歉、懲兇了事，中國的損失愈來愈多，而民間的積怨，也愈來愈深。其中以同治九年（1870 年）的天津教案，最為嚴重。

天津發生教案　同治九年夏天，天津氣候亢熱，人心不安，民間發生種種謠言。同治時，天津法國修女，辦了一所仁慈堂，專門收養貧苦無歸的子女，她們並用金錢獎勵，引起人們的懷疑。適逢天津有匪人，迷拐人口，發生挖眼剖心合藥的傳說。據被捉的匪犯武蘭珍供稱，是受天主教民王三指使，當由在津辦理通商大臣崇厚與法領事豐大業（H. V. Fontanier）等，商派道、府、縣帶同武蘭珍，到堂指勘，結果與事實不符，於是帶犯歸案。

外人的被殺　不久，有人在教堂口角爭毆，崇厚正派兵前往彈壓。忽然豐大業氣勢洶洶，衝進衙署，向崇厚連放手鎗；出到署外路上，又向知縣劉傑放鎗，打死知縣僕從一人。惱怒群眾，打死豐大業，火燒教堂和拆毀仁慈堂，並殺傷教民男女幾十人，又誤殺俄國商人三

名，英、美兩國教堂也毀了一所，天津大擾。其時直隸總督曾國藩方請病假，清廷派他趕往天津查辦。教案發生後三天，七國公使提出聯銜抗議，英、法、美、義各國海軍，在天津、煙台一帶游弋護僑。大有開戰模樣。

天津教案的真相　法國那時想藉端要挾，聯絡英、美，有很大的要求。曾國藩耽心決裂，四國聯合謀我。奏請將誤殺俄商及誤毀英、美教堂交涉先行議結，不使和法國涉混，清廷照准。至於在天津審訊教民迷拐人口一案，已查清沒有教堂的指使。仁慈堂的男女一百五十多人，一一審供，都說是由家庭送來參養，並非拐帶。至於挖心剖眼的事，當曾國藩初到天津，攔輿告狀的人，不下數百起，但沒有一個人能拿出確切的證據；天津城內外，也沒有控告遺失幼孩的人家：全係誤傳。所以曾國藩上奏：殺孩壞屍，採生配藥，野番兇惡之族，都不忍為。英、法是歐洲大邦，決不會做這種事！請清廷明諭佈告天下，使真相大白。並請將道、府、縣三人革職治罪，清廷准行。

天津教案的解決　曾國藩因為國內軍事方告結束，兵力不足，無力對外作戰，決心和平解決。但法國代辦羅淑亞（Rochechouart）卻苛刻要求，除懲辦人犯以外，還要府、縣官和提督陳國瑞三人抵命，曾國藩力拒；但天津人士和政府官員，不知詳情，竭力攻擊曾國藩，竟責罵他賣國。他又正患重病，清廷遂改派李鴻章繼任，事先曾國藩已和法使議結得差不多。秋天，因為普、法戰爭發生，法國大敗，既然無力出兵中國，只得將就了結。清廷除賠款、懲兇和將府、縣遣戌以外，又派崇厚到法國道歉，纔將教案了結。

大局尚能保全　曾國藩認為這次辦案，處分府、縣之罪太重，深感不安。不過能保全大局，還算不錯。這次天津教案，幸而沒有引起七

國或四國聯軍，要歸功於外交應付的得當。然而三十年以後，清廷可說毫無進步，居然會發生義和團仇教事件，引起八國聯軍，給中國帶來了更大的不幸。

第二節　義和團事變

義和團的來歷　義和團原名義和拳，是民間的一種祕密會社，初名大刀會，由無智識的份子組成。以降神來號召，號令全是神話，他們絕對迷信，團結得很堅固。所崇拜的神靈，全是些小說戲劇中的人物；如唐僧、孫悟空、豬八戒，關雲長、趙子龍、秦叔寶、黃三太等，去煽惑愚民盲從。因爲當時民教相仇，他們仇視教士，實行排外運動，一呼百應，很得民眾的擁護。

山東的義和團　光緒二十一年（1895 年），李秉衡任山東巡撫，山東的大刀會仇視西教，李秉衡嘉獎他們。二十三年冬天，大刀會徒把德教士殺了。由於德國的要求，將李秉衡革職。二十五年春天，李秉衡親信的布政使毓賢，繼張汝梅升任山東巡撫；更獎勵大刀會，匪首朱紅燈自稱義和拳，樹立扶清滅洋的旗號，毓賢卻改名爲義和團。義和團於是殺教民，燒教堂。後來法國公使責問，清廷召毓賢進京，派袁世凱任山東巡撫。袁世凱逐漸捕剿，把朱紅燈殺了。義和團在山東不能立足，一齊逃往直隸。

直隸的義和團　光緒二十六年春天，義和團蔓延到直隸省，吳橋知縣勞乃宣，嚴禁傳習，並上書總督裕祿，裕祿把建議給按察使廷雍和布政使廷杰看。廷杰厭惡勞乃宣沒先對他說，廷雍卻暗中和義和團聯成一氣，勞乃宣的建議遂沒有下文。不久，裕祿也贊許義和團，到夏天，就蔓延到直隸各縣了。一股蔓延在滄州、靜海一帶，係坎字拳，設壇獨

流鎮，舟子張德成、游勇曹福田為首。一股蔓延在深、冀二州，係乾字拳，占據涿州城。他們的首領，稱為大師兄、二師兄、三師兄。常常焚燒鐵路電線，脅民仇教，公開劫殺。稱洋人為大毛子，教士教民為二毛子、三毛子，凡使用洋貨，或從事洋務的人們，也加以奸細或三毛子的頭銜。甚至亂加毛子頭銜，以報私怨，完全是暴徒匪類的作風。

義和團進入津京　當毓賢從山東進京後，向端郡王載漪、大學士剛毅等人，誇說義和團如何的忠勇可靠，載漪、剛毅信以為真。又見他們以扶清滅洋為口號，很想藉他們以洩私憤，向慈禧報告。毓賢竟因而得授山西巡撫。等到拳匪在直隸各處，肆行焚殺教堂教民時，慈禧一面嚴諭拿辦，一面命剛毅和刑部尚書趙舒翹等人分途前往解散，其實是察看情形，研究義和團是否可用。趙舒翹看見這些義民，都是市井無賴，明白他們不足為用；但知道慈禧想利用義和團，以抗外人，不好違背慈禧意思，反說是很可靠的義民。剛毅不惟說他們可用，並且和載漪等人，把義和團引進北京。於是廟宇府第，徧設壇場，出入宮禁，任意焚掠。而裕祿又招曹、張二匪首到天津，待以上賓禮節，還為之保奏，天津、北京，變成了義和團紛擾的世界。

義和團騷擾北京　北京城的外國公使們，當義和團進京紛擾前後，他們強逼清廷鎮壓義和團；把外地的教士和本地的教士教民，都集中在公使館區域和北堂內，並調來駐在大沽的海軍四百多人，準備固守。外國軍隊進城後，常射殺義和團眾，敵視的程度更深。這時北京有董福祥的甘軍，受守舊的頑固派指使，幫助義和團一同焚掠。董軍把日本書記生殺了。載漪的虎神營兵把德國公使克林德（Kettler）殺了，公使們更是如臨大敵。

對各國宣戰　頑固派益加瘋狂，認爲這是雪恥的好機會。群情激昂，力主戰爭。經過四次的御前會議，雖然德宗痛哭流涕，談人心不可恃，啟釁足以亡國。許景澄、袁昶、聯元等少數大臣冒死力諫，終於在五月二十五日（6月21日），下詔向各國宣戰。不過在宣戰之前，外國在大沽口的駐軍，爲營救往北京援助公使的先遣軍，已派遣大軍登陸，攻下大沽礮臺，打向天津了。中國主戰派的得勢，很受了這一攻擊的影響。

八國合組聯軍　下宣戰詔的同時，清廷諭令圍剿各國公使館，撤回駐外使節，令各省焚燬教堂，但只有北方的督撫聽命行事；又想利用義民，討伐洋人。另一方面，有關的十一國家，其中較強大的八國，分別派出軍隊，共組大軍，進攻中國。

聯軍進攻北京　使館區僅有四百多名軍隊和幾千教民防守，北堂則僅有少數的軍隊和數以千計的教民。甘軍和義和團的進攻，因爲缺少大礮，費了近兩個月的時間，都未能攻下兩處。各國援救使館的大軍，早到天津，因故遲延到七月中，纔向北京進攻，在楊村、通州遇到輕微的抵抗後，七月二十、二十一日，英、日、俄軍隊先進北京，慈禧和德宗，匆促中化裝成難民，倉皇出京，逃向懷來，西奔太原去了。

第三節　《辛丑和約》

混亂的北京城　在聯軍沒有進京以前，北京城裡已是一片混亂，義和團在民間燒殺；朝廷裡是頑固派殘殺主和派。聯軍進城後，大肆報復，搶掠不休，尤以俄、德軍隊，慘殺奸淫尤甚。千年的古都文物精華，搶損殆盡；北京城被置於軍事管理之下，留守的大臣，毫無出頭的機會。其時，聯軍推德國瓦德西（Von Walderssee）元帥爲統帥，主持

軍政；但德國大軍到達時，北京城巳攻下多時了。

東南各省互保 當聯軍向北京進攻時，慈禧已三令五申，催促兩廣總督李鴻章，北上進行和議。李鴻章在義和團開始紛擾時，曾與兩江總督劉坤一、湖廣總督張之洞、山東巡撫袁世凱等及其他的督撫，常常上疏，勸清廷制止拳亂，不可對外開釁。無奈慈禧沒有決心，雖然常常頒諭保護外人，不欲構釁，但又說勢成騎虎，「剿撫兩難，」局外人不知苦衷。南方的督撫們，對宣戰後的上諭，相約不理。劉、張二督，並派人和駐上海外國領事，締結東南互保條約。東南沿海沿江各省的秩序，很賴這幾位開明督撫的維持。

李鴻章北上議和 李鴻章遲遲其行，因為他怕早去北京，做無味的犧牲，到上海逗留很久。在上海他曾向外國交涉，想緩和外人的進攻，但無結果。到八月下旬，他繞由上海乘招商局輪船北上，閏八月初到天津，瓦德西起初拒絕和他相見，不承認他是議和代表。弄得李鴻章狼狽不堪。

和議告成 慈禧在西奔西安途中，所派的議和大臣，名義上派了慶親王奕劻和李鴻章兩人。奕劻於西奔途中，折回北京。奕劻頗有自知之明，議和事一概讓李鴻章主持，他只列名而已。當時俄、德兩國很想趁機瓜分中國。日本因國力未充，不欲中國在這時被瓜分；英、美兩國則因商務關係，也加反對。在各國利害關係不同之下，鴻章利用各國矛盾關係，幾經折衝；於光緒二十七年七月（1901 年 9 月，是年干支辛丑），與十一國簽訂和約，這和約亦名辛丑和約。

《辛丑和約》要點 一、派親王大臣，赴德日道歉。二、懲辦首禍諸臣，開復被害諸臣官職。三、各國臣民被害城鎮，停止考試五年。

四、停止軍火及製造軍火器械進口二年。五、賠款總數，銀四萬五千萬兩，分三十九年償清。連利息共九萬八千二百二十三萬餘兩。六、大沽及有礙北京到海口通路的各礮臺，一律削平。七、天津、北京、山海關的交通要地，允許各國駐兵。八、改訂通商行船條約。

《辛丑和約》的影響　這條約成立以後，中國的國際地位，一落千丈。從道光朝中、英衝突以來，列強所加於中國的武力壓迫，所締結的不平等條約，到此可說是達到極點。中國這時，雖尚能在帝國主義的矛盾底下存在，而民眾的痛苦，從此日益加深，清政府已經不成為一個完全獨立國的政府，而是列強操縱下的機構，代各國保護僑民，鎮壓排外運動，掌收稅務財政。自己既不能製造兵器彈藥，又沒有國防，幾乎沒有了可以實際行使主權的土地，令人太痛心了。

改訂通商條約　辛丑條約成立以後，又和外國談判通商行船條約。訂有光緒二十八年（1902年）八月初四日的中、英馬凱（Mackay）條約。光緒二十九年（1903年）八月十八日的中、美通商條約。二十九年八月十八日的中、日通商行船續約。光緒三十年（1904年）十月初五日的中、葡通商條約。

通商條約要點　這些條約內容的要點：大致有一、因賠款加重，允許中國加海關進口稅到值百抽一二‧五，出口稅到七‧五。但中國裁去釐金。二、中國允許修改礦務章程，招致外資。並修改內河行輪章程。三、中國釐定國幣，外人應在中國境內遵用。四、律例、審斷及一切相關事宜，妥善完備後，則外國可以放棄其治外法權。五、英國允許禁止鴉片進口。各約所規定的裁釐加稅，完全是為了應付巨大的賠款。外國貨關稅雖然加重，但釐金減去了。只有國貨，卻不能得到這優待，更無法和外貨競爭本國市場了！

第十九章

邊疆新危機

第一節　俄國強占東三省

　　清廷的邊疆政策　清廷對於邊疆的政策，始終抱定封鎖主義。因爲他們以非本部人士入主中原，心懷猜忌，所以特別防備漢人。只希望漢人住在中原十八省，管理方便。害怕漢人一旦到了邊疆，一方面清廷政治的力量，有些鞭長莫及；一方面漢人和邊疆同胞結合了，未免別生事故。所以寧可限民虛邊，聽任邊境地方荒涼；不願移民實邊，讓漢人力量澎漲。東三省是清廷的老家，入關以後，還想牢牢保住。東三省又鄰近蒙古地方，關係密切。清廷想聯絡兩地，以抑制漢人；因此這兩處地方，絕對禁止中原人去墾殖。至於西藏，因爲地屬高原，對外交通困難，素來有神秘國之稱。清廷爲了完成政治策略，也加以封鎖，西藏同胞自己也贊成這個辦法；尤其是那些操縱茶葉生意的喇嘛，更抵死抱著閉關主義，內地人也無法移殖。後來列強在邊境上的侵略，日甚一日，清廷想要改變政策，也來不及了！當四鄰的藩屬失去以後，邊疆便裸露在強鄰虎視之下，也成爲列強角逐侵略的對象了。首先發生問題的是東北方面，俄國在義和團鬧事的藉口下強占了東三省。

　　俄國築路時的苛擾　自從中、俄議定修築中東鐵路以後，俄國從光緒二十四年起，積極開工，到二十六年五月，已完成幹支線一千三百俄里，一部分並已通車。俄國在施工的時候，工程師、監工和護路兵丁，常常倚勢欺侮地方官民，並且向居民勒索糧物，遇有不合，發生衝突，還開鎗擊斃居民。東三省的同胞，對俄人是恨透了。

　　俄國假意友善　光緒二十六年春、夏之交，義和團在直隸的活動，日趨擴大，各國公使向本國求救，俄國卻採單獨行動，準備在各國威逼清廷情形之下，特別表示與清廷友好，以抓取別的權利；這原是俄國一貫的手法，現在不過再度表演一番而已。五月間，駐俄公使楊儒，

卻中了微德巧言蜜語的甜頭，認為俄國是一友邦，電勸李鴻章聯俄，李鴻章久有聯俄之意，也存心接近俄國。

俄國集中兵力 當清廷在五月二十五日，對外宣戰後，曾電令奉天將軍增祺，招集民團抵抗強鄰；幾天後，義和團在境內開始拆鐵路、燒教堂、殺教民了。奉天雖然混亂，可是吉林、黑龍江，卻因地方官與俄國路方聯絡，保持得很安靜。所以李鴻章電囑楊儒勸微德不再增兵，以免衝突，可是俄國在中東鐵路南端集中的兵力，反在源源地增加了。六月十八日（7月14日），俄國的大軍，不顧中國地方官的勸阻，開始強行進入黑龍江省境內。

五路進攻東三省 俄軍強占東三省是有計劃的，十五萬大軍，分五路進攻；第一路從中東鐵路北端，經呼倫貝爾越西興安嶺南下。第二路從海蘭泡渡黑龍江進攻璦琿，越東興安嶺，經過墨爾根（嫩江）直趨齊齊哈爾。第三路從伯力附近溯松花江而上，經過依蘭（三姓）直趨哈爾濱。第四路從海參威攻琿春、寧古塔，直趨吉林。第五路，從旅順進攻，經營口、遼陽直趨瀋陽。再加上護路隊及武裝員工，俄國在東三省的武力，近二十萬人了。

俄軍強占東三省 七月到八月初，俄軍攻占黑龍江省，俄國阿穆爾省巡撫不久宣布，江東六十四屯和黑龍江右岸，凡是俄軍占領的地方，一律歸併俄國，由俄國管理。同時吉林省東部也淪陷。吉林省將軍長順，被迫繳械繳銀投降。七月，南路俄軍向北攻進，閏八月初九日（十月二日），瀋陽失陷。俄軍遂完全占領東三省。本來俄軍還想更進一步，占領關內外鐵路，以便直達北京。幸虧山海關給聯軍占領，纔把俄國的野心阻止。

　　救命恩人的真相　　當俄國開始進攻東三省的時候，因爲兵力不足，不願本國人出任進攻北京的聯軍統帥，卻讓德國人擔任。但要求不改變中國的現狀，幫助俄國協助中國爲條件。東三省的事情自然沒提。氣得德皇威廉二世痛罵俄國無恥。當七月中德國宣布以瓦德西爲聯軍統帥時，俄國軍隊卻在七月下旬，搶先進攻北京，大肆劫掠，連中、俄密約正本都搶走了。到閏八月間，俄國卻在北京撤兵，假裝俄國是中國的救命恩人。

　　增阿暫時條款　　在東三省呢！俄國卻於九月二十日（11 月 11 日），由占領軍司令官阿萊克塞夫（Alexeieff），壓迫奉天將軍增祺，簽訂增、阿暫時條款九條。消滅了中國在奉天省的軍權，營口連行政權也不存在，奉天將軍成了替俄國維持地方秩序的人員而已。接著，俄國三大臣會議又決定由俄國阿穆爾軍區司令官對吉、黑兩省、關東司令官對奉天省的將軍、副都統，有監理權。這一辦法施行，等於實際上占領了東三省。可是俄國還無恥地欺騙各國，在九月初八日（10 月 30 日），竟表示贊同英、德協定，願意不趁現在紛擾的機會，在中國獲取領土。卻一面暗中要與中國訂立密約，想在東三省取得權利。

　　商談交收東三省　　但不巧北京各國公使，已在十一月初，提出對華和議大綱十二條，中國並已接受，俄國不好在北京再議單獨協定，要求改在俄國談判。二十六年十一月（1901 年 1 月），清廷允派駐俄公使楊儒爲全權大臣，商談東三省交收事宜。

第二節　東三省的撤兵交涉

　　俄國提出十二條　　光緒二十六年十月間，楊儒即和財相微德交涉，要俄求軍撤出東三省，微德拒絕。楊儒後訪俄外相拉姆斯道夫

（Lamosdorf），請俄軍撤退，爲各國做一好榜樣；可是拉姆斯道夫，在十二月提出中、俄交收東三省事宜擔保條件十二款和附件，完全要席捲中國東三省、蒙古、新疆等地一切權利，就連華北也要在俄國勢力控制之下，軍權、財政權、行政權都歸俄國，這豈能算是收回領土？所以楊儒指責說：「名雖交還東三省，然要索各款。不受占據之虛名，隱收囊括之實利，未免太不爲中國地步！」這種交涉，簡直是像戰敗國對戰勝國的談判，何嘗絲毫有友好的成份？楊儒也認清了俄國的眞面目。

俄國強迫訂約　當年十一月，倫敦泰晤士報登出了增、阿密約，英、日、德三國即勸中國不必與俄國訂約。拉姆斯道夫的十二條消息傳出後，日、英、美、德、奧、義等國勸告清廷，對俄國訂約，千萬不可讓土地主權！俄國駐華公使格爾斯，卻在北京威逼李鴻章，李鴻章主張拖的辦法，兩江總督劉坤一主張堅決拒絕俄國的單獨要求。清廷也電令楊儒和俄國切商修改，格爾斯更加緊威逼李鴻章。

清廷拒絕簽約　俄國因爲國際形勢對其不利，二十七年正月中，酌改草約一部分，限定楊儒在二月初七日（3月26日）前簽約，李鴻章便主張屈服接受了。清廷也准許由楊儒自作主張。而劉坤一、張之洞等人仍極力反對，兩人和駐日公使李盛鐸又逕電楊儒，阻止簽約，楊儒遂拒絕微德的簽約要求。同時劉、張兩督和其他人士，也請清廷拒絕簽約，清廷鑑於內外形勢如此，遂電令楊儒正式拒絕簽約了。

俄國勒索巨大賠款　俄國當時只是虛聲恐嚇，拒絕後並無行動，只有在談判賠款時，向中國勒索。所以在光緒二十七年四月，於列強決定的四億五千萬兩的賠款中，俄國獨得一億三千萬又三十七萬一千一百二十兩，折合盧布一八四、○八四、○二一盧布又四十四戈貝，占總額百分之二十九，居賠款第一位。但微德的計算，俄國這次只

損失了一億七千萬盧布，倒淨賺了一千四百萬盧布。劫掠品還未計算在內！

銀行合同　賠款議妥以後，各國軍隊先後撤退，清廷令李鴻章向俄國交涉東三省撤兵問題。但李鴻章主聯俄，和劉坤一、張之洞聯英、日的主張不對，不願聯絡各國公使公開交涉，反相信微德，於六月中向微德的駐北京代表，進行交涉。當時俄國進行和日本妥協，聯合對付中國，想撤兵緩和日、俄間的緊張局勢。所以微德的答覆，是願意幫忙撤兵交涉，但要求中國政府和華俄銀行簽訂一個合同，以取得東三省築路、開礦、經營工商業的權利。但李鴻章要將這銀行合同和撤兵交涉一同討論，微德卻主張分開，談判尚未決定，李鴻章在九月二十七日（11月7日），年老得病而死；因此聯俄的主張，就無人積極支持了。

堅拒俄國要求　李鴻章死後，清廷改派慶親王奕劻和軍機大臣王文韶負責俄約交涉。遲到十月下旬纔恢復談判。劉坤一、張之洞仍主張依照英、日勸告，條約如妨礙主權，不可簽字。輿論也反對簽訂有損主權的俄約。所以奕劻、王文韶對俄國勒索權利的要求，無不堅決拒絕。

英日同盟　光緒二十七年十二月二十一日（1902年1月30日），英、日締結同盟，表面上以保障中、韓兩國獨立為名，其實是怕中、韓利益，給俄國單獨占領，因此締結同盟實行抵禦。當時列強對這個同盟，頗表歡迎。俄國無可奈何，後來只好在二月把俄、法同盟擴張到遠東，發表宣言，藉作抵制。

美國的備忘錄　光緒二十七年十二月，美國對中國、俄國，分別致送備忘錄，大意說：中國政府以築路和開發東三省的工商利權讓與一公司，必破壞中國與各國間所訂的條約，要求俄國維持門戶開放政策。

俄國卻否認這事，巧辯銀行合同是私人的事情。二十八年正月初四日，奕劻得到英、日同盟成立消息，正式拒絕銀行合同。

俄國允撤駐軍　俄國看到國際形勢如此，中國又堅決拒絕，終於在三月初一日（4月8日），簽訂了中、俄交收東三省條約，允許從簽約日期起，俄軍在十八個月內，分三期撤退。

陰謀依然不停　撤兵條約簽字以後，俄國想暗中控制東三省，利用中東鐵路公司和華俄銀行，在東三省抓取礦權、林業權和工業租借權。並在中東鐵路沿線各站，收購大量土地，擴展成為租借地和移民的計劃。微德還在設計擴充護路隊，以代替撤去的俄軍，控制交通；而撤退的俄軍，也只停留在邊境上。其用心的毒辣，實無以復加了。

俄軍停止撤退　表面上，俄軍依約撤退了第一期的軍隊。光緒二十九年三月，到了第二期，俄軍非但不撤退，又提出種種條件，要求權益，中國拒絕；美、英、日三國又支持中國，談判無法進行。六月，俄皇竟設置遠東大總督，把東三省看成殖民地。

第三節　日俄合侵東三省

日本對俄交涉　日本想在東三省獲取權利，很注意俄國撤兵問題。光緒二十九年六月：日本向俄國提出解決朝鮮、東三省問題談判大綱，想取得妥協以求互相侵略的便利；俄國未即答覆。七月，俄國又向中國提出五項要求，雖然比以前的條件和緩，仍遭中國拒絕。八月，俄國出面向日本交涉。但俄國只承認日本在朝鮮有限度的利益，不准日本染指東三省；這與日本獨占朝鮮的要求距離太遠，談判難以進行。

日俄戰爭　至於在東三省的俄軍，不但不再撤退，反派出軍隊重占已經退出的地方。日本氣憤，也積極作軍事準備。光緒二十九年十二月（1904年2月），日本宣佈談判破裂。十二月二十三日，日本突襲俄艦隊，二十五日，兩國同時宣戰。在光緒二十九年，日、俄戰爭，已迫在眉睫，當時有人主張中國應參加日本方面。但中國兵力能幫助日本的地方很少，而海陸萬里，處處可遭攻擊，儻使加入，無論如何，不會全勝的。那麼日本的勝利，也變成半勝了。而議和的時候，反受牽制，所以日本是不願意中國加入的。何況中國加入，戰爭擴大，影響商務，各國也不願中國加入。中國的外交既難自動，所以在日、俄戰爭之初，只好宣佈中立；因為俄軍在東三省境內作戰，只得劃遼河以東做戰區。其他各國，也先後宣佈中立。

日勝俄敗　戰局開始後，雙方苦戰了一年多，俄國海陸軍全部失敗，日本也因國力疲敝，所以當美國總統老羅斯福出面調停後，光緒三十一年七月（1905年8月），兩國遂在美國的樸資茅斯（Portsmouth）進行和議，八月約成。

日俄和約　這一次戰爭，美國是支持日本的。日、俄和約的成功，也多靠美國。和約共十五條，重要的是：一、承認日本獨立經營朝鮮。二、俄國定期撤退東三省的軍隊。俄國不得在東三省取得特殊權利。三、日本將所占領的東三省地方交還中國，但旅順，大連灣租借地除外。四、俄國以中國的承認，將旅大租借地和相關的利益，長春以南的鐵路，和附屬鐵路的利益，讓與日本。五、庫頁島五十度以南，割與日本。這樣，日本一面將朝鮮變為日本單獨的保護國，一面攫得奉天和吉林南部的權利，俄國退而經營長春以北的地區，兩國竟產生了所謂「南滿」、「北滿」的名詞。

中日東三省協約 日、俄和議定後，日本又派外相小村壽太郎到北京，在光緒三十一年十一月（1905年12月），和中國訂立會議東三省事宜協約。承認日、俄和約俄國讓與日本的各項權利；又結附約十一款。重要的有：一、增開商埠，計奉天六處，吉林六處，黑龍江四處。二、安奉鐵路由日本繼續經營，改爲商用鐵路。三、允許南滿鐵路和中國鐵路接軌。四、設立中、日合辦木材公司，開採鴨綠江區域森林。照附約的規定，日本在俄國所讓渡的權利外，又取得不少的權利。

日本的侵略機構 光緒三十二年（1906年）夏天，日本成立南滿鐵道株式會社，其性質與任務，和英國侵略印度的東印度公司相同。以一個商業性質的公司，總裁由政府任命，實際執行政府的拓殖計劃。同時將旅大租借地，設置了「關東州」都督府，從事於軍事政治的籌劃，好逐步奪取東三省的種種權益。

安奉鐵路問題 依照會議東三省事宜條約，安奉鐵路應在立約兩年內興工並完工。但日人遲到宣統元年正月（1909年1月），纔要求派員會勘路線。郵傳部派員與東三省總督派員，會同日員勘查；發現日本所定新線，與前不同，並擬加寬軌道，違背原議頗多。東三省總督錫良，不允許日本擴充軌道和更改路線，並且要求日本撤退鐵路沿線守備兵。日本不理，竟自行動工。清廷無奈，只得在七月（8月）和日本訂立安奉鐵路協約，承認了事。同時，過去數年來所有的五個懸案，也因日本壓迫，在這時解決。

撫順煤礦問題 撫順煤礦離鐵路線三十里以外，日人主張是中東鐵路的附屬事業，要求開採。這時連同煙台煤礦，全允許日人開採。

　　間島問題　　中國與朝鮮，本以圖們江爲界。後來朝鮮人越界墾田江北，清廷設延吉廳收稅。日人指這地方爲間島，說是朝鮮領土，派兵占領，設置理事官。交涉結果，仍認爲中國土地，日本理事官撤退；但仍准朝鮮人居住耕種。中國又開龍井村、局子街、頭道溝、百草溝四地爲商埠。

　　新法鐵路問題　　中國擬借英款興造新民屯到法庫門的鐵路，日人指爲南滿鐵路的平行線，加以阻止。這時允許興造時先和日本商議。

　　營口支線問題　　中東鐵路營口支線，本爲俄國築路時運輸材料之用，約定路成時拆去，日人不肯。這時允許與南滿鐵路將來一同交還中國。

　　吉會鐵路問題　　日人曾強中國借滿鐵款半數，興建吉長和新奉鐵路。該會社又要求將吉長路延長到延吉，和朝鮮會寧府鐵路相接。這時允許由中國斟酌情形，到開辦時，和日本會商。

　　鐵路界的行政權問題　　至於俄國，並不後於日本，在長春以北積極經營，也發生了兩件爭執。光緒三十一年（1905 年），哈爾濱開爲商埠。光緒三十四年（1908 年），俄中東鐵路總辦兼哈爾濱總領事公佈中東鐵路市制，將哈爾濱等市鎮，由鐵路局管理，實際等於俄政府管理，並向中外商民課稅。清廷交涉了幾月，到宣統元年（1909 年），清廷允許在中東鐵路附屬地界設立自治會，代替行政機構，而告解決。

　　松花江航權問題　　中國對吉林內地的松花江通航，因過去未曾開放。光緒三十一年中、日會議東三省條約成立後，想開放松花江上流，允許各國自由通航。俄國卻妄指咸豐八年的中、俄璦琿條約，允許俄國

航行松花江下游的規定，是指松花江的全部，而加以干涉。宣統元年，清廷與俄交涉，第二年定議，由中國開放松花江，允許各國通航，始告解決。

　　日俄合作侵略　從日、俄戰爭後，各國認朝鮮為日本的囊中物，所以日、俄議和那年，英、日續訂盟約，便沒有保全朝鮮領土的條文。然而對於中國門戶開放、保全領土的條文，卻依然存在。三十三年日、法協約，日、俄協約，三十四年的美、日換文，也是如此。由於俄、日兩國改變過去敵視的作風，密切合作，加強在東三省的侵略，中國也想引進別國的勢力，以資抵制。所以中國因為英、美資本家願意借款，計劃建錦州到璦琿的鐵路，日本和俄國力加反對，只得中止進行。宣統元年（1909年）冬天，美國根據門戶開放機會均等原則，主張由各國借錢給中國，收回在東三省的外國鐵路，在借款未還清以前，由各國共管鐵路，這就是東三省鐵路中立化的政策。到宣統二年，又因日、俄聯合反對無效。宣統二年五月，日、俄兩國成立第二次協約，約定維持東三省現狀，如被迫害，互相商議；並訂密約，俄承認日本併吞朝鮮，日承認俄在蒙古、新疆的行動。七月，日本遂吞併了朝鮮。宣統三年（1911年），俄國對蒙、新就提出了新要求。

第四節　外蒙古的危機

　　蒙新無稅貿易　光緒七年（1881年），曾紀澤和俄國改訂條約第十五款規定：「此約所載通商條約，及所附陸路通商章程，自換約之日起於十年後，可以商議酌改，如十年限滿前六個月未請商改，應仍照行十年。」這商約中自然損失不少權利，曾紀澤原擬在十年後修改，不幸他在光緒十六年死去，十七年和二十七年的兩次修約機會都放過了。這一龐大的蒙古、新疆地區，便全在無稅貿易的範圍之下，俄國對兩地

的野心，也日益高漲，除了向清廷索取權利外，成群結隊的俄商，在來華貿易的僞裝之下，從事侵略的實際工作。

俄國聯絡外蒙　外蒙古王公因爲負債，常以土地抵押借款，俄人便因此取得礦權和土地，並培植了親俄派，製造傀儡。對外蒙古的活佛，常常贈送物品，加意聯絡。宣統二年（1910 年），清廷因西藏達賴喇嘛親英，革去達賴尊號；外蒙古活佛，深爲震驚，正逢俄國勾結，難免有傾向俄國懷抱的意念。

外蒙推行新政　另一方面，清廷爲了抵抗俄國侵略，光緒三十三年（1907 年）三月，先將東三省將軍、都統，改爲總督、巡撫，同於內地，實施新政。宣統元年（1909 年）正月，又宣佈在外蒙古實施新政。宣統二年春天，新任庫倫辦事大臣三多到職後，奉令大量設置新政機關，如兵備處、巡警處、衛生總分局、憲政籌備處、交涉局、審判廳、墾務局、商務調查局、實業調查局、簡易學堂、商品陳列所、動物市場，先後設立，內地人士也絡繹前來。新政經費，則由當地自籌，於是開辦種種捐稅，蒙人負擔日增，極爲不滿。清廷這種以前不問蒙事的作風，突變爲事事積極過問，卻又無妥善的辦法和精敏的人員去辦理，自很難順利推行了。

清廷準備修約　同時，清廷除了在外蒙古實施新政以外，也計劃修改光緒七年的伊犁條約。但俄人的準備更早，在光緒三十四年到宣統元年，曾三次派遣調查隊到外蒙古調查。不等清廷提出修約要求，在宣統二年十二月十二日（1911 年 1 月 12 日），向中國提出解決三十五款懸案的要求。

俄國強迫接受要求　這要求的範圍包括蒙古、新疆、東三省各地，有關蒙古的十三項，清廷採取拖延的方法對付，修約的辦法也未敢提出。而俄國又在宣統三年正月十八日（1911 年 2 月 16 日），照會催逼中國解決上述問題。清廷外務部依據條約，委婉對俄國提出解釋。但二月十二日，俄國的覆牒卻以中國無協商的誠意，俄國將自由行動來威脅清廷。二十二日，俄使提出最後通牒，限在二十八日答覆。當時戰雲密佈，奉、吉、黑三省俄軍有動員南下模樣，歐洲也傳出俄軍將對華作戰的消息。廷議雖有人主戰，但以實力不充，只得在二十七日，全部都接受了俄國的要求。

俄國對外蒙的陰謀　俄國在懸案解決後，野心更加熾旺了。原已挑撥外蒙古和中央政府感情的工作，益趨積極。慫恿外蒙古王公喇嘛，在宣統三年六月十五日（1911 年 7 月 10 日）會盟，由俄人指使的王公喇嘛發動，在會上決議「獨立」，並派了親俄派杭達多爾濟親王等人，組織代表團往俄國，俄政府允許助給少數軍械，將庫倫俄領事館衛隊加到二百人。七月（8 月），俄國駐華公使郭索維慈（Korostovetz）還照會清廷外務部，指責中國在蒙古的舉動，有礙於兩國邦交，這自然是干涉中國內政的舉動。但清廷願意減少在庫倫的駐軍，暫停對蒙移民和改良蒙政。俄國並不滿意，仍要支持外蒙古「獨立」運動，俄國的馬步軍隊八百人，也開到庫倫。

俄人喧賓奪主　武昌起義的消息傳到庫倫，外蒙古情形不安，清廷力量更是薄弱。十月，裁減新政。但十月十一日，俄軍將駐防軍繳械。蒙人又威逼辦事大臣三多和官員們出境。只剩下內地商人，在無保護之下留居外蒙古。

俄國製造傀儡　宣統三年十一月初九日（1911 年 12 月 28 日），俄人導演的「大蒙古國」成立了，活佛當了皇帝，設立各部。俄政府致送鎗械，以示慶賀。但俄政府又在十二日照會清廷外務部，表示外蒙古乘機獨立，俄國願幫助解決外蒙古問題，勸告活佛仍恢復從前的關係。但要求中國允許俄國在外蒙古操縱實權爲條件。當時中華民國政府成立，已宣佈五族爲一家，共同建國；但因南北政府忙於統一問題，一時未能解決外蒙古問題，只有等統一後再行交涉。

第五節　西藏的危機

英國屢提要求　光緒十六年（1890 年）：中、英訂立藏、印條約，承認哲孟雄爲英保護國外，並說明印、藏通商問題，日後再議。自後英國屢次向中國要求規定通商、交涉、遊牧等事，光緒十九年（1893 年），清廷特派參將何長榮爲委員，稅務司赫政（James Hart）爲通譯，與英國特別政務司保爾（A. W. Paul），在印度加爾各答會商，締結藏、印續約九款，附約三款。

藏印續約要點　一、中國允開西藏的亞東爲商埠，准英國派員居住，出入口貨物，免納捐稅五年。二、兩國交涉公文，由邊務官遞呈本國辦事大臣或總督。三、亞東開放一年後，藏人在哲孟雄遊牧者，照英國隨時所定遊牧章程辦理。

藏人排斥英人　這一條約，英人獨得通商利益，西藏人遊牧卻受限制，自然不滿。加以英國將藏邊三小國先後控制，西藏人也自然生了戒懼之心。因此藏人發生排英運動，拒絕開放亞東。英公使屢次向總理衙門交涉，清廷也無法處理。

俄國窺伺西藏　俄國這時已占據中亞細亞，和英國互爭波斯，更進而注視西藏。俄人假裝尊崇黃教，和西藏接近，俄國布里亞特人道爾濟（Dorijeff），早年已夤緣為達賴的教師，做俄國的間諜，拉攏西藏。光緒二十五、六年，俄、藏並派遣使節，互換聘問。英人看見俄國勢力深入，大為恐懼。

英軍進攻拉薩　光緒三十年（1904年），日、俄戰爭發生，俄國無暇注意西藏事務。夏天，英國准許印度政府，派榮赫鵬上校，率兵入藏，藏兵戰敗，直逼拉薩，達賴早幾天逃往青海，英人逼迫班禪簽訂英、藏拉薩條約。

拉薩條約要點　全文共十款，其要點如下：一、開江孜、噶大克為商埠。二、賠償英國軍費五十萬鎊。英國駐兵春丕，俟付清時撤退。三、藏人非經英國許可，不得將土地租賣給外國人。鐵路、道路、電線、礦產，不得許給外國或外國人。一切進款、銀錢、貨物，不得抵押給外國或外國人。一切事宜，不許外國干涉，亦不許外國派官駐紮和駐兵。

清廷向英抗議　當時駐藏大臣有泰，昏庸顢頇，在英人進軍之前。英人曾邀往議約，有泰不往，直到英人與西藏訂約的惡例既開，英人將該約催令有泰簽約，有泰經何光燮勸告，向外務部請示。外務部因該約損害主權，不許簽約。外務部並向英政府抗議，派員赴印度交涉。

中英藏印條約　光緒三十二年（1906年），中、英議約事移到北京談判，雙方新訂藏、印條約六款，把以前的英、藏條約，作為附約。約中聲明，英國不占併藏境和不干涉西藏一切政治。中國亦承認不准他國干涉藏境及其一切政治。至於賠款，本定七十五年還清，後英政

府怕在春丕駐兵過久，引起糾紛，改爲三分之一，定二十五年還清。清廷仍嫌英兵駐春丕期限太長，允在三年內還清，而告解決。三十三年，俄國對日戰敗後，英、俄訂立協約，俄人對西藏侵略放鬆，英、俄在西藏的競爭，告一段落。

清廷經營川邊西藏　當達賴出奔時，西藏人常有暴動發生，邊疆多事，清廷爲安撫經營起見，光緒三十二年（1906 年），派趙爾豐爲邊務大臣，將川邊地方，改設縣治。在巴塘訓練新式軍隊。達賴出亡後，清廷曾革去封號，光緒三十四年（1908 年），達賴到北京，清廷恢復封號，加意撫慰。宣統元年（1909 年），達賴回到拉薩，反抗清廷。駐藏大臣聯豫電調川軍統領鍾穎，領新軍二千人入藏。二年春，川軍進拉薩，達賴又先數日逃往印度。清廷下詔廢其封號，英國印度政府，則乘機聯絡達賴。

英人煽惑達賴　革命消息傳到西藏，英人乘機鼓動藏人獨立，仇殺漢人，驅逐中國軍隊。達賴也回到拉薩，宣告獨立，並發兵攻陷巴塘、裡塘等地。民國元年（1912 年），四川都督尹昌衡曾出兵征討，雲南也派兵相助，收復大部分失地。但因英人抗議，只得改剿爲撫，恢復達賴封號，以示羈縻。

清末的政局經濟社會與教育

第一節　光緒朝晚期的變法與立憲

再度實行變法　義和團事變以後，慈禧也知道自己做錯了，頗以爲愧。在出奔西安的途中，先下罪己詔，徵求直言。光緒二十六年十二月到西安以後，下詔變法。二十七年三月，並設立督辦政務處，以爲籌辦新政的機關。那裡面的六位大臣，滿、漢各半，有奕劻、李鴻章、榮祿、崑岡、王文韶、鹿傳霖。其中奕劻、李鴻章、崑岡三人在北京，另三人在西安，實權操在榮祿手裡。兩江總督劉坤一、湖廣總督張之洞，也遙爲參預，其實並無多大作用。

江楚會奏三摺　不過劉坤一和張之洞兩人，曾經上過三個變法的奏摺，洋洋數萬言，分條列舉二十七件事，名爲江、楚會奏三摺，盛稱一時。所以二十七年秋天的懿旨，曾「責令中外臣工，將應行變通興革諸事，力任其難，破除積習，以期補救時艱；並將劉坤一、張之洞會奏整頓中法以行西法各條，隨時摘要舉辦。」五年來的新政，可說是很受劉、張二人建議的影響。

新政的檢討　實際上這五年來所辦的新政，並沒有超過百日維新的範圍，雖有少數項目，維新時未能施行，但也是維新人物所想做的。比較切實有成績的新政，只是「廢科舉、設學校、派遊學，」這三件事而已。新政中規定准許滿、漢通婚，已經太遲，而滿人還事事壓制漢人，又怎能融和雙方的感情呢？

袁世凱與奕劻　這五年間，清政府的勢力，全在奕劻、榮祿兩人手裡。外臣中以李鴻章、袁世凱、劉坤一、張之洞四督撫，有舉足輕重之勢。後來李鴻章、劉坤一先後死去，李鴻章臨終前力薦袁世凱，袁世凱竟以山東巡撫升任直隸總督，並參加政務處。他和奕劻，便成了朝外

朝內的兩大支柱。不過奕劻昏庸依違，袁世凱精於權術，所以大權又漸漸集中到袁世凱手裡，竟奠定了北洋軍閥的始基，替中華民國留下了禍根。

　　立憲主張的出現　　光緒三十年（1904年），日、俄戰爭發生，一方面是黃白色人種的比賽，一方面是立憲政體和專制政體的比賽。三十一年戰爭結束，日本戰勝。從此使人們對立憲自由，加深了一層信仰。日本仍有君主，還不曾實行完全的民主自由，竟在打敗專制中國之後，又打敗西方專制強國俄國，使得中國人頗為興奮，立憲論者，更加振振有詞。當日、俄和議還沒有成立的時候，以狀元而首先倡辦實業的張謇，便寫信勸袁世凱主張立憲。駐法公使孫寶琦，也奏請慈禧立憲，一時立憲之聲，風起雲湧。似乎不立憲，立足以亡國，一立憲，便足以富強了。

　　派員考察憲政　　慈禧是不肯放鬆政權的，但因為輿論所歸，也不能不設法敷衍一下。當時立憲論者，因為日本勝俄，他們的政見常常根據日本憲法。清室的親貴和官吏，本無政治上的真知灼見，看到日本憲法無損於皇室的尊嚴，而且還可利用來以尊皇室，便在光緒三十一年（1905年）夏天，派載澤、戴鴻慈、徐世昌、端方、紹英五大臣出洋考察憲政；日本當然在考察之列，以表示將要實行立憲。但明眼人知道這是一種敷衍的手段，所以有一位志士吳樾謀炸死他們。當五大臣在北京正陽門車站上車時，炸彈爆發，嚇得徐世昌、紹英兩人沒有成行；後來改派了尚其亨、李盛鐸兩人。

　　宣佈預備立憲　　光緒三十二年（1906年）夏天，五大臣從海外考察回國，也相率奏請立憲。經過御前會議，七月，下詔預備立憲，論旨大略說：「現載澤等回國陳奏，深以國勢不振，實由於上下相睽，內

外隔閡，官不知所以保民，民不知所以衛國，而各國之所以富強者，實由於實行憲法，取決公論；時處今日，惟有及時詳晰甄核，仿行憲政，大權統諸朝廷，庶政公諸輿論，以立國家萬年有道之基。但目前規制未備，民志未開；故廓清積弊，明定責成，必從官制入手。」即派載澤等人編纂官制，並命端方等派員來京參議，又派奕劻、瞿鴻磯總司核定。

決定政制四方針　當時的督撫權力重於中央，而載澤等人回國奏請實行憲政時，也指出「循此不變，則唐之藩鎮，日本之藩閥，將復見於今日。」所以召集御前會議，決定四個方針：一、十年或十年以後施行立憲政治。二、大體模仿日本。三、廢現制的督撫，新設的督撫，權限僅等於日本的縣知事，財政、軍事權，都收歸中央。四、中央政制模仿日本。但因會議官制時，權傾當世的直隸總督袁世凱，也是參加的一員，自然不願意，只好先議中央官制。

改革中央官制　九月二十日（11月6日），釐定改革官制的上諭頒發：「內閣軍機處一切規制，著照舊行，其各部尚書均著充預政務大臣，……外務部、吏部均著照舊；巡警（三十一年設）為民政之一端，著改為民政部；戶部著改為度支部，禮部著以太常、光祿、鴻臚三寺併入；學部（三十一年設）仍舊；兵部著改為陸軍部，以練兵處（二十九年設）、太僕寺併入，應行設立之海軍部及軍諮府未設以前，均暫歸陸軍部辦理；刑部著改為法部，責任司法；大理寺著改為大理院，專掌審判；工部著併入商部（二十九年設），改為農工商部；輪船、鐵路、電線、郵政應設專司，著改名為郵傳部；理藩院著改為理藩部；除外務部堂官缺照舊外，各部堂官均設尚書一員，侍郎二員。」人選並打破以前滿、漢各半的規定，不限地域。結果，新授的軍機處及各部大臣，成為滿七、漢四、蒙古、漢軍旗各一人，蒙古和漢軍旗又和滿人一孔出氣，漢人只占三分之一，於是希望立憲的人，更大失所望了。

削減地方權力　行政方面，是實現排漢的計劃，軍事方面又收攬兵權，派滿人鐵良做陸軍部尚書，將練兵處併入，掌握大軍的直隸總督袁世凱，所練的六鎮新軍，四鎮撥給陸軍部管轄。光緒三十三年（1907年），兩位最有權勢並握兵權的總督袁世凱和張之洞，也以軍機大臣的名義，調入中央。地方的權力，是一步一步的削減了。不過北洋陸軍，由袁世凱一手所訓練，幹部中不乏親信；鐵良接管以後，一時也不能掌握，袁世凱仍然有操縱的力量。

第二節　宣統朝的政局與清帝退位

頒佈憲法大綱　光緒三十四年（1908年）夏天，張謇、鄭孝胥、湯壽潛等人組織的預備立憲公會，聯絡湖南立憲公會，湖北立憲籌備會，廣東自治會，和河南、安徽、直隸、山東、四川、貴州等省的同志，約好派代表進京，向都察院遞呈請願書，請速開國會。清廷因為他們是知名之士，未加壓制。正逢憲政編查館，將憲法大綱、議院法和選舉法要領等進呈。清廷於是在八月二十七日（9月22日）發佈這些法案，並規定九年為預備立憲期限。這一大綱雖採自日本，但以中央集權皇帝特尊為原則，談不上保障民權了。

兩宮之死與攝政王　十月下旬，德宗和慈禧先後一天死去。德宗的死去是很可疑的，他的身體並不太壞，有人說是被袁世凱或太監等人所謀殺的。慈禧在病危時宣佈以德宗弟弟載灃的兒子溥儀即帝位，承嗣穆宗，兼祧德宗。那時溥儀尚是幼兒，由父親醇親王載灃攝政，實行監國。載灃是一個毫無決斷的人，被他的胞弟載洵、載濤及一般親貴包圍，為了要獨攬大權，攝政之後，將袁世凱罷黜。並依據憲法大綱攝行大元帥事，載洵為海軍部大臣，載濤和毓朗為軍諮府大臣；軍諮府是參謀機關，三兄弟擔任海陸軍最高職務，想掌握軍權，來控制朝政。

攝政王應付立憲　他們對於憲政，毫無實行誠意。但迫於情勢，不能不裝做熱心的樣子。載灃攝政後二月，即規定諭旨由軍機大臣副署的辦法。宣統元年（1909年）春天，頒佈決心立憲的諭旨，限當年十月，各省一律成立諮議局。十二月，又頒佈廳、州、縣自治章程。宣統二年九月，資政院成立開院。但因當時梁啟超不斷在國風報鼓吹立憲，預備立憲公會領袖張謇，聯合各省諮議局代表；向清廷三次請願，要求速開國會。清廷無法拒絕，又下令將九年立憲期限，減為六年。接著各省又來了請願代表，在北京活動，想繼續請願。清廷下令強迫解散，並且通令京內外官吏彈壓拿辦；民眾頗為失望。

皇族內閣　宣統三年四月（1911年5月），清廷頒佈新官制，內閣總理大臣，由庸碌而貪污的慶親王奕劻擔任，協理大臣滿、漢各一，由那桐和徐世昌擔任。其他各部大臣，滿七（內蒙古旗一人）漢三，十三位閣員之中，漢人四人，滿人九人，九人中皇族又占五人。當時大家斥之為皇族內閣，連擁護君主立憲的人士，都表不滿。諮議局聯合會上疏，請另派大員組閣，反遭諭旨申斥。到此，立憲黨也要反對清廷了。

清廷想自辦鐵路　除了立憲以外，清廷末葉，尚有一件大事，引起了無數風波，那就是修鐵路。先是，清代末葉，列強在中國擴張權利，不外築造鐵路和開採礦山兩事，尤集中承造鐵路，訂約的時候，常把借款、築造、管理這三件事，併為一談。一條鐵路，借那國的款項，就請那國築造，將來還請那國參加管理，因此鐵路所到的地方，就成為外國權力所到的地方。清政府後來覺悟了，一方面計劃自辦鐵路，一方面想把已和外國訂約的鐵路，設法收回。

大借外債　清廷雖想自辦鐵路，但是缺乏資本，非借外債不可，而且還想整理幣制和振興實業。宣統二年底，由度支部尚書載澤和美、英、德、法四國銀行團談判借款，因財政顧問的條件，談判停頓。宣統三年三月，日本和郵傳部尚書盛宣懷成立鐵路公債一千萬元。刺激得四國銀行團放棄了財政顧問的條件，在三月成立大借款一千萬鎊；名義上改良幣制，興辦實業，實際上用來開發東三省，並以東三省的菸酒稅、生產稅、消費稅等為擔保，日、俄聯合反對。旋因中國革命發生，遂告擱置。

鐵路國有政策　至於收回自辦的鐵路，有粵漢鐵路；初由清政府和美國合興公司訂立草約。後來合興公司過期未辦，由於興論的鼓吹，和民眾的助力，乃得由中國廢約收回。清廷於是派張之洞督辦川漢、粵漢鐵路。宣統元年夏初，張之洞和美、英、德、法四國銀行，訂立借款草約，擬定六百萬鎊，約未成而張之洞死。後郵傳部大臣盛宣懷，在宣統三年四月（1911 年 5 月），成立這筆借款。當時四川、湖北、湖南、廣東四省士民，爭持自辦，清廷認為鐵路國有政策已定為理由而拒絕。四川護督王人文、和湖南巡撫楊文鼎，為代士民奏請收回成命，遭旨申斥。

四川保路事件　清廷為堅行鐵路國有政策，改派趙爾豐為四川總督。趙爾豐到四川，正逢川人因鐵路事，成都罷市罷課，外州、縣也有罷市的。清廷派端方從湖北帶兵到四川查辦，士民派代表往督署，求阻端方。趙爾豐因初次左袒士民，被端方藉為口實，而遭攻擊；對於代表，不但不加撫慰，竟拘捕股東會會長，和諮議局議長等四十多人，民眾請求釋放，反遭鎗擊，人心更憤激了。等到八月十九日（10 月 10 日），武昌革命發生，局勢已大變了。

清廷起用袁世凱　清廷見武昌革命發生，調近畿陸軍南下，派陸軍大臣廕昌督師，又派海軍和長江水師到湖北，再起用袁世凱爲湖廣總督。清兵雖連陷漢口、漢陽，但各省相繼光復。駐兵灤州的張紹曾，又對清廷發出強硬的電奏，清廷只得改組內閣，起草憲法，開放黨禁，並下詔罪己，以袁世凱代奕劻爲內閣總理大臣。接著頒佈十九信條，其中規定總理大臣，由國會公選，國會未開會時，資政院適用之。載灃退去攝政之位，資政院公選袁世凱爲總理大臣。

南北舉行議和　袁世凱並派唐紹儀爲代表，在上海和民軍代表伍廷芳舉行和議。宣統三年十一月初六日（1911 年 12 月 15 日），孫中山先生自海外到上海。初十日，十七省代表，即選舉孫中山先生爲臨時大總統。通電改用太陽曆，以西元明年一月一日爲中華民國元旦。孫中山先生並在這天就大總統之職。

清帝退位　唐紹儀因交涉失敗，電清廷辭職，和議停頓。當時清廷中最反對共和的，是軍諮使良弼，被革命黨人彭家珍炸死，親貴們恐懼。段祺瑞又聯合北方將士，通電主張共和，並說要帶兵進京，和親貴們陳述利害，清廷只得請內閣總理決定大計，由袁世凱和民國議定優待條件。清帝在民國元年二月十二日退位，中華民國，遂告一統。清自世祖入關，凡十主，二六八年。

第三節　清代與清末的經濟

以農立國的社會　中國自漢代以來，重農抑商。確立農業爲本位的政策。直到鴉片戰爭以前，全國人口，農民要占百分之八十以上。就是國家的經常收入，也以田賦收入爲大宗，約占百分之七十以上。社會上士農工商四大階層，士是不事生產的分子，工商卻是農業的附庸，整

個社會的重心，全在農業；因此，可以說，中國是農業社會。

農民與土地　清初進關以後，有清政府圈定的官莊，就是莊田，用以賞給王公或旗丁。隨他收租或自種。至於屯田和學田以及其他的免稅田是官田。莊田以在盛京（奉天省）和北平附近較多，各省旗兵駐防地也有一些，官田則各省都有。莊田和官田合占百分之十六。其餘的全是民眾私有的民田。私田中為地主所有的，多數交給佃農耕作，坐收田租。或雇農耕作，也有少數地主兼為自耕農的。也有自耕農兼為佃農的。農民所耕種的土地，能夠維持一家溫飽時，社會上是安定的，就是太平盛世。相反的，變亂紛起的時代，就是壯者鋌而走險，老弱塡於溝壑，農村不安定的時候。這種情形，不到全國工業化，是不容易徹底消除的。

小規模的手工業　在古代，手工業本是家庭副業。男耕女織，正是農家生活的寫照。此較特殊的工作，民間仍有些手工業者來擔任。這種情形，到鴉片戰爭以後，也沒有多大改變。比如自帶工具為人服務的手工業，有木匠、泥水匠、縫衣匠等等。無論城市鄉村，到處都可找到。還有自備原料，加工製造，設肆出賣或供人販賣的手工業，有染坊、機坊、磚瓦窯、瓷器、漆器、木器、或食品、裝飾品等，主人全家，或另雇少數工人參加。這種手工業，多半設在鎮市。規模更較大的作坊，設在大城市裡。有幾十名或幾百名的工人，主人不參加工作。貨物可以暢銷全國。他們的產品，可得到適當的利潤，銷路也有定量，用不著擴大生產，因此想不到用機器的事。這種情形，直到光緒朝晚年，纔漸漸改變。

消費式的商業　清朝初年的商業，只有廣州的洋商和揚州的鹽商，是大商家。但是他們對一般人沒有直接的關係。真正的商業，還

是集中在農業產品和手工業品上面。在鄉村的民眾，每逢三六九或是一四七、二五八日到一定的地方去趕集趕墟或趕場，保留著古代日中為市的風俗，買些他們需要的日用品。只有在鎮市或大城裡，纔有固定的商店或商行，收買農產品和手工產品去出賣，主要的都是些消費物品。只要達到供求平衡的任務就行了，不容易有多大的發展。總之，中國過去的工業和商業，不是為追求無限制的利潤，而是以滿足人們的需要為主的。

舊經濟結構解體　中國這種自給自足的農村經濟，卻因和西方通商而逐漸解體。外國的機器製品，靠著條約的保障，廉價的輸來中國，深入到任何角落。後來馬關條約，又允許外國人在中國可以開設工廠。中國的手工業品，便完全沒有出路。出產的農產品，也只得輸出給外國工廠做原料。自己用的消費品，卻有不少是外國出品。甚至於民以食為天的糧食，也要從外國輸入。以農立國的舊經濟結構，再也撐不下去了。

產業革命的出現　舊經濟結構逐漸解體，西方式的產業革命，也逐漸出現。但是中國產業革命出現的目的，是為了抵禦外侮，而不是為了改良生產。前述的自強運動，不少的建設，都是中國產業革命的成績。而且是以有關國防的工業居多，從同治四年到光緒三年（1865－1877 年），可說是軍用工業時期。到光緒四年（1878 年），左宗棠在甘肅設立織呢機器廠，這是官民用工業時期的開始，直到光緒二十二年（1896 年）止。等到外人可以在中國設立工廠，從光緒二十三年到二十九年（1897－1903 年），又進入外人興業時期。從光緒三十年（1904 年）清政府初設商部，提倡實業，纔進入國人興業時期。產業革命，到這時纔走上正軌，一直繼續發展下去。

礦業的發展　產業革命，固然以機器工業最為重要，但是礦業、交通和金融事業的發展，也與機器工業的發展息息相關。自不能忽視。礦業的發展，從光緒四年（1878 年），李鴻章籌劃在開平開煤礦起，到光緒二十年（1894 年），可說是官礦時代。到後來因外人要求，授與外人，從光緒二十一年到宣統三年（1895－1911 年），是外資時代。到民國元年（1912 年）以後，進入民礦時代。礦業中以煤、鐵礦最為重要，中國所開採的煤礦，占重要礦產額百分之九十以上。

交通的發展　在第十六章第三節，曾說到清末列強在中國投資鐵路和航業的情形。外人投資的鐵路計十五條，全部為外資的，尚有俄營的中東鐵路，日營的南滿鐵路及安奉鐵路，法營的滇越鐵路，德營的膠濟鐵路。完全中國自營的只有株萍（九○公里）、平綏（八一三公里）、廣三（五七公里）、漳廈（二八公里）四鐵路，加在一起，尚不及津浦（一、○一三公里）或是平漢（一、二二四公里）一線之長。航業除外商經營的輪船公司以外，中國人自營的輪船公司，只有招商局和後來的政記輪船公司、三北公司與一些小公司，只占少數的噸位。而且遠洋航行權，全部由英、日船隻航行。

金融的發展　清初山西有票號，後來南幫寧波有錢莊，到清末仍然存在。不過票號的資本，最大的如日昇昌，銀兩五十萬。錢莊最大的義善源和源豐潤，也只達百萬兩。和外商銀行的資本，動輒數百萬元到數千萬元，不可相比。最早於上海成立的英國麥加利銀行，是在咸豐七年（1857 年）。華商自辦銀行，以光緒二十三年（1897 年）設立的中國通商銀行為最早。第二是光緒三十二年（1906 年）設立的浙江興業銀行。光緒三十四年，大清銀行成立，資本六千萬元，這是國家自辦的最大銀行。同時另成立一千萬元資本的交通銀行。到宣統三年，中國自辦的銀行只有七家，尚不到外國銀行的一半。以後錢莊日見減少，新式

銀行逐漸加多。

產業革命的落後　咸豐十年（1860 年），開始推行新政，也可是說產業革命的開始。半個世紀以來，產業革命的成績，和歐、美或同時進行產業革命的日本等國相比，顯然是瞠乎其後，遠不如人。中國對外貿易，進口貨以製造品為多，出口貨以原料品為多，原料常常出超，而製造品常常入超。這種現象，對中國的經濟，是致命的打擊。中國惟有急起直追，達成全面工業化，方能走上富強大道。

第四節　清末的社會

大家庭制度的動搖　中國農村社會，自古以來，即為大家庭制度。自從家庭手工業為舶來商品所代替，大家庭裡的分子，不得不出外謀生，遂致各立門戶，四分五裂。即令偶有數代同堂的家庭，亦屬勉強維持，各分子之間難以融和無間。進而婚姻制度、貞操觀念、喪葬禮節等等，亦漸漸受到外國影響。以上種種情形，首先發生於沿海沿江商埠，漸次及於較大城市。再次及於以上通都大邑附近的鄉村。直到民國，始及於內地的鄉村。從此重親戚之誼，厚人倫之愛，患難相濟，疾病相扶的優點，漸漸消失。然而晚清出國的華僑，數代僑居外國，到保有這敦睦宗族的優點於不墜。

階級的變化　士農工商四階級，原是農業社會君主制度下的產物，君主治理國家，必須倚賴士人，也就是知識份子。士可以說是一人之下，萬人之上，「十年窗下無人問，一舉成名天下知。」做官，正是讀書人的出路。至於農民，因為以農立國，也受重視。工則視為雕蟲小技，奇技淫巧。商則視為游食居奇，不事生產。然而和外國人接觸後，他們的重視工商，與中國大不相同。而所謂士的階層，在外國分散於工

商農及自由職業和公務員各種職業中；因而中國的四大階級，也逐漸地蛻變了。

　　新興的買辦階級　與外國人通商後，來往買賣，必需有翻譯人員，於是造成一種洋商買辦式的人物。買辦裏面，曾受外國教育的正人君子，因屬不少。然而只能懂些外國言語，流品卑下，以媚外壓華之手段行事者，亦大有人在。這種買辦，其生活起居，固然洋化，其心理行為亦東施效顰，真不知人間有羞恥事，故人多以洋奴目之。過去盲目的排外，固屬不當，而買辦之流一心媚外，亦屬非是。其實說穿起來，買辦這種東西，不過是中外商人或政府間的寄生蟲而已！

　　梁啟超在劫灰夢傳奇的楔子裏，對買辦式的人物，有段描寫說：「（皀羅袍）更有那婢膝奴顏流亞，趁風潮，使我定他的飯碗根芽；官房翻譯大名家，洋行通事龍門價。領納卡拉（Collar），口唧雪茄；見鬼唱諾，對人磨牙。笑罵來，則索性由他罵！」真是形容得淋漓盡致了！

　　革命團體的出現　清廷的洋務，改革並不徹底，溫和的維新變法，也不願實行。被迫實行的立憲，又無誠意。因此有志之士，只有起而組織團體，發動革命。以求徹底的全面大改革。中、法戰爭後，孫中山先生即有志革命，到光緒二十年（1894年），組織興中會，二十一年，即在廣州起義。其次就是湖南人唐才常等人組織自立會，在光緒二十六年起義，不幸失敗被殺。光緒二十九年（1903年），留日學生湖南人黃興、宋教仁等人與同志五百多人，在長沙成立華興會，由黃興任會長。並聯合哥老會首領馬福益，別創同仇會，組織革命軍，擬在光緒三十年十月十日，在長沙起義，不幸先期事洩，清吏防備嚴密，只得解散。另有浙江人徐錫麟遊滬，與秋瑾、陳伯平、馬宗漢，組織光復

會，徐錫麟捐錢買得道員官位，在安徽會辦巡警學堂。於光緒三十三年在安慶起義，刺殺巡撫恩銘起事，不幸失敗被殺；秋瑾當時在紹興辦大通學堂，亦被捕殺。

革命思想的瀰漫　辛丑和約訂立以後，清廷維新變法，派出大批學生赴日本留學，自費赴日留學的人更多。約數千人，其中革命份子，因在國內不能立足前往者，爲數不少。在日或加入興中會，或推動反清工作，如光緒二十八年三月（1902 年 4 月），章炳麟等在日本舉行中夏亡國二百四十二年紀念會。清駐日公使無可如何。十月，上海中國教育會助南洋公學退學學生成立愛國學社，章炳麟、蔡元培等人均參加。光緒二十八年，留日學生新年團拜，馬君武、劉成禺演說排滿。四月，上海愛國學社在張園開拒俄大會。鄒容著革命軍出版。五月，上海蘇報登出章炳麟的客帝篇和鄒容革命軍序；革命思想到處流佈。同時，日本和上海，還出版有許多鼓吹反清革命的報刊。到光緒三十一年，同盟會成立以後、又創刊民報，宣傳革命尤力。

維新派的新主張　義和團事變以後，維新派和立憲派革命派相比，顯然落伍。不過其中的皎皎者，如張之洞也提出新的主張，提倡「中學爲體，西學爲用。」他在勸學篇設學第三裏說：「舊者不知通，新者不知本。不知通，則無應敵制變之術？不知本，則有菲薄名教之心。」所以新舊不偏廢；因此他贊成廢科舉，設學堂，派留學生。

立憲派的主張　康有爲與弟子梁啟超，原來是主張君主立憲的，所以組織保皇黨。後來梁啟超在日本，接受西方民權學說，思想因時勢而改變，所以他反對專制，主張自由平等，然而他認爲中國民智未開，不能夠建立近代國家，復仇必出於革命，革命則繼以不完全的共和，不完全的共和，必至於亡國。所以應實行君主立憲。梁啟超辦新民叢報，

鼓吹他的主張。與革命黨的「民報」成為針鋒相對的筆戰刊物。在國內，當朝官員和在野名士，也表示贊成君主立憲。這在本章第一節，已經說過了。

第五節　清末的教育

教育需要改革　因自強運動引起的產業革命，不特動搖了傳統的社會經濟；傳統的教育制度和學術思想，也受到影響，顯出不能配合的趨勢。因此，在清末，改革教育的呼聲，不斷提出。

傳統教育的缺點　清代因為實行科舉制度，考試及格的人，就有做官的機會。這本是促成國民參政的公平制度，不能說壞。所可惜的，是考試的科目，全是與治理國家或謀生技術沒有關係的東西。雖然同時仍有學校存在，可是中央的國子監，名義上設了祭酒、司業、博士等師儒之官，來教導貢生、監生。貢生、監生們卻不去上學，國子監就變成有名無實了。地方上的府、州、縣，都設有儒學，由教授、學正、教諭，分別負責，各設訓導輔佐，有定額的生員在內讀書，由提學官三年之內，兩度考試，較優的使應鄉試，謂之科考。這些儒學，都不務教養，只重考試，可說是科考主義。另有書院，這是私人創辦，偶有大儒講學其中。然而在科考主義下，不論國子監和儒學或書院，都是預備應付科舉用的詩賦、經義、八股等東西，毫無實際價值。所以雖然普設學校，卻無多大作用。

新式學堂的難設　在第十四章第二節裡，曾說到清末設新式學堂的情形。光緒二十一年以後，纔有正式的大學出現，其目的不過是培養一些專門人材，以補助科舉人材的不夠用罷了。加上科舉還是照舊舉行，仍然以八股文取士，一般所謂清流之士或是熱中利祿的人，都不願

進新式學堂。所以從同文館開始設新式學堂，過了三十多年，各種學堂，一共只設了十九所，進步實在太慢。

教育改革的不易　光緒二十二年（1896 年），刑部左侍郎李端棻，奏請「自京師以及各省、府、州、縣，皆設學堂。」分府州縣、省、京師三級，各以三年為期。他提出有系統的教育辦法，但未蒙採用。光緒二十四年，戊戌維新時，雖然採行康有為所提廢科舉興學校的辦法，可是政變倏起，剛剛推行，即遭夭折。

欽定學堂章程　義和團事變以後，清廷幡然覺悟，八股文出身的人材。不足應付世界大勢。於是在光緒二十七年八月，下詔興學，除京師已設大學堂應切實整頓外，並將各省所有書院，於省城均改設大學堂，各府、廳、直隸州都設中學堂，各州、縣均設小學堂，還多設蒙學堂。並派張學熙為管學大臣，一面整頓京師大學堂，一面釐定學堂章程。光緒二十八年七月，清廷將張百熙擬定的學堂章程，正式頒行，稱為欽定學堂章程。為中國學制定下大概規模。

重訂學堂章程　張百熙擬訂的欽定學堂章程，未及實行，光緒二十九年閏五月，因為張百熙的奏請，清廷以張之洞興辦學堂富有經驗，再派張之洞、榮慶會同重定學堂章程。這項章程，就是光緒二十九年到宣統三年，所實行的學校制度。大體上根據日本學校制度而定。在二十九年十一月頒佈施行。學堂章程表如下。

獎勵上學辦法　光緒二十九年，清廷知道國人迷戀科舉，不願上新學堂，於是對各級學堂定有獎勵辦法。小學堂畢業，給與廩、增、附諸生名目。中學堂畢業，給與拔、優、歲諸貢生名目，以州判、府經歷、主簿官任用。大學預料及高等學堂畢業，給與舉人名目，以內閣中

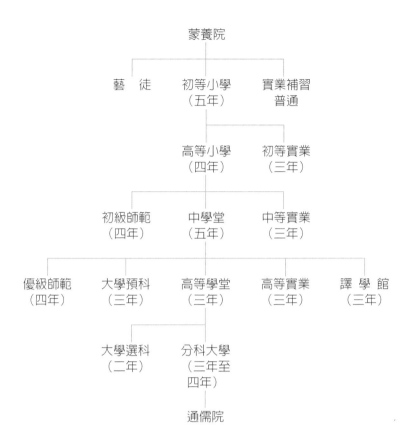

書、中書科中書、各部司務任用。大學畢業，給與進士出身，以翰林院編修、檢討、庶吉士、及各部主事等官任用。這樣，纔有人樂意進入學堂。

廢止科舉　光緒三十一年七月，清廷因袁世凱、張之洞、岑春煊等督撫奏請，下詔停止所有鄉、會試及各歲科考試，自隋、唐以來的科舉制度，徹底廢除。宣統三年，又因各省教育總會建議，將獎勵上學辦法廢除，科舉名義，也一掃無餘。

設立教育行政機關　重訂學堂章程頒佈以後，京師大學堂另設

總監督，辦理大學堂。管學大臣，專門辦理全國教育。光緒三十一年
（1905年）十一月，因爲山西學政寶熙奏請，設立學部。各省原有學
政，本屬欽差性質，並不是地方官。三十一年，因爲袁世凱奏請，裁撤
學政，在各省設一提學使司。同年，也規定在州、縣設立勸學所。從此
地方也有了教育行政機關。至於教育宗旨，也在光緒三十二年，由學部
奏定，爲「忠君，尊孔，尚公，尚武，尚實。」

　　國語統一運動的開始　　中國文字，從秦代開始統一，對全國的
統一，大有貢獻。然而地大的中國，語言仍未統一，方言複雜。在政治
經濟文化上，成爲統一的障礙。清末有識之士，都提倡統一語言。不過
中國的文字和語言，因爲不是拼音字，要做到文和言合一，很不容易。
光緒年間，福建同安縣人盧贛章，通曉英文，會幫助在廈門的英教士
馬約翰翻譯英華字典。那時漳、廈一帶，已利用羅馬字母創行「話音
字」刊行聖經。盧贛章便把話音字研究十多年，選定五十五個記號，
定名「中國第一快切音新字」，時在光緒十八年（1892年）。在光緒
二十四年，曾奏請清廷採用，因戊戌政變而擱淺。三十一年，再次奏
請，又被學部駁回。不過光緒二十六年（1900年），王照又創官話合
聲字母，有五十個聲母，十二個韻母，曾風行一時。後來勞乃宣主張用
王照的字母爲新字，還加上吳、寧、閩、廣音，添了一百十六個字母，
二十個韻母，定爲簡字，屢次奏請清廷施行，都未採用。到宣統三年，
中央教育會議纔將他的主張，通過「國語統一辦法案」。可是武昌革命
發生，勞乃宣的主張，又擱淺了。

　　格致學時期　　在第十四章第三節裡，說到西學的介紹，指出自咸
豐初年太平軍戰爭起，到光緒二十年甲午戰爭止，這期間學術方向，是
以格致學爲中心，可說是格致學時期。那時一般人對格致學的接受，不
外兩種態度，一派以西學本中國所固有，如化學出於尚書洪範及淮南

子，力學出於墨子，電學出於關尹子，集比附之大成。一派則爲張之洞所提倡，以中學爲體，西學爲用，西學自有其長處，但爲末藝。立身行已之道，仍當求之於古籍。所以格致學雖盛極一時，終不能使中國走上現代科學化的大道。

政法學時期　甲午戰後，維新變法之論大起，進而提倡憲政民權。梁啟超於此猶爲努力，在日本時，將西洋政治學說，不斷向國人介紹，極受歡迎。張之洞爲負時望的名臣，高唱「西藝非要，西政爲要」之說。內外相應。一時西政的研究，遍及全國。當時，清廷向各國要求撤廢領事裁判權，各國則要求中國改善法律。清廷於是從事修訂法典，組織司法機關，需要政法人才益多。遂派人往日本及外國留學，並在國內普設法政學堂，研究政論法理，政治學遂成爲最時髦的學問。民國成立時，此風未改。所以從甲午戰後，到民國五年帝制運動時，可說是政法學時期。

附錄一　中國近代重要條約表

　　近代中國，對外關係密切，所訂條約，損失權利頗多；到後期因洞明世界大勢人士增加，纔漸漸注意挽回利權，但在歷史上，已是積重難返，成為中國不幸的紀錄。這些條約，對中國各方面，都發生極大的影響，研究近代史的人，不可不注意及之。編者特於書末，將最重要的條約，列為簡表，以便讀者查考。

條約名稱	訂約年份	締約國	約款要點
尼布楚條約（又名黑龍江界約）	康熙二十八年（1689 年）	俄	以格爾畢齊河為界，其上流循大興安嶺至海，嶺南屬中國，嶺北屬俄國。計八條。
恰克圖條約	雍正五年（1727 年）	俄	解決邊界糾紛，劃定烏得河中立地。規定送外交文書人由恰克圖行走。計十一款。
恰克圖市約	乾隆五十七年（1792 年）	俄	規定互市及民人交涉會審辦法。計五款。
南京條約（原名萬年和約）	道光二十二年（1842 年）	英	開五口通商，賠償款二千一百萬元，割香港等。計十三款。
五口通商章程	道光二十三年（1843 年）	英	根據南京條約，規定通商納稅等事。計十五款。
中美通商條約（又名望廈條約）	道光二十四年（1844 年）	美	規定利益均霑，完納稅課，貨物轉運等事。計三十四條。
中法修好條約（又名黃埔條約）	道光二十四年（1844 年）	法	大致同美約。計三十五款。
廣東條約	道光二十七年（1847 年）	瑞典挪威	規定五口通商，完納稅課，訴訟辦法等事。計三十三款。
伊塔通商條約	咸豐元年（1851 年）	俄	規定俄國在伊犁、塔爾巴哈台陸路通商規程。計十七款。

條約名稱	訂約年份	締約國	約款要點
璦琿條約	咸豐八年（1858 年）	俄	脅迫中國割黑龍江以北地，規定黑龍江等三處，只准中俄行船。計三款。
中俄天津條約	同右	俄	定七處海口通商，派領事官及兵船至各通商海口，及查勘邊界等事。計十二款。
中美天津條約	同右	美	英法聯軍之役議和，美國亦要求訂立，此約規定在各口通商居住及利益均霑等事。計三十款。
中英天津條約	同右	英	英法聯軍之役，結果要求開埠通商納稅賠款事，計五十六款。
中法天津條約	同右	法	大致同英約，計四十二款。
中英天津續約（又名中英北京條約）	咸豐十年（1860 年）	英	英法聯軍攻入北京後，議和，照咸豐八年原約外，加增賠款四百萬兩，割九龍與英，及天津通商等條。計九款。
中法天津續約（又名中法北京條約）	同右	法	規定加增賠款天津通商和船鈔等事。計十款。
中俄北京條約	同右	俄	英法聯軍再度北上，議和後，俄使入北京，亦要求訂約。規定在各口通商居住及利益均霑事。計十五款。
中德天津條約	咸豐十一年（1861 年）	德	五口通商後，德國亦援例要求訂約，規定在各口通商納稅，控訴及利益均霑等事。計四十二款。
中俄陸通路商程	同治元年（1862 年）	俄	按照天津條約，更將陸路通商及稅務條款，詳細酌議，規定免稅完稅事。計二十一款。
中葡通商條約	同右	葡	規定設領事官各口通商，控訴審訊，完稅納課等事。計五十四款。但此約未互換。

條約名稱	訂約年份	締約國	約款要點
中丹通商條約	同治二年（1863 年）	丹麥	丹使由英使介紹，訂立商約，規定通商納稅訴訟等事。計五十五款。
中荷天津條約	同右	荷蘭	規定派領事來華，各口通商，保護教民，控案訊斷辦法，及船貨起落等事。計十六款。
中西通商條約	同治三年（1864 年）	西班牙	由英使參預訂成，規定派使領官，各口通商，呈控審訊例，船貨完稅等事。計五十二款。
中比通商條約	同治四年（1865 年）	比利時	規定設使領官，各口通商，控案訊斷辦法，及船貨、完稅、利益均霑等事。計四十七款。
中義通商條約	同治五年（1866 年）	義大利	由法翻譯官代請訂立，規定設使館官，各口通商，准雇華工，船貨納稅等事。計五十五款。
中美續增條約	同治七年（1868 年）	美	中國派美人蒲安臣及中國大員出洋聘問，與美訂此約，規定中美兩國通商互利事項。計八款。
中俄改訂陸路通商章程	同治八年（1869 年）	俄	改訂前次章程，重新規定內地通商納稅等事。計二十二款。
中奧新修條約	同右	奧	由英使代懇立約，規定設使館官，各口通商，船貨進出納稅等事。計四十五款。
中日修好條規	同治十年（1871 年）	日本	規定指定口岸通商等事，計十八款。附通商章程三十三款。
中秘通商條約	同治十三年（1874 年）	秘魯	規定互派使領及通商事宜。計十九款。附關於華工之會議專條及照會二件。
中英煙台條約	光緒二年（1876 年）	英	英人在雲南被戕，結案議訂此約，共三端十六款。昭雪滇案，優待往來，和開埠通商。另附允英人入藏專條。

條約名稱	訂約年份	締約國	約款要點
中美北京續修條約	光緒六年（1880 年）	美	規定保護華工在美事。計四款。
中美另立條款	同右	美	與前約同時訂立，規定互禁鴉片貿易，納稅及訴訟辦法事。計四款。
中俄伊犛事件改訂條約	光緒七年（1881 年）	俄	俄趁西北變亂，占領伊犛，此約規定收回辦法，劃界賠款及陸路貿易等事。計二十款。同時並改訂陸路通商章程。計十七款。
中巴通商條約	同右	巴西	規定互派使館官及貿易事項。計十七款。約中對於優待利益，須有互相酬報專章，方能同沾之限制，為以前各約所未有。
中英煙台約續增專條	光緒十一年（1885 年）	英	申明煙台條約第三端，鴉片應完正稅釐金辦法。計十款。
中法新約	同右	法	中法安南戰後，訂立此約，規定中國承認安南為法保護國，及邊境貿易減稅辦法等事。計十款。
緬甸條約	光緒十二年（1886 年）	英	中國承認英國有緬甸政權，緬甸每屆十年應進貢中國。中緬派員會勘邊界，英國停止派員入藏。計五款。
藏印條約	光緒十六年（1890 年）	英	劃分藏哲邊界，承認哲孟雄為英保護國，游牧、通商、交涉三端另議。計八款。
續議藏印條約	光緒十九年（1893 年）	英	根據前約議訂，規定游牧、通商、交涉等事。計九款。
中英續議滇緬界約商約（又名緬甸續約）	光緒二十年（1894 年）	英	根據一八八六年緬甸條約，劃定邊界及通商等事。計二十款。但規定孟連、江洪之地，不得讓與他國。

條約名稱	訂約年份	締約國	約款要點
中日馬關條約	光緒二十一年（1895年）	日本	中日因朝鮮事發生戰爭，中國戰敗議和，議定朝鮮獨立，割遼東半島、臺灣、澎湖等地。賠款二億兩。及重訂商約，准許加開商埠，內地行輪，內地購貨運貨，及得在內地從事工藝製造。計十一款。
中日通商行船條約	光緒二十二年（1896年）	日本	規定通商貿易製造，完納稅項，利益均霑等事。計二十九款。
中俄密約	同右	俄國	兩國對日本攻守同盟十五年，准俄國接造吉林、黑龍江等處鐵路，以通海參崴。計六款。
膠澳租借條約	光緒二十四年（1898年）	德	俄德法三國干涉還遼，德以兵艦強占膠州灣以為酬報。中國被迫，允許租借，租期九十九年。計三端十款。
旅大租借條約	同右	俄	俄國以兵艦強占旅大，迫中國租借，租期二十五年。俄國鐵路並准接至大連灣。計九款。
租借威海衛專條	同右	英	英國以對德俄均勢為理由，迫租威海衛，租期二十五年。純為停泊軍艦之用。計一款。同年英國又以法擬租廣州灣，為求均勢理由，並於租威海衛之前，擴展香港租界。
內港行輪章程	同右	各國	准許外商享有內河航行權。計九款。
修改長江通商章程	同右	各國	同治元年曾訂有長江通商章程。本年由總稅務司赫德與各國公使商議修訂，規定沿江各口貿易事。計十款。
租借廣州灣條約	光緒二十五年（1889年）	法	法國仍以干涉還遼有功，以兵艦強占廣州灣，迫中國租借。租期九十九年。計七款。

條約名稱	訂約年份	締約國	約款要點
中墨通商條約	同右	墨西哥	規定互派使領通商，須有互相酬報專條，方能與他國同霑利益，禁止沿岸貿易等事。計二十款。
北京媾和條約（又名辛丑和約）	光緒二十七年（1901 年）	德奧比西班牙美法英義日本荷蘭俄等十一國	義和拳亂起，八國聯軍攻入北京後議訂。規定遣使謝罪，賠款四億五千萬兩。劃定使館區域。削平大沽通海砲臺，准外國在北京至山海關一帶駐兵，重訂商約等事。計十二款。
中英通商新約（又名馬凱條約）	光緒二十八年（1902 年）	英	規定裁釐加稅辦法，及增開通商口岸等事。計十六款。
中美續議通商行船條約	光緒二十九年（1903 年）	美	大致同英約。計十七款。
中日續議通商行船條約	同右	日本	大致同美約。計十三款。
中葡新訂商約	光緒三十年（1904 年）	葡萄牙	仍根據辛丑和約而議訂，規定納稅辦法，澳門行輪，商船進出，內地製造等事。計二十款。
新訂藏印條約（附英藏條約）	光緒三十二年（1906 年）	英	英國允不佔併藏境及干涉其政權，中國亦允不准他國干涉藏政。另規定劃界，開商埠等事。並承認1904 年英藏所訂條約，為本約附約。計六款。
中瑞通商條約	光緒三十四年（1908 年）	瑞典	規定互派使領，通商等事。計十七款。
會議禁菸條約	宣統元年（1909 年）	各國	由美國發起，邀約多國在上海開會，一致主張禁菸，議訂辦法，計九款。

條約名稱	訂約年份	締約國	約款要點
東三省五案交涉條	同右	日本	規定中國如造新法路，先與日本商議。中國允許日本保留大石橋至營口支線。商定撫順、煙台煤礦辦法。安奉及南滿鐵路沿線礦務，除撫順、煙台兩礦外，由中日會辦。京奉路展造至奉天城根。計五款。
圖們江中韓界務條約	同右	日本	認明圖們江為中韓國界，開放商埠四處。計七款。
改正條約（此約並無確定名稱，為俄國強迫中國承認之條款。）	宣統三年（1911 年）	俄國	俄國以最後通牒方式，陳兵邊境，迫中國承認條款；計有兩國境百里內無稅貿易，俄國取得法權，俄人在蒙古、新疆可自由轉移，並得在數處設置領事，及准俄人購地建屋等事。共六款。

附錄二　中國近代大事表

明太祖洪武二五年	壬申	民元前五二〇年	1392 年	高麗李成桂自立，受明冊封，改國號為朝鮮。
明成祖永樂三年	乙酉	民元前五〇七年	1405 年	明成祖命中官鄭和航海南洋，招諭各番國。
明成祖永樂四年	丙戌	民元前五〇六年	1406 年	遣使日本。伐安南。
明成祖永樂六年	丁亥	民元前五〇五年	1407 年	安南平，置交趾布政使司。鄭和二次奉命出洋。
明成祖永樂七年	己丑	民元前五〇三年	1409 年	鄭和三次奉命出洋。
明成祖永樂一〇年	壬辰	民元前五〇〇年	1412 年	置建州左衛，以孟哥帖木兒領之。鄭和四次奉命出洋。
明成祖永樂一四年	丙申	民元前四九六年	1416 年	鄭和五次奉命出洋。
明成祖永樂一六年	戊戌	民元前四九四年	1418 年	交趾亂，黎利起兵。
明成祖永樂一九年	辛丑	民元前四九一年	1421 年	明成祖遷都順天府（北京），以應天府為南京。鄭和六次奉命出洋。
明成祖永樂二三年	甲辰	民元前四八八年	1424 年	鄭和奉命出使舊港。
明宣宗宣德二年	丁未	民元前四八五年	1427 年	赦黎利，罷交趾兵。
明宣宗宣德五年	庚戌	民元前四八二年	1430 年	鄭和七次奉命出洋。
明宣宗宣德六年	辛亥	民元前四八一年	1431 年	命黎利權署安南國事。
明憲宗成化六年	庚寅	民元前四四二年	1470 年	成吉思汗後裔巴圖蒙克自立為達延可汗。
明憲宗成化一六年	庚子	民元前四三二年	1480 年	莫斯科大公伊凡三世滅欽察汗國，俄國脫離蒙古獨立。
明憲宗成化二二年	丙午	民元前四二六年	1486 年	葡萄牙人迪亞士，沿非洲西岸航海至好望角。
明孝宗弘治五年	壬子	民元前四二〇年	1492 年	哥倫布航大西洋，發現美洲西印度群島。

明孝宗弘治一一年	戊午	民元前四一四年	1498 年	葡萄牙人達伽馬繞好望角，直航至印度西岸古里。
明孝宗弘治一五年	壬戌	民元前四一〇年	1502 年	哥倫布發現中美洲。
明武宗正德五年	庚午	民元前四〇二年	1510 年	葡萄牙人奪取臥亞。
明武宗正德六年	辛未	民元前四〇一年	1511 年	葡萄牙人奪取麻剌甲。
明武宗正德九年	甲戌	民元前三九八年	1514 年	葡萄牙人始入中國，未能上岸。
明武宗正德一二年	丁丑	民元前三九五年	1517 年	葡萄牙商人至廣東，要求通商。
明武宗生德一四年	己卯	民元前三九三年	1519 年	葡萄牙人麥哲倫出發環遊世界。
明世宗嘉靖元年	壬午	民元前三九〇年	1522 年	麥哲倫船夥歸航環遊世界成功。
明世宗嘉靖三一年	壬子	民元前三六〇年	1552 年	耶穌會東方布教長方濟各前往中國，至廣東上川島而死。
明世宗嘉靖三三年	甲寅	民元前三五八年	1554 年	葡萄牙人租澳門為通商地。
明世宗嘉靖三四年	乙卯	民元前三五七年	1555 年	俄皇伊凡四世開始侵略鮮卑利亞。
明穆宗隆慶五年	辛未	民元前三四一年	1571 年	西班牙建馬尼剌城於菲律賓，為貿易根據地。
明神宗萬曆八年	庚辰	民元前三三二年	1580 年	利瑪竇至澳門。
明神宗萬曆九年	辛巳	民元前三三一年	1581 年	哥薩克兵遠征鮮卑利亞，曾至伊爾提什河畔。
明神宗萬曆一六年	戊子	民元前三二四年	1588 年	努爾哈赤克完顏等部，統一建州衛。英國大破西班牙無敵艦隊。
明神宗萬曆一七年	己丑	民元前三二三年	1589 年	努爾哈赤收鴨綠江部。
明神宗萬曆二〇年	壬辰	民元前三二〇年	1592 年	日本進攻朝鮮。

明神宗萬曆二一年	癸巳	民元前三一九年	1593 年	努爾哈赤敗扈倫等九部聯軍，逐滅長白山部。明遣兵援朝鮮不克，尋議和。
明神宗萬曆二五年	丁酉	民元前三一五年	1597 年	和議不成，日本復攻朝鮮，明出兵援救。
明神宗萬曆二六年	戊戌	民元前三一四年	1598 年	日本豐成秀吉卒，明召回朝鮮兵，朝鮮事平。
明神宗萬曆二八年	庚子	民元前三一二年	1600 年	英國設東印度公司於印度。
明神宗萬曆二九年	辛丑	民元前三一一年	1601 年	利瑪竇在北京設立教堂。
明神宗萬曆三〇年	壬寅	民元前三一〇年	1602 年	荷蘭設東印度公司於印度。
明神宗萬曆三二年	甲辰	民元前三〇八年	1604 年	法國設東印度公司於印度。
明神宗萬曆三八年	庚戌	民元前三〇二年	1610 年	利瑪竇死於北京。南京排教運動大起。
明神宗萬曆四四年	丙辰	民元前二九六年	1616 年	努爾哈赤即汗位於赫圖阿拉，建元天命，國號後金。明神宗下令，驅除耶穌會教士。
明神宗萬曆四六年	戊午	民元前二九四年	1618 年	努爾哈赤以七大恨為名，起兵攻明，進陷撫順。
明神宗萬曆四七年	己未	崑元前二九三年	1619 年	楊鎬四路攻後金大敗。後金滅葉赫，統一扈倫四部。
明熹宗天啟元年	辛酉	民元前二九一年	1621 年	後金攻取瀋陽，遼陽。
明熹宗天啟二年	壬戌	民元前二九〇年	1622 年	明熹宗派人往澳門請耶穌會教士製造銃礮。後金取西平堡，王化貞、熊廷弼棄廣寧走入關，二人皆論死。
明熹宗天啟四年	甲子	民元前二八八年	1624 年	荷蘭據臺灣（——一六六一）。
明熹宗天啟五年	乙丑	民元前二八七年	1625 年	後金遷都瀋陽，是為盛京。遣將征東海諸部。

明熹宗天啟六年	丙寅	民元前二八六年	1626 年	後金努爾哈赤攻寧遠城，受傷歸，不久死。明以袁崇煥巡撫寧遠，專守關外。
明熹宗天啟七年	丁卯	民元前二八五年	1627 年	努爾哈赤第八子皇太極繼立（清太宗）。後金皇太極改元天聰。後金伐高麗盟誓而還。袁崇煥罷。
明思宗崇禎元年	戊辰	民元前二八四年	1628 年	明復以袁崇煥督師薊遼。海寇鄭芝龍降。陝西大饑，流寇大起。蒙古喀喇沁各部與皇太極會盟，合力攻察哈爾。
明思宗崇禎二年	己巳	民元前二八三年	1629 年	後金大舉入犯，薄京城。袁崇煥滿桂入援。明下崇煥獄。
明思宗崇禎四年	辛未	民元前二八一年	1631 年	後金始鑄紅夷大礮。後金兵陷大淩城。以洪承疇總督三邊。
明思宗崇禎五年	壬申	民元前二八○年	1632 年	後金征服察哈爾。張獻忠寇山西。
明思宗崇禎八年	乙亥	民元前二七七年	1635 年	流寇李自成與張獻忠合。
明思宗崇禎九年	丙子	民元前二七六年	1636 年	後金可汗皇太極稱皇帝，改國號曰清，是為清太祖。改元崇德。遣兵迫北京。清太宗征朝鮮。
明思宗崇禎一一年	戊寅	民元前二七四年	1638 年	清太宗攻明，圍北京。洪承疇大破李自成於潼關。
明思宗崇禎一二年	己卯	民元前二七三年	1639 年	以洪承疇總兵薊遼。清兵渡運河破濟南，上書請和不許。
明思宗崇禎一三年	庚辰	民元前二七二年	1640 年	清兵更番出擾松杏寧錦間。張獻忠陷四川。李自成入河南。

明思宗崇禎一四年	辛巳	民元前二七一年	1641 年	清太宗攻錦州，破外城。耶穌會教士湯若望編製新曆完成，進呈明思宗。
明思宗崇禎一五年	壬午	民元前二七○年	1642 年	清兵攻破松山，錦州亦降。李自成陷開封。清兵破長城入薊州，連下畿南山東八十餘城，直抵兗州。
明思宗崇禎一六年	癸未	民元前二六九年	1643 年	李自成破潼關入西安。張獻忠在武昌稱王。清太宗卒，子福臨立，是為清世祖。多爾袞攝政。
明思宗崇禎一七年 清世祖順治元年	甲申	民元前二六八年	1644 年	張獻忠竄四川。李自成陷京師，明思宗自縊死。清帝應吳三桂之請，派兵入關。明福王由崧即帝位南京，改元弘光。張獻忠據成都，自稱大西國王。清自瀋陽遷都北京。俄人侵入黑龍江，肆行殺掠。
清世祖順治二年	乙酉	民元前二六七年	1645 年	朝鮮入貢於清。清朝嚴令漢人薙髮，江南民兵紛起。清兵破南京，弘光帝被擒殺。清多鐸下西安，李自成走死。明魯王以海稱監國於紹興。明唐王聿鍵即帝位於福州，改元隆武。
清世祖順治三年	丙戌	民元前二六六年	1646 年	清始開科舉。清兵渡錢塘江攻魯王，魯王逃舟山。清兵取福州，隆武帝被擒殺。鄭芝龍降清。明桂王由榔即帝位於肇慶，明年改元永曆。張獻忠被清兵擒殺。蘇觀生擁立聿鐋於廣州，未成。清李成棟攻取廣州。

清世祖順治四年	丁亥	民元前二六五年	1647 年	明永曆帝奔桂林。大清律成。
清世祖順治五年	戊子	民元前二六四年	1648 年	明永曆帝復有粵桂贛湘川滇黔七省之地，駐蹕肇慶。特許滿漢通婚。
清世祖順治六年	己丑	民元前二六三年	1649 年	清封孔有德、耿仲明、尚可喜為王。明魯王走舟山。
清世祖順治七年	庚寅	民元前二六二年	1650 年	清兵破桂林，永曆帝退至南寧。俄羅斯遠征隊占領雅克薩城，破索倫部。
清世祖順治八年	辛卯	民元前二六一年	1651 年	清兵攻舟山，魯王走廈門依鄭成功。明永曆帝奔廣西。鄭成功取同安諸郡。魯王自去監國號。俄人進抵伯力。
清世祖順治九年	壬辰	民元前二六〇年	1652 年	清寧古塔軍擊俄人，失利。
清世祖順治一〇年	癸巳	民元前二五九年	1653 年	清定各省錢糧用一條鞭法。俄人占領尼布楚。
清世祖順治一一年	甲午	民元前二五八年	1654 年	孫可望劫持明永曆帝。鄭成功攻占漳、泉等州。
清世祖順治一二年	乙未	民元前二五七年	1655 年	清兵再擊俄人於呼嗎爾，糧盡而退。廣東略定。
清世祖順治一三年	丙申	民元前二五六年	1656 年	明永曆帝奔雲南。
清世祖順治一四年	丁酉	民元前二五五年	1657 年	孫可望叛明，大舉攻滇。鄭成功晉封延平王。鄭成功略溫、台。
清世祖順治一五年	戊戌	民元前二五四年	1658 年	清兵敗俄人於松花江下游。清兵三路攻雲南。
清世祖順治一六年	己亥	民元前二五三年	1659 年	明永曆帝退至緬甸。鄭成功攻江南，直至南京，旋敗退。

清世祖順治一七年	庚子	民元前二五二年	1660 年	嚴禁士子集會結社。白文選攻緬甸不克。清兵再敗俄人。
清世祖順治一八年	辛丑	民元前二五一年	1661 年	鄭成功收復臺灣。吳三桂進兵緬甸，緬人獻出明永曆帝。
清聖祖康熙元年	壬寅	民元前二五○年	1662 年	吳三桂殺明永曆帝。鄭成功死，子鄭經繼立。
清聖祖康熙二年	癸卯	民元前二四九年	1663 年	鄉會試停止八股文。
清聖祖康熙四年	乙巳	民元前二四七年	1665 年	免順治十八年以前逋賦。明史獄起。
清聖祖康熙五年	丙午	民元前二四六年	1666 年	封黎維禧為安南國王。
清聖祖康熙六年	丁未	民元前二四五年	1667 年	康熙帝親政。索倫部酋長根忒木爾投俄。
清聖祖康熙七年	戊申	民元前二四四年	1668 年	仍用八股取士。
清聖祖康熙八年	己酉	民元前二四三年	1669 年	停止將民田圈給旗丁。
清聖祖康熙九年	庚戌	民元前二四二年	1670 年	遣使至尼布楚，命交還逋逃。
清聖祖康熙一二年	癸丑	民元前二三九年	1673 年	封暹羅國王。吳三桂起兵反清，三藩之亂開始。
清聖祖康熙一三年	甲寅	民元前二三八年	1674 年	耿精忠在福建反清，鄭經助之。三桂遣兵入江西、陝西。王輔臣以陝西響應吳三桂。
清聖祖康熙一四年	乙卯	民元前二三七年	1675 年	蒙古察哈爾部反，討平之。
清聖祖康熙一五年	丙辰	民元前二三六年	1676 年	尚之信在廣東反清。耿精忠降清。
清聖祖康熙一六年	丁己	民元前二三五年	1677 年	尚之信降清。準噶爾部併天山南路。
清聖祖康熙一七年	戊午	民元前二三四年	1678 年	吳三桂在衡州稱周帝，不久死，孫世璠繼之。詔修明史。

清聖祖康熙一九年	庚申	民元前二三二年	1680 年	敗鄭經於廈門。賜尚之信死。英東印度公司始設工廠於廣東。
清聖祖康熙二〇年	辛酉	民元前二三一年	1681 年	鄭經死，子克塽繼立，內部大亂。吳世璠敗死。三藩之亂平。
清聖祖康熙二一年	壬戌	民元前二三〇年	1682 年	西藏達賴五世死，第巴桑結秘不發喪。清部署對俄軍事，築城增兵，造船運糧。殺耿精忠。封尚貞為琉球國中山王。
清聖祖康熙二二年	癸亥	民元前二二九年	1683 年	鄭成功降將施琅為清攻入臺灣，鄭克塽降。封黎維正為安南國王。
清聖祖康熙二三年	甲子	民元前二二八年	1684 年	取雅克薩附近田禾，命車臣汗絕俄人交易。
清聖祖康熙二四年	乙丑	民元前二二七年	1685 年	中俄雅克薩戰爭起，俄人敗走，毀雅克薩城。清在廣州漳州、寧波、雲臺山四地設海關。
清聖祖康熙二五年	丙寅	民元前二二六年	1686 年	清軍再圍雅克薩城，俄皇遣使請和，允之。
清聖祖康熙二七年	戊辰	民元前二二四年	1688 年	噶爾丹攻入喀爾喀三部，眾投漠南請降。
清聖祖康熙二八年	己巳	民元前二二三年	1689 年	尼布楚條約成立，東北國境中俄界劃定。
清聖祖康熙二九年	庚午	民元前二二二年	1690 年	帝親征噶爾丹，敗之於烏蘭布通。立界碑於外興安嶺等地。
清聖祖康熙三〇年	辛未	民元前二二一年	1691 年	帝巡邊外，土謝圖汗朝見於古北口。

清聖祖康熙三二年	癸酉	民元前二一九年	1693 年	俄使到京，允俄人北京互市。
清聖祖康熙三三年	甲戌	民元前二一八年	1694 年	噶爾丹汗侵略爾喀。
清聖祖康熙三五年	丙子	民元前二一六年	1696 年	帝親征噶爾丹，降其諸部落。
清聖祖康熙三六年	丁丑	民元前二一五年	1697 年	帝再親征噶爾丹，噶爾丹自殺。
清聖祖康熙四四年	乙酉	民元前二○七年	1705 年	和碩特部拉藏汗攻殺第巴桑結。
清聖祖康熙四五年	丙戌	民元前二○六年	1706 年	封拉藏為汗，並拘假達賴喇嘛。
清聖祖康熙四六年	丁亥	民元前二○五年	1707 年	俄宣布占領堪察加。雲南李天極等偽託明裔作亂，擒斬之。
清聖祖康熙四七年	戊子	民元前二○四年	1708 年	殺明宗室朱三太子等。
清聖祖康熙四九年	庚寅	民元前二○二年	1710 年	詔蠲免全國錢糧，自明年始，三年內通免一周。
清聖祖康熙五○年	辛卯	民元前二○一年	1711 年	戴名世文字獄興。訂滋生人丁永不加賦之制。土爾扈特來貢。
清聖祖康熙五一年	壬辰	民元前二○○年	1712 年	圖理琛出使土爾扈特，道經俄國。
清聖祖康熙五四年	乙未	民元前一九七年	1715 年	準噶爾策妄喇布坦侵哈密，破之。
清聖祖康熙五六年	丁酉	民元前一九五年	1717 年	準噶爾陷拉薩，殺拉藏汗，西藏大亂。
清聖祖康熙五九年	庚子	民元前一九二年	1720 年	清軍入拉薩，封新呼畢勒罕為達賴六世。禁止傳佈天主教。俄使來華，留郎格住在北京。

清聖祖康熙六〇年	辛丑	民元前一九一年	1721 年	臺灣朱一貴起事，藍廷珍平之。
清聖祖康熙六一年	壬寅	民元前一九〇年	1722 年	清聖祖下令驅逐俄羅斯人，並斷絕通商。
清世宗雍正元年	癸卯	民元前一八九年	1723 年	命年羹堯征青海羅卜藏丹津。嚴禁天主教，移教士於澳門。
清世宗雍正二年	甲辰	民元前一八八年	1724 年	年羹堯平青海。置駐藏大臣於拉薩。
清世宗雍正三年	乙巳	民元前一八七年	1725 年	年羹堯賜死。下令嚴禁鴉片。
清世宗四年	丙午	民元前一八六年	1726 年	雲貴總督鄂爾泰奏請厲行改土歸流。
清世宗五年	丁未	民元前一八五年	1727 年	與俄訂恰克圖條約，定外蒙邊界。允俄學生教士來京。減蘇松嘉湖浮賦。
清世宗七年	己酉	民元前一八三年	1729 年	命傅爾丹岳鍾琪伐準噶爾。頒行大義覺迷錄。置軍機處。
清世宗九年	辛亥	民元前一八一年	1731 年	傅爾丹敗於通和泊。扎薩克圖汗部額駙策凌大破準噶爾。
清世宗十二年	甲寅	民元前一七八年	1734 年	準噶爾請和。厄魯特平定。
清世宗十三年	乙卯	民元前一七七年	1735 年	貴州苗復亂。命張廣泗七省經略總理苗疆事務。纂修明史成。
清高宗乾隆元年	丙辰	民元前一七六年	1736 年	張廣泗平貴州苗亂。
清高宗乾隆二年	丁巳	民元前一七五年	1737 年	停俄人北京互市。
清高宗乾隆三年	戊午	民元前一七四年	1738 年	張廣泗再平貴州苗亂。

清高宗乾隆五年	庚申	民元前一七二年	1740 年	劃定喀爾喀部與準噶爾部疆界。張廣泗平楚粵苗疆。重輯大清律例及纂修大清一統志成。
清高宗乾隆一〇年	乙丑	民元前一六七年	1745 年	普免全國錢糧一次。
清高宗乾隆一一年	丙寅	民元前一六六年	1746 年	四川瞻對土酋班滾作亂。
清高宗乾隆一二年	丁卯	民元前一六五年	1747 年	大金川亂起，調張廣泗勦撫之。飭禁紳士把持鄉曲。
清高宗乾隆一三年	戊辰	民元前一六四年	1748 年	起用岳鍾琪。定大學士為三殿三閣。
清高宗乾隆一四年	己巳	民元前一六三年	1749 年	岳鍾琪平大金川之亂。
清高宗乾隆一五年	庚午	民元前一六二年	1750 年	西藏郡王珠爾默德叛亂，尋即平定。
清高宗乾隆一九年	甲戌	民元前一五八年	1754 年	準部阿睦爾撒納來降。
清高宗乾隆二〇年	乙亥	民元前一五七年	1755 年	準部阿睦爾撒納復亂。英人來寧波互市。
清高宗乾隆二二年	丁丑	民元前一五五年	1757 年	大破準噶爾，阿睦爾撒納走死。哈薩克來附。拒俄假道黑龍江運糧。呂宋船至廈門貿易。令禁英商來浙互市。
清高宗乾隆二三年	戊寅	民元前一五四年	1758 年	回部大小和卓木之亂，命兆惠討之。布魯特及塔什干來附。
清高宗乾隆二四年	己卯	民元前一五三年	1759 年	回部平。浩罕等國來附。
清高宗乾隆二五年	庚辰	民元前一五二年	1760 年	天山南路屬清。安集延、巴達克山入覲。廓爾喀部滅尼泊爾。
清高宗乾隆二七年	壬午	民元前一五〇年	1762 年	設伊犁將軍。坎巨提來附。
清高宗乾隆二九年	甲申	民元前一四八年	1764 年	重修大清一統志。停恰克圖互市。布恰爾來附。

清高宗乾隆三〇年	乙酉	民元前一四七年	1765 年	烏什回人作亂，命明瑞討平之。
清高宗乾隆三一年	丙戌	民元前一四六年	1766 年	緬甸內亂起。重修大清會典成。
清高宗乾隆三二年	丁亥	民元前一四五年	1767 年	楊應琚征緬甸不利，賜死。
清高宗乾隆三三年	戊子	民元前一四四年	1768 年	命傅恒征緬甸。中俄恰克圖補約，復開市。
清高宗乾隆三四年	己丑	民元前一四三年	1769 年	與緬甸和。
清高宗乾隆三五年	庚寅	民元前一四二年	1770 年	普免全國錢糧一次。
清高宗乾隆三六年	辛卯	民元前一四一年	1771 年	小金川復反。緬甸滅暹羅。土爾扈特來歸。
清高宗乾隆三七年	壬辰	民元前一四〇年	1772 年	飭購訪著作遺書。小金川平，明年又陷。
清高宗乾隆三八年	癸巳	民元前一三九年	1773 年	開四庫全書館。以紀昀為總纂官。阮文岳、文惠起兵。安南大亂。
清高宗乾隆三九年	甲午	民元前一三八年	1774 年	頒焚書令。山東民王倫以邪教倡亂，旋即平定。英人始入西藏，以印度第一任名譽總督之窩倫哈斯丁斯為使，謁達賴喇嘛。
清高宗乾隆四〇年	乙未	民元前一三七年	1775 年	小金川亂平。移師征大金川。
清高宗乾隆四一年	丙申	民元前一三六年	1776 年	大金川平定。緬甸請求入貢。
清高宗乾隆四二年	丁酉	民元前一三五年	1777 年	暹羅頭目鄭信（昭）遣人入貢。
清高宗乾隆四三年	戊戌	民元前一三四年	1778 年	以文字獄戮徐述夔、沈德潛屍。
清高宗乾隆四四年	己亥	民元前一三三年	1779 年	再停哈克圖互市，明年重開。

清高宗乾隆四五年	庚子	民元前一三二年	1780 年	英國印度總督派人向西藏班禪喇嘛商議印藏通商事宜，未成。
清高宗乾隆四六年	辛丑	民元前一三一年	1781 年	阿桂平甘肅回亂。暹羅王鄭信（昭）請入貢。
清高宗乾隆四七年	壬寅	民元前一三○年	1782 年	四庫全書成。鄭華自立為暹羅王。
清高宗乾隆五○年	乙巳	民元前一二七年	1785 年	三停恰克圖互市。
清高宗乾隆五一年	丙午	民元前一二六年	1786 年	封鄭昭子華為暹羅國王。臺灣林爽文起事。
清高宗乾隆五二年	丁未	民元前一二五年	1787 年	安南王黎維祁為阮文惠所逐，明年安南王來訴。
清高宗乾隆五三年	戊申	民元前一二四年	1788 年	福康安等攻破林爽文，斬之，臺灣平。兩廣總督孫士毅出兵征安南，送黎維祁歸，旋復亂。
清高宗乾隆五四年	己酉	民元前一二三年	1789 年	阮文惠降，封為安南國王。
清高宗乾隆五五年	庚戌	民元前一二二年	1790 年	帝八旬壽普免全國錢糧。阮光平（文惠）入覲。封緬酋孟雲為國王。
清高宗乾隆五六年	辛亥	民元前一二一年	1791 年	命福康安征廓爾喀。
清高宗乾隆五七年	壬子	民元前一二○年	1792 年	中俄恰克圖市約，復開市。福康安征廓爾喀，平之。定西藏達賴喇嘛繼世法。
清高宗乾隆五八年	癸丑	民元前一一九年	1793 年	英吉利使馬戛爾尼到京覲見，請貿易。白蓮教徒奉王發生作亂被捕。
清高宗乾隆五九年	甲寅	民元前一一八年	1794 年	普免六十年全國漕糧一次。荷蘭使臣到北京。
清高宗乾隆六○年	乙卯	民元前一一七年	1795 年	貴州苗亂，命福康安等討之。帝宣告明歲禪位十五子顒琰，而自為太上皇。

清仁宗嘉慶元年	丙辰	民元前一一六年	1796 年	舉行授受大典。湖北白蓮教大起作亂。
清仁宗嘉慶三年	戊午	民元前一一四年	1798 年	貴州苗亂平。
清仁宗嘉慶四年	己未	民元前一一三年	1799 年	宣示和珅二十大罪狀，賜死，並抄沒其家產。
清仁宗嘉慶七年	壬戌	民元前一一○年	1802 年	川楚教匪大股討平。阮福映得法國之助，攻殺阮光纘，統一安南。改稱越南。遣使入貢。
清仁宗嘉慶八年	癸亥	民元前一○九年	1803 年	川楚教匪肅清。封阮福映為越南國王。
清仁宗嘉慶九年	甲子	民元前一○八年	1804 年	浙江提督李長庚破海盜蔡牽。
清仁宗嘉慶一○年	乙丑	民元前一○七年	1805 年	禁西洋人到內地傳教。俄船到廣州互市，奉旨禁止。
清仁宗嘉慶一三年	戊辰	民元前一○四年	1808 年	英兵據澳門，旋即退出。粵督吳熊光因而革職。
清仁宗嘉慶一四年	己巳	民元前一○三年	1809 年	提督王德祿等勦海盜蔡牽，牽死，海盜悉平。
清仁宗嘉慶一五年	庚午	民元前一○二年	1810 年	禁鴉片入京城。
清仁宗嘉慶一六年	辛未	民元前一○一年	1811 年	嚴禁外人入內地傳教。
清仁宗嘉慶一八年	癸酉	民元前九九年	1813 年	天理教起事於滑縣。教徒林清犯宮門，智勇親王擊破之。那彥成克滑縣，天理教亂平。陝西三才木工變亂。
清仁宗嘉慶一九年	甲戌	民元前九八年	1814 年	河南捻匪起。限制英國商船，並查禁鴉片。
清仁宗嘉慶二一年	丙子	民元前九六年	1816 年	英吉利使臣阿美士德到京覲見，未成。
清仁宗嘉慶二二年	丁丑	民元前九五年	1817 年	諭沿海關津嚴查鴉片。雲南夷人作亂，討平之。

清宣宗道光元年	辛巳	民元前九一年	1821 年	兩廣總督阮元奏禁鴉片。
清宣宗道光二年	壬午	民元前九〇年	1822 年	四川果洛克番人作亂，平之。諭沿海關津嚴查夾帶鴉片。
清宣宗道光三年	癸未	民元前八九年	1823 年	定失察鴉片菸條例。
清宣宗道光四年	甲申	民元前八八年	1824 年	英國與緬甸開戰，二年後緬甸割地請和。
清宣宗道光五年	乙酉	民元前八七年	1825 年	回匪張格爾作亂。
清宣宗道光六年	丙戌	民元前八六年	1826 年	楊遇春、楊芳討張格爾。
清宣宗道光八年	戊子	民元前八四年	1828 年	張格爾就擒，回部平。
清宣宗道光九年	己丑	民元前八三年	1829 年	浩罕西南達爾瓦斯部落來附。西藏徼外拉達克部長上奏表。
清宣宗道光一〇年	庚寅	民元前八二年	1830 年	回疆復亂，楊遇春等勦之。通令各省嚴鴉片。
清宣宗道光一一年	辛卯	民元前八一年	1831 年	復許浩罕通商。新疆始行屯田法。
清宣宗道光一二年	壬辰	民元前八〇年	1832 年	湖南廣東徭亂。諭粵督查禁洋面私售鴉片躉船，及省河走私快艇。
清宣宗道光一三年	癸巳	民元前七九年	1833 年	四川邊夷滋事，旋平。
清宣宗道光一四年	甲午	民元前七八年	1834 年	英兵船入廣東內河，治盧坤等罪。
清宣宗道光一七年	丁酉	民元前七五年	1837 年	四川馬邊及涼山夷亂，平之。
清宣宗道光一八年	戊戌	民元前七四年	1838 年	鴻臚寺卿黃爵滋奏請以死罪禁菸，阻止銀兩外流。清帝以黃奏交各省督撫將軍議覆，一致贊成禁菸。命林則徐為欽差大臣，馳往廣東查辦海口禁菸事務。

清宣宗道光一九年	己亥	民元前七三年	1839 年	林則徐查燬英商鴉片。並定處罰章程。英領事義律赴澳門，停止英商貿易。中英在九龍及穿鼻島，兩度發生海戰。
清宣宗道光二〇年	庚子	民元前七二年	1840 年	英反對中國禁菸。英軍陷定海，侵寧波，鴉片戰爭起。義律投書天津要求六事。以蜚語革林則徐等職，詔琦善為欽差大臣馳粵。伯麥陷虎門沙角兩礮臺。琦善與義律定草約。
清宣宗道光二一年	辛丑	民元前七一年	1841 年	對英宣戰。逮琦善，以奕山赴粵。英兵迫廣州城，奕山與定休戰條約。英遣濮鼎查等陷廈門、定海、鎮海、寧波。清命奕經赴浙。
清宣宗道光二二年	壬寅	民元前七〇年	1842 年	奕經攻敵不克。英軍北陷乍浦、上海、鎮江，迫江寧。清命耆英等與英使濮鼎查議和。訂立南京條約，開五口通商。
清宣宗道光二三年	癸卯	民元前六九年	1843 年	耆英辦理廣東通商事務，並續訂虎門條約。
清宣宗道光二四年	甲辰	民元前六八年	1844 年	耆英與美訂通商條約於澳門望廈村，並與法訂通商條約於黃浦。
清宣宗道光二五年	乙巳	民元前六七年	1845 年	許比利時人通商。西寧番人作亂。
清宣宗道光二六年	丙午	民元前六六年	1846 年	雲南回人亂。與英訂立不讓舟山群島條約。

清宣宗道光二七年	丁未	民元前六五年	1847 年	與瑞典挪威訂約通商。俄請通商塔爾巴哈台、伊犁、喀什噶爾，不許。俄皇命木里斐岳幅為東部鮮卑利亞總督。回疆七和卓木作亂，平之。湖南苗亂起，明年平定。
清宣宗道光二八年	戊申	民元前六四年	1848 年	禁俄人來上海互市。
清宣宗道光二九年	己酉	民元前六三年	1849 年	英國香港總督派軍艦入廣東省河，要求准英人入城，未成。
清宣宗道光三〇年	庚戌	民元前六二年	1850 年	俄國占領黑龍江口。允俄人於伊犁、塔爾巴哈台通商。洪秀全起兵於廣西桂平縣之金田村。洪秀全建太平天國，自稱天王。

清文宗咸豐元年──辛亥──民元前六一年──1851 年
　六月（七月）　中俄訂伊犁、塔爾巴哈台通商章程。
　閏八月（十月）　太平軍破永安州。
清文宗咸豐二年──壬子──民元前六〇年──1852 年
　三月（四月五月）　太平軍攻桂林，未下。
　八月（九月）　太平軍圍長沙，近三月之久。
　十月（十一月十二月）　安徽捻匪起事。
　十二月（一月）　太平軍攻陷武昌。
　　　　　　　　在籍侍郎曾國藩在湖南成立湘軍。
清文宗咸豐三年──癸丑──民元前五九年──1853 年
　二月（三月）　太平軍由武昌東下，占領南京，定為天京。
　　　　　　　　向榮追太平軍至南京，立江南大營於孝陵衛。
　三月（四月）　俄國占領庫頁島（苦夷）。
　五月（六月）　俄請勘東北邊界。
　　　　　　　　太平軍犯江西，攻南昌。
　　　　　　　　美遣使培里至日本浦賀，要求開港通商。
　六月（七月）　抽收釐金於揚州，其後各省仿行，以濟軍餉。
　八月（九月）　太平軍北進入直隸。西上湖北。

清文宗咸豐四年──甲寅──民元前五八年──1854 年

　　正月（二月）　　曾國藩討太平軍。

　　二月（三月）　　太平軍北征援軍入山東。

　　　　　　　　　英法對俄開戰。

　　三月（三月）　　日本與美國訂立通商條約，英俄荷等國繼之。

　　五月（六月）　　俄國強行由黑龍江運輸軍隊。

　　六月（六月）　　太平軍復陷武昌。

　　六月（七月）　　任用英美法各一人，管理上海海關，為外人管理海關之始。

　　閏七月（九月）　　俄敗英法艦隊於黑龍江口。

　　八月（十月）　　曾國藩等收復武昌。

清文宗咸豐五年──乙卯──民元前五七年──1855 年

　　二月（四月）　　太平軍三陷武昌。

　　四月（五月）　　僧格林沁撲滅北征太平軍。

　　七月（九月）　　雲南永昌回酋杜文秀攻占大理府。

　　八月（九月）　　中俄勘界會議，俄要求黑龍江、松花江左岸之地。

　　十月（九月）　　貴州苗亂起。

清文宗咸豐六年──丙辰──民元前五六年──1856 年

　　五月（六月）　　太平軍攻破江南大營。

　　　　　　　　　俄人於黑龍江占地駐兵。

　　八月（九月）　　太平軍內訌，勢力渙散。

　　九月（十月）　　亞羅號事件發生。

　　　　　　　　　英領事巴夏禮率艦攻廣州。

　　十一月（十二月）　　湘軍胡林翼等部收復武昌。

清文宗咸豐七年──丁巳──民元前五五年──1857 年

　　四月（五月）　　阻俄使由庫倫進京。

　　五月（六月）　　翼王石達開被迫離天京西走。

　　七月（八月）　　阻俄使由天津海口進京。

　　九月（十一月）　　俄使到香港，勾結英法公使。

　　十一月（十二月）　　英法聯軍攻占廣州，七日後，總督葉名琛被擄。

　　十一月十二月（一月）　　清軍再立江南大營。

清文宗咸豐八年──戊午──民元前五四年──1858 年

　　正月（二月）　　英法俄美四國發出對華通牒。

　　三月（四月）　　英法俄美四使到大沽口，俄使要求勘界及海口通商。

　　四月（五月）　　英法聯軍攻陷大沽。

　　　　　　　　　黑龍江將軍奕山與俄訂條約於璦琿。

五月（六月）	中俄訂天津條約。
	俄人強入烏蘇里江。
	中美、中英、中法訂天津條約。
六月（七月）	法西聯軍攻越南。
十月（十一月）	中英簽訂通商章程，准鴉片納稅進口。
十一月（十二月）	俄使到京換約並議界。
	俄置阿穆爾省及東海濱省。

清文宗咸豐九年──己未──民元前五三年──1859 年

正月（二月）	法軍占領越南西貢。
二月（三月）	石達開部由江西進攻湖南。
四月（五月）	軍機處駁拒俄使東北西北劃界及通商要求。
五月（六月）	英法公使乘軍艦至天津換約，強行闖入大沽口，被僧格林沁擊退。
六月（七月）	中俄北京會議，我否認曾批准璦琿條約，僅允將黑龍江空曠之地借與俄人居住。
七月（八月）	石達開部攻進廣西。

清文宗咸豐一〇年──庚申──民元前五二年──1860 年

二月（三月）	太平軍攻陷杭州。
閏三月（五月）	江南大營再被太平軍攻破，清將和春張國樑死之。
四月（五月）	俄使發出最後通牒，北京會議破裂。
	太平軍攻占常州。
四月（六月）	太平軍攻占蘇州。
	命曾國藩署兩江總督。
	兩月後實授，並兼欽差大臣。
七月（八月）	英法聯軍陷大沽、天津，帝奔熱河。
八月（十月）	英法軍入北京，英軍毀圓明園。
九月（十月）	與英法議和，訂立北京條約。
九月（十月）	捻匪竄入山東，命僧格林沁剿辦。
十月（十一月）	中俄訂北京條約，割烏蘇里河以東地方與俄。
十二月（一月）	設立總理各國通商事務衙門。

清文宗咸豐一一年──辛酉──民元前五一年──1861 年

正月（二月）	俄使要求更換黑龍江將軍，拒之。
三月（四月）	哲盂雄迫於英國武力，訂立英哲條約，受英支配。
七月（八月）	文宗死於熱河，太子載淳即位，以載垣、肅順八大臣贊襄政務。

八月（九月）	湘軍曾國荃等部破安慶。
十月（十二）	殺載垣、端華、肅順，以奕訢為議政王。兩宮皇太后垂簾聽政。命曾國藩統轄蘇皖浙贛四省軍務。
十一月（十二月）	太平軍攻占杭州。
十二月（一月）	以左宗棠為浙江巡撫，沈保楨為江西巡撫，李續宜為安徽巡撫，彭玉麟為記名水師提督。

清穆宗同治元年──壬戌──民元前五○年──1862 年

二月（三月）	中俄訂陸路通商章程。
三月（四月）	太平軍攻上海，為英法軍及華爾訓練之常勝軍所敗。
	以李鴻章署江蘇巡撫。
四月（五月）	李鴻章率淮軍至上海赴援。
	太平軍勇將陳玉成被擒處死。
五月（六月）	曾國荃彭玉麟部圍攻南京。
	法西聯軍占下交趾，安南割南部交趾乞和，訂西貢條約。
	陝西回亂起。
七月（八月）	中俄議勘塔爾巴哈台界，不成。
八月（九月）	設同文館，教授外國文字。

清穆宗同治二年──癸亥──民元前四九年──1863 年

正月（二月）	雲南回民殺總督潘鐸，雲南大亂。
二月（三月）	僧格林沁破捻匪巢雉河集，擒斬匪首張洛行。
	甘肅回亂起。
二月（四月）	俄兵侵占西疆一帶（吹河一帶）。
三月（五月）	左宗棠收復浙東有功，升任閩浙總督。
	以曾國荃為浙江巡撫。
四月（六月）	俄兵闖入伊犂卡內，與守軍衝突。
	石達開就擒於四川。
九月（十一月）	李鴻章淮軍會同英軍，平定上海外圍。
十月（十二月）	李鴻章攻下蘇州。
	練匪苗沛霖被僧格林沁殺死。
十二月（一月）	命吉黑二省將軍拒俄人以烏蘇里江為界之請。

清穆宗同治三年──甲子──民元前四八年──1864 年

二月（三月）	左宗棠克杭州。
四月（五月）	李鴻章克常州。
	洪秀全自殺，子洪天貴福嗣位。
五月（六月）	新疆回民作亂，南疆各城及迪化相繼失陷。

六月（七月）　　俄船強航松花江。

　　　　　　　　曾國荃攻破南京，洪天貴福逃，後被殺，太平天國亡。

八月（九月）　　俄議界使臣通知烏里雅蘇台將軍，倘不定界換約，即派兵占地。

九月（十月）　　俄軍占中亞塔什干。

九月（十月）　　中俄訂西北界約於塔爾巴哈台。

十月（十一月）　伊犁回民作亂。

十二月（一月）　浩罕回將阿古柏入新疆。

清穆宗同治四年──乙丑──民元前四七年──1865 年

四月（五月）　　僧格林沁因追剿捻匪於曹州西陣亡。

五月（五月）　　命曾國藩督直隸山東河南軍務剿捻。

六月（八月）　　商借俄援以保伊犁，無有結果。

十二月（二月）　太平軍餘部汪海洋在廣東嘉應州覆沒。

清穆宗同治五年──丙寅──民元前四六年──1866 年

正月（三月）　　回民陷伊犁。

二月（三月）　　派斌椿率同文館學生赴歐洲各國遊歷。

十月（十一月）　國父孫中山先生生。

十一月（十二月）　命曾國藩回兩江總督本任，調李鴻章專辦剿捻事宜。

清穆宗同治六年──丁卯──民元前四五年──1867 年

正月（二月）　　命陝甘總督左宗棠為欽差大臣，督辦陝甘軍務。

　　　　　　　　鮑超敗捻匪任柱等於尹隆河。

二月（三月）　　阿古柏帕夏併有回疆西部各城。

五月（六月）　　俄使質詢新疆亂事，聲言不能坐視。

　　　　　　　　法國併占下交趾。

七月（八月）　　回酋杜文秀圍攻雲南省城。

十月（十一月）　派前任美國駐華公使蒲安臣權充辦理中外交涉事務使臣。

十二月（一月）　東捻為李鴻章所部討平。

清穆宗同治七年──戊辰──民元前四四年──1868 年

四月（五月）　　俄軍占領撒馬兒罕，滅布哈爾。

六月（八月）　　西捻被左宗棠李鴻章合力討平。

十月（十一）　　左宗棠回師西安，專力剿回亂。

十一月（十二月）　阿古柏帕夏與俄通使。

清穆宗同治八年──己巳──民元前四三年──1869 年

三月（四月）　　中俄改訂陸路通商章程。

四月（五月）　　陝西回亂平。

六月（七月）　　俄船再入黑龍江。

七月（八月）　　中俄訂科布多邊界牌博約誌。

七月（九月）　　中俄訂烏里雅蘇台邊界牌博約誌。

清穆宗同治九年──庚午──民元前四二年──1870 年

五月（六月）　　天津民眾焚教堂，殺外人多名。七國公使聯合抗議。

　　　　　　　　派崇厚充任出使法國全權大臣，相機辦理天津教案。

九月（九月）　　日本遣使來華要求通商。

十月（十一月）　阿古柏帕夏占吐魯番。

十一月（十二月）　阿古柏帕夏取烏魯木齊（迪化），進占北疆。

清穆宗同治一○年──辛未──民元前四一年──1871 年

五月（七月）　　俄國派兵占伊犁。

七月（八月）　　曾國藩、李鴻章奏請每年派幼童三十名留學美國。

七月（九月）　　李鴻章在天津與日使締結中日修好條約。

十月（十一月）　琉球商民漂流到臺灣南部，被生番掠殺。

清穆宗同治一一年──壬申──民元前四○年──1872 年

二月（三月）　　曾國藩卒。

四月（六月）　　俄與阿古柏帕夏訂約，承認為土耳斯坦領袖。

六月（七月）　　俄使聲稱暫不交還伊犁。

九月（十月）　　招商局成立。

十一月（十二月）　岑毓英所部攻進大理，杜文秀自役，雲南回亂平。

清穆宗同治一二年──癸酉──民元前三九年──1873 年

二月（三月）　　俄以基華為保護國。

三月（四月）　　日本大使副島種臣天津換約。

四月（五月）　　貴州苗亂平。

六月（六月）　　日英俄美荷法六國使臣覲見穆宗。

九月（十一月）　甘肅回亂平。

　　　　　　　　陝回白彥虎入新疆。

十月（十二月）　俄官迫伊犁領隊總管出境。

清穆宗同治一三年──甲戌──民元前三八年──1874 年

正月（三月）　　法國與越南在西貢訂立友好條約。

三月（五月）　　日軍犯臺灣。

　　　　　　　　詔促西征諸軍出關收復天山北路。

五月（六月）　　中國與秘魯訂立通商條約。

九月（十月）　　中日成立和約，中國放棄琉球。

九月（十一月）　清廷開始籌辦海防。

十二月（一月）　　清穆宗卒，德宗繼立，兩宮皇太后仍垂簾聽政。

清德宗光緒元年──乙亥──民元前三七年──1875 年

二月（三月）　　中英滇案交涉起。

三月（五月）　　清政府命左宗棠督辦新疆軍務。

五月（六月）　　俄人到蘭州，晤左宗棠。

七月（八月）　　派郭嵩燾出使英國，為正式遣使之始。

八月（九月）　　日本軍艦至江華島與朝鮮發生衝突。

八月（九月）　　法國與越南訂結通商條約。

十一月（十二月）　　遣陳蘭彬出使美、日（西）、秘國。

清德宗光緒二年──丙子──民元前三六年──1876 年

正月（二月）　　外商淞滬鐵路試車，為中國有鐵路之始。

二月（二月）　　日韓訂立江華條約。

二月（三月）　　俄併浩罕。

　　　　　　　　左宗棠率領大軍從蘭州啟程，西征新疆。

六月（八月）　　左宗棠收復烏魯木齊，新疆北路略定。

七月（九月）　　中英滇案結束，與英訂立煙台條約。

八月（九月）　　遣許鈐身出使日本國。

清德宗光緒三年──丁丑──民元前三五年──1877 年

九月（十月）　　收購淞滬鐵路，毀之。

十月（十一月）　　與日斯巴尼亞國（西班牙）訂華工條款。

十一月（十二月）　　左宗棠平定新疆，白彥虎等遁入俄境。

清德宗光緒四年──戊寅──民元前三四年──1878 年

五月（六月）　　遣崇厚出使俄國，商交還伊犁等事。

七月（八月）　　遣曾紀澤出使英國、法國。

八至十月（九至十一月）　　俄唆使白彥虎及中亞回人入寇。

十二月（一月）　　俄再唆使中亞回人入寇。

清德宗光緒五年──己卯──民元前三三年──1879 年

三月（三月）　　日本滅琉球，改為沖繩縣。

七月（八月）　　決定勸朝鮮與各國通商訂立條約。

八月（十月）　　崇厚擅與俄人訂立返還伊犁條約，朝野大譁。

十一月（一月）　　崇厚開缺議處。

十二月（一月）　　命各省對俄預籌防務。

　　　　　　　　中法越南交涉事起。

十二月（二月）　　改派曾紀澤使俄，商改伊犁條約。

清德宗光緒六年 ── 庚辰 ── 民元前三二年 ── 1880 年

正月（三月）	崇厚定斬監侯。
五月（六月）	左親棠抵哈密備戰。
	免崇厚罪名。
六月（七月）	以俄兵船駛向日本，勾結滋事，力籌海防。
六月（八月）	曾紀澤開始與俄談判。
八月（九月）	清廷准李鴻章設陸路電線。
十月（十一月）	李鴻章主借俄懾日。
十二月（一月）	中日談判琉球問題年餘，無結果而中止。

清德宗光緒七年 ── 辛巳 ── 民元前三一年 ── 1881 年

正月（三月）	曾紀澤與俄國訂立還付伊犁條約及陸路通商章程。
五月（六月）	唐山至胥各莊鐵路動工，開始採用一、四三五公尺之軌距。
八月（九月）	駐英法俄使曾紀澤，向法國外交部聲明中國對越南有宗主權。
八月（十月）	與巴西訂立和好通商條約。

清德宗光緒八年 ── 壬午 ── 民元前三〇年 ── 1882 年

二月（三月）	伊犁正式交收。
三月（五月）	越南事急。
四月（五月）	中國協助朝鮮訂立美韓商約。其後英德等國亦援例與朝鮮訂約通商。
六月（七月）	朝鮮漢城發生變亂，中國出兵為之平定。
九月（十月）	中俄訂立伊犁界約。
十月（十二月）	中俄訂立喀什噶爾界約。

清德宗光緒九年 ── 癸未 ── 民元前二九年 ── 1883 年

三月（二月）	伊犁俄軍撤退。
	法軍自河內進兵，攻擊越南。
七月（八月）	法軍攻順化府，越南乞和，訂順化條約，自認受法國保護。
	中俄訂立科布多、塔爾巴哈台界約。
八月九月（九月十月）	李鴻章與公使於天津議和不成。
九月（十月）	中俄訂塔爾巴哈台西路界約。
十月（十一月）	中法戰爭開始。
十一月（十二月）	法軍在越北進攻劉永福黑旗軍。

清德宗光緒一〇年 ── 甲申 ── 民元前二八年 ── 1884 年

二月（三月）	法軍與越南駐防中國軍戰於越北，中國軍失敗。
三月（四月）	軍機大臣恭親王奕訢等人全遭罷黜。
四月（五月）	李鴻章與法兵艦艦長議和於天津，訂簡明條約。

五月（六月）　　中俄訂喀什噶爾西北界約。

閏五月（七月）　　法軍強進諒山，中法戰爭又起。

　　　　　　　　俄韓訂通商條約。

六月（八月）　　法軍艦隊礮擊基隆。

七月（八月）　　法艦突襲福州，中國南洋艦隊全燬。

九月（十月）　　法艦封鎖臺灣。

九月（十一月）　　命劉錦棠辦理新疆建省事宜。

十月（十二月）　　朝鮮京城二次發生變亂，中國兵擊敗之。

十一月（一月）　　朝鮮被迫與日本訂漢城條約。

清德宗光緒一一年──乙酉──民元前二七年──1885 年

二月（三月）　　俄建議由中日俄共保朝鮮中立。

　　　　　　　　馮子材等部敗法軍於諒山一帶。

三月（四月）　　中日訂立天津條約，兩國撤退駐在朝鮮軍隊。將來如須派
　　　　　　　　兵，應互相照會。

四月（六月）　　李鴻章與法公使議訂中法新約於天津，中國承認越南為法國
　　　　　　　　保護國。

　　　　　　　　俄迫朝鮮延聘俄人練兵。

五月（六月）　　李鴻章奏請在天津創設武備學堂。

九月（十月）　　設海軍衙門。

　　　　　　　　改福建巡撫為臺灣巡撫。

　　　　　　　　臺灣建省。

　　　　　　　　俄韓勾結。

十月（十一月）　　英軍自印度攻緬甸，滅緬甸，囚緬王於印度。

十二月（一月）　　劉銘傳出任首任臺灣巡撫。

清德宗光緒一二年──丙戌──民元前二六年──1886 年

三月（四月）　　李鴻章與法使議訂越南邊通商界章程於天津。

六月（七月）　　奕劻與英使議訂緬甸條約，承認英國在緬甸有主權。

　　　　　　　　朝鮮求俄保護。

八月（九月）　　李鴻章主與俄聯結，使不侵韓地，日本必縮手。

九月（十月）　　中俄訂琿春東界約。

　　　　　　　　俄使向李鴻章保證不取朝鮮土地。

清德宗光緒一三年──丁亥──民元前二五年──1887 年

三月（三月）　　中國承認葡國對澳門有永久居住權。

五月（六月）　　中法訂立越南續議界務專條及商務專條。

九月（十月）　　蔣中正生。

十月（十二月）	中葡訂立通商和好條約。

清德宗光緒一四年──戊子──民元前二四年──1888 年

八月（九月）	北洋海軍成立，以丁汝昌為提督。
	英占哲孟雄（即錫金）。
十月（十一月）	康有為首次上書清廷變法。

清德宗光緒一五年──己丑──民元前二三年──1889 年

正月（一月）	萬國公報刊行。
二月（三月）	清德宗親政。
四月（五月）	薛福成出使英法意比等國。
八月（九月）	興辦蘆漢鐵路。
九月（十月）	中俄訂東北電線相接條約。

清德宗光緒一六年──庚寅──民元前二二年──1890 年

正月（二月）	俄人到西藏遊歷。
二月（三月）	中英訂立藏印條約，承認哲孟雄歸英國保護。

清德宗光緒一七年──辛卯──民元前二一年──1881 年

正月（三月）	德宗接見十國使節，此後覲見成為常例。
二月（三月）	俄宣佈建鮮卑利亞鐵路。
三月（四月）	俄太子到上海漢口。
四月（五月六月）	哥老會徒焚毀蕪湖、丹陽、武穴等處教堂。
七月（八月）	俄侵帕米爾，議以為中英俄三國甌脫。
八月（九月）	長江哥老會謀舉事，不成。

清德宗光緒一八年──壬辰──民元前二〇年──1892 年

二月（三月）	楊衢雲、謝讚泰設輔仁文社於香港。
六月（七月）	俄侵帕米爾。
七月（八月）	中俄訂立蒙古邊界電線相接合同。
七月（九月）	清廷捕湖南會黨。

清德宗光緒一九年──癸巳──民元前一九年──1893 年

正月（二月）	俄增兵新疆邊境。
六月（七月）	法兵侵暹羅。
九月（十月）	中俄簽訂收回巴爾魯克山協定。
十月（十一月）	英法協約認暹羅為獨立國，暹羅從此與中國脫離關係。
十月（十二月）	中英在大吉嶺訂立藏印續約，開亞東為商埠。
十一月（一月）	中俄簽訂管轄哈薩克等處條款。

清德宗光緒二〇年──甲午──民元前一八年──1894 年

正月（三月）	中英簽訂續議滇緬條約，解決界務商務問題。

五月（六月）	國父偕陸皓東至天津，上書李鴻章，陳救國大計，鴻章不能納。
	朝鮮因東學黨作亂，中日均發兵平亂。日提議共管朝鮮內政。
	李鴻章請俄使調停韓戰。俄使告李鴻章，將迫令日本撤兵。
六月（七月）	俄使通知李鴻章，已與英商明另行調處。
	中日戰爭爆發。
七月（八月）	中日同日宣戰。
八月（九月）	日軍攻陷平壤。
	中日海軍戰於大東溝外，中國海軍敗績。
九月（十月）	日軍渡鴨綠江。陷安東。
十月（十一月）	日軍陷旅順。
	國父創立興中會於檀香山。
十二月（一月）	俄決加強遠東艦隊。

清德宗光緒二一年──乙未──民元前一七年──1895 年

正月（二月）	日本海軍陷劉公島，中國海軍全殲。
	以李鴻章為全權大臣與日本議和。
	國父設興中會總機關於香港，名乾亨行。
二月（三月）	日軍陷營口。
	日軍陷澎湖。
三月初七日（四月一日）	日本提出議和條款。
三月二十三日（四月十七日）	中日簽訂馬關條約，許朝鮮獨立，割臺灣、遼東，賠兵費二萬萬兩與日本。
三月二十九日（四月二十三日）	俄德法對日干涉，要求放棄遼東半島。
四月初八日（五月二日）	各省舉人上書論戰守之方，自強之道（公車上書）。
四月十三日（五月七日）	日本接受俄德法要求。
四月十八日（五月十二日）	俄決定鮮卑利亞鐵路穿過東三省計劃。
五月初一日（五月二十四日）	臺灣獨立，官民推唐景松為總統以抗日。
閏五月十四月（七月六日）	中俄一萬萬借款成立。
七月（九月）	康有為開強學會。
	英人李提摩太說王大臣變法。
八月二十六日（十月十四日）	俄使照會，已派員往東三省查勘修接鐵路事宜。
九月（十月）	日軍攻陷臺灣。
	國父在廣州起事不成，逃往海外。

十月初六日（十一月二十二日）　允俄艦借膠州灣暫泊過冬。

十月（十二月）　袁世凱於小站練新軍。

十月二十四日（十二月十日）　華俄銀行成立。

十月二十八日（十二月十四日）　德國要求海港。

十一月十三日（十二月二十八日）　派王之春賀俄皇加冕，後為俄國拒絕。

十二月二十七日（二月十日）　改派李鴻章往俄國賀俄皇加冕。

清德宗光緒二二年──丙申──民元前一六年──1896 年

二月二十四日（四月六日）　俄使再要求東三省借地築路。

三月二十四日（五月六日）　李鴻章覲見俄皇，俄皇提議設道勝銀行承辦鐵路事。

四月初二日（五月十四日）　俄日簽訂朝鮮協定。

四月二十二日（六月三日）　中俄訂立同盟密約，允俄於吉黑接造鐵路。

四月二十八日（六月九日）　俄日簽訂莫斯科協定。

六月十一日（七月二十一日）　中日訂立通高行船條約。

七月二十五日（九月二日）　與俄訂立華俄道勝銀行合同。

八月初二日（九月八日）　與俄訂立東清鐵路合同。

九月（十月）　國父在倫敦蒙難。

十一月初十日（十二月十四日）　德國要求租借膠州灣。

清德宗光緒二三年──丁酉──民元前一五年──1897 年

正月（二月）　中英續議修正滇緬境界及通商條約。

二月十三日（三月十五日）　清廷對法聲明不以海南島讓與他國。

四月（五月）　俄答聘專使吳克託穆親王到京，要求築南滿支路。

七月（八月）　德俄商膠州灣問題。

十月初七日（十一月一日）　山東鉅野二德國教士被殺。

十月二十日（十一月十四日）　德國強占膠州灣。

十一月二十二日（十二月十五日）　俄艦擅入旅順。

十一月二十三日（十二月十六日）　俄擬再進行對華借款。

十二月十九日（一月十一日）　俄使為要求海港及借款，提出最後通牒。

清德宗光緒二四年──戊戌──民元前一四年──1898 年

正月初一日（一月二十二日）　俄英談判瓜分中國。

正月二十一日（二月十一日）　清廷對英聲明，不以長江流域讓與他國。

二月十四日（三月六日）　德國脅迫中國訂立膠澳租借條約。

二月二十日（三月十二日）　俄使為租借旅順大連，修造南滿路，連提最後通牒。

二月二十七日（三月十九日）　康有為立保國會。

三月初六日（三月二十七日）　俄國脅迫中國訂立旅順大連租借條約，以
二十五年為期。

三月十一日（四月一日）　康有為陳拒俄三策。

閏三月初二日（四月二十二日）　法國強占廣州灣。

閏三月初五日（四月二十五日）　俄日簽訂朝鮮協定。

閏三月初六日（四月二十六日）　清廷對日聲明不以福建讓與他國。

閏三月十七日（五月七日）　中俄簽訂旅順大連租借續約。

四月初五日（五月二十四日）　英國強占威海衛。

四月二十一日（六月九日）　中英簽訂九龍租借條約。

四月二十三日（六月十一日）　清德宗下詔更新國是（百日維新開始）。

五月初七日（六月二十五日）　中比簽訂蘆漢鐵路借款合同（以俄法為背
景）。

五月十三日（七月一日）　中英簽訂租借威海衛條約。

五月十八日（七月六日）　中俄簽訂南滿鐵路合同。

七月十七日（九月二日）　英德簽訂協約，互認在華勢力範圍。

八月初六日（九月二十一日）　政變，慈禧太后復垂簾聽政。

九月十八日（十一月一日）　俄英談判，劃分在華勢力範圍。

清德宗光緒二五年──己亥──民元前一三年──1899 年

正月十七日（二月十六日）　俄軍包圍金州。

正月三十日（三月十一日）　新疆巡撫與俄國商辦金礦。

二月十八日（三月二十九日）　英俄簽訂協定，互認在華勢力範圍。
德軍在魯南焚掠。

三月二十一日（四月三十日）　抗議俄於東北派兵護路。

三月二十八日（五月七日）　簽訂中俄勘分旅大租界專條。

四月二十三日（六月一日）　允俄以北京向北及東北築路優先權。

五月初六日（六月十三日）　康有為、梁啟超在日本組織保皇會。

六月（七月）　唐才常在上海開「國會」（係革命團體）。

八月初二日（九月六日）　美國提出對華門戶開放政策。

八月（九月）　廣東會黨勢張。
山東義和拳亂起。

十月十四日（十一月十六日）　法國脅迫中國簽訂廣州灣租借條約。

清德宗光緒二六年──庚子──民元前一二年──1900 年

三月（四月）　義和拳蔓延直隸。

五月十三日（六月九日）　義和拳蜂集北京。

五月十九日（六月十五日）　召兩廣總督李鴻章來京。

五月二十一日（六月十七日）　　各國聯軍攻占大沽。

五月二十五日（六月二十一日）　　清廷下詔與各國宣戰。

五月二十九日（六月二十五日）　　李鴻章與俄密商。

六月初四日（六月三十日）　　瀋陽、遼陽等處拳亂起。

六月初七日（七月三日）　　劉坤一、張之洞等與各國領事訂東南保護約款。

六月十二日（七月八日）　　清廷調李鴻章任直隸總督兼北洋大臣。

六月十八日（七月十四日）　　聯軍攻陷天津。

六月十九日（七月十五日）　　俄軍屠海蘭泡華人六千。

七月初十日（八月四日）　　俄軍陷營口。

七月二十日（八月十四日）　　聯軍陷北京，慈禧太后及德宗出奔西安。

七月二十八日（八月二十三日）　　唐才常等在漢口，被捕殺，自立軍失敗。

八月初四日（八月二十八日）　　俄國建議撤退北京聯軍及各國使館。

八月初六日（八月三十日）　　俄軍攻陷黑龍江省城。

八月二十八日（九月二十一日）　　俄軍陷吉林省城。

閏八月初九日（十月二日），俄軍陷瀋陽。

閏八月（十月）　　興中會會員鄭士良等在惠州起事不成。

閏八月十八日（十月十一日）　　李鴻章到北京。

九月初六日（十月二十八日）　　史堅如謀炸兩廣總督德壽，不中，被捕遇害。

九月十八日（十一月九日）　　盛京將軍增祺與俄將訂奉天交地暫且條約。

九月二十二日（十一月十三日）　　俄國政府決定監理東三省之原則。

十一月十一日（一月一日）　　命楊儒與俄國商辦接收東三省事宜。

十二月初十日（一月二十九日）　　清廷下詔變法。

十二月二十八日（二月十六日）　　英日勸將東三省問題歸入各國公約。

清德宗光緒二七年──辛丑──民元前一一年──1901 年

正月初七日（二月二十五日）　　以各國不滿中俄交涉，命李鴻章統籌全局。

正月十六日（三月六日）　　俄使迫李鴻章定期簽約。

正月二十日（三月十日）　　英對俄抗議中俄交涉。

正月二十二日（三月十二日）　　俄提出最後約稿，旋限我於二月初七日前簽
　　　　　　　　　　　　　　　　約。

二月初七日（三月二十六日）　　拒簽俄約。

五月二十一日（七月六日）　　俄皇接見達賴使臣。

六月十八日（八月二日）　　李鴻章與俄重商東三省事。

七月二十五日（九月七日）　　清政府派李鴻章、奕劻，與十一國公使簽訂辛
　　　　　　　　　　　　　　　　丑和約。

八初五日（九月十七日）　　各國聯軍退出北京。

九月初八日（十月十九日）　　命李鴻章再與俄使商改撤兵約稿。

九月二十七日（十一月七日）　　李鴻章卒。旋以袁世凱繼任直隸總督兼北洋大臣。

十一月十八日（十二月二十八日）　中國向俄國提出東三省撤兵問題修正案。

十二月廿一日（一月三十日）　　英日同盟成立。

十二月二十三日（二月一日）　　美國抗議俄國獨占東三省經濟之要求。

清德宗光緒二八年──壬寅──民元前一○年──1902 年

二月初七日（三月十六日）　　俄法對英日同盟發表聲明。

三月初一日（四月八日）　　中俄簽訂東三省撤兵條約。

八月初四日（九月五日）中英續訂商約。

九月初七日（十月八日）　　奉天遼河以西俄軍撤退。

九月十四日（十月十五日）　　中俄簽訂正太鐵路借款合同。

九月二十一日（十月二十二日）　　與俄簽訂交還關外鐵路條約。

清德宗光緒二九年──癸卯──民元前九年──1903 年

正月初十日（二月七日）　　俄國決定暫不履行東三省二期撤兵。

三月二十一日（四月十八日）　　俄停止東三省撤兵，另提七項新要求。

三月二十九日（四月二十六日）　　日美勸我勿允俄要求。

四月初四日（四月三十日）　　京師大學堂學生開拒俄大會。

五月（六月）　　江西萍鄉會黨舉事，未果。

六月初八日（七月三十一日）　　日俄直接談判東三省及朝鮮問題。

六月二十日（八月十二日）　　俄設立遠東總督府。

八月十三日（十月三日）　　中俄撤兵交涉停止。

八月十八日（十月八日）　　中美、中日續訂商約。東三省增開商埠。

九月二十五日（十一月十三日）　　促俄照約撤兵，俄國拒絕。

十一月十六日（一月三日）　　德皇致書俄皇，滿洲、朝鮮均應為俄所有。

十二月二十五日（二月十日）　　日俄宣戰。

十二月二十七日（二月十二日）　　中國對日俄戰爭宣佈中立。

清德宗光緒三○年──甲辰──民元前八年──1904 年

二月初七日（三月二十三日）　　清廷駐外使臣聯名電請變法，以激勵人心。日韓議定書成立。

三月十八日（五月三日）　　日海軍封閉旅順。

五月十一日（六月十四日）　　廣西柳州兵變，會黨勢復熾。

六月二十二日（八月三日）　　英國由印度進兵，攻陷拉薩。

七月二十五日（九月四日）　　日軍敗俄軍於遼。

七月二十八日（九月七日）　　英軍壓迫藏官簽訂和約。

九月十五日（十月二十三日）　　黃興、馬福興起事長沙未成。

十一月二十六日（一月一日）　　日軍攻占旅順。

十二月十七日（一月二十二日）　　俄京發生革命暴動。

清德宗光緒三一年──乙巳──民元前七年──1905 年

二月初五日（三月十日）　　日軍大敗俄軍於瀋陽。

四月二十五日（五月二十八日）　　日殲俄艦隊於對馬海峽。

五月初一日（六月三日）　　美調停日俄戰爭。

六月十四日（七月十六日）　　清廷為籌備君主立憲，派五大臣出洋考察。

七月十二日（八月十二日）　　英日成立第二次同盟。

七月二十日（八月二十日）　　中國革命同盟會成立於日本東京。

八月初四（九月二日）　　清廷詔廢科舉。

八月初七（九月五日）　　日俄在美國朴資茅斯簽訂媾和條約，俄以旅順、大連及南滿鐵路礦權讓日。

十月二十一日（十一月十七日）　　日本設置朝鮮總督府。

十一月二十六日（十二月二十二日）　　中日訂立東三省事宜條約，承認俄國讓與日本之各項權利，並加開東三省商埠。

清德宗光緒三二年──丙午──民元前六年──1906 年

四月初四（四月二十七日）　　中英再訂藏印續約，以拉薩和約為附約。

閏四月（六月）　　日本設置南滿鐵路會社。

六月（七月）　　日本設置關東都督府。

六月十八日（八月七日）　　清廷命各省停派赴日速成學生（時留日學生已達一萬二三千人）。

七月十三日（九月一日）　　清廷宣佈預備立憲。

九月二十日（十一月六日）　　清廷開始重行釐定官制。

十月（十二月）　　同盟會會員在江西萍鄉及湖南瀏陽起事。

十一月初一日（十二月十六日）　　「預備立憲公會」成立於上海。

十一月二十九日（一月十三日）　　萍瀏革命失敗。

清德宗光緒三三年──丁未──民元前五年──1907 年

正月初七日（二月十九日）　　許雪秋謀起義於廣東潮州，未成。

四月二十日（三月初八日）　　東三省改制，設總督巡撫。

四月初一日（五月十二日）　　廣東欽州人民抗捐，後為清軍壓平。

四月十一日（五月二十二日）　　余丑起義於潮州黃崗，十六日，失敗。

四月二十二日（六月二日）　　國父命鄧子瑜起義於惠州七女湖，五月初三日，失敗。

四月三十日（六月十日）　　日法簽訂協定。

五月二十六日（七月六日）　　徐錫麟起義於安慶，刺殺安徽巡撫恩銘，被執後遇害。

六月初四日（七月十三日）　　同盟會女會員秋瑾密謀起義事洩，被捕，初六日，遇害。

六月十五日（七月二十四日）　　日韓新協約成立。

六月二十一日（七月三十日）　　俄日簽訂第一次協定及密約，劃分南北滿界線，互相承認在朝鮮外蒙之地位。

六月二十九日（八月七日）　　中美簽訂新法鐵路借款備忘錄，五日後，日本提出抗議。

七月十一日（八月十九日）　　日本軍警侵入間島。

七月二十二日（八月三十日）　　中俄簽訂東清鐵路煤礦合同，吉林木植合同，黑龍江鐵路公司購地合同。

七月二十三日（八月三十一日）　　英俄簽訂西藏協定。

七月二十四日（九月一日）　　國父命王和順起義於廣東欽州，八月初十日，失敗。

八月初二日（九月十九日）　　對日提議，勘查中韓國界。

八月十三日（九月三十日）　　清廷籌設資政院。

十月十五日（十一月二十日）　　清廷禁學生干政。

十月、十一月（十二月）　　革命軍起義於鎮南關，後失敗，退入安南。

十一月二十日（十二月二十四日）　　清廷禁紳商干政，定政事結社條規。

清德宗光緒三四年──戊申──民元前四年──1908 年

正月初四日（二月五日）　　日船二辰丸暗運軍火，在粵被拘。

二月二十五日（三月二十七日）　　黃興自安南進攻欽州。

三月二十九日（四月二十九日）　　黃明堂起義於雲南河口，連獲勝利。

四月初五日（五月四日）　　黃興轉戰四十餘日，敗退安南。

四月二十七日（五月二十六日）　　雲南河口革命軍失敗。

七月十五日（八月十一日）　　各省代表向清廷請願速開國會。

八月初一日（八月二十七日）　　清廷宣佈九年後頒佈憲法，召集議會。

八月（九月）　　美人司戴德攜東三省當局允美國財團投資東三省之草合同返美。

十月十九日（十一月十二日）　　與日訂新奉、吉長鐵路借款續約。

十月二十一日（十一月十四日）　　清德宗卒，姪溥儀嗣位，明年改元宣統，以戴灃為監國攝政王。

十月二十二日（十一月十五日）　　清慈禧太后卒。

十月二十六日（十一月十九日）　　熊成基在安慶起義，失敗。

十一月初七（十一月三十日）　　日美協定成立。

十二月十一日（一月二日）　　袁世凱罷職。

清宣統元年——己酉——民元前三年——1909 年

正月十六日（二月六日）　　日本提出東三省六懸案，要求解決。

二月二十八日（三月十九日）　　粵人力爭粵漢鐵路商辦。

三月二十一日（五月十日）　　中俄簽訂東清鐵路市政局組織辦法。

七月二十日（九月四日）　　中日簽訂間島協約及東三省五案協約。

八月十九日（十月二日）　　中美簽訂錦璦鐵路借款草約。

八月二十五日（十月八日）　　湘人反對鐵路借款。

九月一日（十月十四日）　　各省諮議局成立。

九月二十七日（十一月九日）　　美國提議滿洲鐵路中立計劃。

十二月十一日（一月二十一日）　　俄日反對美國滿洲鐵路中立計劃。

十二月二十日（一月三十日）　　各省諮議局議員請願速開國會，清廷不允。

十二月二十一日（一月三十一日）　　日本向我抗議錦璦鐵路。

十二月二十三日（二月二日）　　俄國向我抗議錦璦鐵胳（此後一再抗議）。

清宣統二年——庚戌——民元前二年——1910 年

正月初二日（二月十一日）　　廣州新軍起義，次日失敗。

正月初三日（二月十二日）　　達賴不臣，川軍進抵拉薩；次日，達賴逃印度。

正月十五日（二月二十四日）　　俄向美抗議錦璦鐵路。

正月十九日（二月二十八日）　　俄使照會，請對西藏勿用強硬手段。

四月十六日（五月二十四日）　　湖廣鐵路合同經各國銀行團簽字。

五月二十一日（六月二十七日）　　各省諮議局議員二次向清廷請願速開國會。

五月二十八日（七月四日）　　俄日訂立二次協定及密約，維持東三省現狀。

六月十五日（七月二十一日）　　外務部聲明維持中國東三省主權，各國機會均等，及開發三省工商實業事宜。

七月初六日（八月八日）　　中俄簽訂松花江自由行船章程。

七月二十五日（八月二十九日）　　日本滅韓國。

八月十六日（九月十九日）　　變通蒙古舊例，准人民移墾，蒙漢通婚。

八月二十日（九月二十三日）　　中國要求美國借款，改革幣制，及振興東三省實業。

九月初一日（十月三日）　　資政院成立。

九月二十三日（十月二十五日）　　各督撫奏請即組內閣，開國會。

九月二十五日（十月二十七日）　　與美簽訂幣制實業借款草合同。

十月初三日（十一月四日）　　清廷縮短預備立憲期間為六年。

十一月初一日（十二月二日）　俄政府商兼併北滿問題。

十一月十七日（十二月十八日）　資政院請速組內閣。

十一月二十三日（十二月二十四日）　清廷查拿各省國會請願代表。

十二月十二日（一月十二日）　俄使要求修訂一八八一年陸路通商章程，增設蒙古境內領事館。清廷拒之。

清宣統三年──辛亥──民元前一年──1911 年

正月十八日（二月十六日）　俄提出最後通牒。

正月二十一日（二月十九日）　日勸我速行解決中俄懸案。

二月二十七日（三月二十七日）　外務部接受俄使要求。

三月十七日（四月十五日）　與英美德法四國銀行團訂立整頓幣制及興辦東三省實業借款。

三月二十九日（四月二十七日）　黃興起義於廣州，死難者八十六人。

四月初十日（五月八日）　清廷設置名義上之責任內閣。

四月十一日（五月九日）　清廷宣示鐵路政策，幹路均歸國有。

四月二十二日（五月二十日）　郵傳部與英美德法銀行團訂立粵漢及川漢鐵路借款。

四月（五月）　川湘粵人民紛起反對鐵路國有。

五月十四日（六月十日）　諮議局聯合會請另組內閣。

六月初六日（七月一日）　資政院部分議員等組織憲友會。

六月十六日（七月十一日）　俄日分向中美抗議幣制實業借款。

六月十八日（七月十三日）　英日成立第三次同盟。

閏六月初六日（七月三十一日）　清廷命嚴拿懲辦爭路川人。

七月初一日（八月二十四日）　四川罷市罷課，停納捐稅，要求川路商辦。

七月初五日（八月二十八日）　俄使質詢蒙古新政，聲言將籌對付之方。

七月十七日（九月九日）　川督趙爾豐殺請願人民，成都被圍。

七月二十四日（九月十六日）　湖北革命黨人決定起義。

八月十九日（十月十日）　武昌革命，三日內，武漢三鎮均告光復。

八月二十三日（十月十四日）　清廷起用袁世凱為湖廣總督。

八月二十七日（十月十八日）　漢口英俄法德日領事發表嚴守中立聲明。

九月（十月）　國父向四國銀行團交涉停止清廷借款。

九月十一日（十一月一日）　清廷任袁世凱為內閣總理大臣。

九月二十三日（十一月十三日）　拉薩兵變。

十月初六日（十一月二十六日）　日本派兵赴北京、天津。

十月初十日（十一月三十日）　外蒙庫倫活佛宣佈獨立。

十月十三日（十二月三日）　各省代表議決中華民國臨時政府組織大綱。

十月十六日（十二月六日）　　清攝政王退位。

十月二十八日（十二月十八日）　　革命軍代表伍廷芳與清廷代表唐紹儀在上海舉行和議。

　　　　　　　　　　　　　　　　日本向英美建議維持清廷，實行君主立憲。

十一月初一日（十二月二十日）　　各國提出早日息戰議和之勸告。

十一月初四日（十二月二十三日）　　日使警告袁世凱，聲稱不承認中國改建共和。

十一月初九日（十二月二十八日）　　庫倫活佛僭號稱皇帝。

十一月初十日（十二月二十九日）　　國父當選中華民國臨時大總統。

十一月十二日（十二月三十一日）　　國父電勸袁世凱早定大計，虛位以待。

　　　　　　　　　　　　　　　　俄使要求中國不在外蒙設官駐兵移民。

中華民國元年——壬子——1912 年

一月一日　　國父就任臨時大總統於南京，改用陽曆。

一月三日　　黎元洪當選臨時副總統。

一月十四日　　俄人策動呼倫貝爾獨立。

一月二十六日　　清將領段祺瑞等通電，請確定共和。

一月二十八日　　臨時參議院成立。

二月十二日　　清帝溥儀退位。

二月十三日　　國父向參議院辭臨時大總統職，並舉袁世凱自代。

二月十五日　　參議院選舉袁世凱為臨時大總統。

　　　　　　　政府仍設南京。

二月十七日　　俄國侵入黑龍江臚濱府（滿洲里）。

三月十日　　袁世凱在北京就任臨時大總統。

三月十一日　　公佈中華民國臨時約法。

四月二日　　參議院決議政府遷北京。

四月十九日　　俄國要求四國銀行團借款不得涉及滿蒙新疆。

七月八日　　俄日訂立第三次密約，劃分在內蒙之勢力範圍。

十一月三日　　俄與外蒙私訂協約及商務專條，獨占外蒙利權。

十二月七日　　我向俄使提出外蒙問題草案。

Note

Note

Note

國家圖書館出版品預行編目資料

中國近代史綱／黃大受著. -- 二版. -- 臺北
市：五南圖書出版股份有限公司, 2021.11
　　面；　公分
　　ISBN 978-986-522-557-5（平裝）

1.近代史　2.中國史

627　　　　　　　　　110003341

1W04 中國史系列

中國近代史綱（第二版）

作　　者 ― 黃大受

發 行 人 ― 楊榮川

總 經 理 ― 楊士清

總 編 輯 ― 楊秀麗

副總編輯 ― 黃惠娟

責任編輯 ― 吳佳怡

封面設計 ― 王麗娟

校　　對 ― 張仲凱

出 版 者 ― 五南圖書出版股份有限公司

地　　址：106台北市大安區和平東路二段339號4樓

電　　話：(02)2705-5066　　傳　　真：(02)2706-6100

網　　址：https://www.wunan.com.tw

電子郵件：wunan@wunan.com.tw

劃撥帳號：01068953

戶　　名：五南圖書出版股份有限公司

法律顧問　林勝安律師事務所　林勝安律師

出版日期　1995年12月初版一刷
　　　　　2021年11月二版一刷

定　　價　新臺幣420元

經典永恆・名著常在

五十週年的獻禮——經典名著文庫

五南，五十年了，半個世紀，人生旅程的一大半，走過來了。

思索著，邁向百年的未來歷程，能為知識界、文化學術界作些什麼？

在速食文化的生態下，有什麼值得讓人雋永品味的？

歷代經典・當今名著，經過時間的洗禮，千錘百鍊，流傳至今，光芒耀人；

不僅使我們能領悟前人的智慧，同時也增深加廣我們思考的深度與視野。

我們決心投入巨資，有計畫的系統梳選，成立「經典名著文庫」，

希望收入古今中外思想性的、充滿睿智與獨見的經典、名著。

這是一項理想性的、永續性的巨大出版工程。

不在意讀者的眾寡，只考慮它的學術價值，力求完整展現先哲思想的軌跡；

為知識界開啟一片智慧之窗，營造一座百花綻放的世界文明公園，

任君遨遊、取菁吸蜜、嘉惠學子！